工商业与人权

从法律规制到合作治理

梁晓晖

BUSINESS AND
HUMAN RIGHTS
From Legal Regulation to Collaborative Governance

图书在版编目(CIP)数据

工商业与人权:从法律规制到合作治理/梁晓晖著. —北京:北京大学出版社,2019.10

ISBN 978-7-301-30352-8

Ⅰ.①工… Ⅱ.①梁… Ⅲ.①工商企业—发展—关系—人权—法律保护—研究 Ⅳ.①D912.7

中国版本图书馆 CIP 数据核字(2019)第 034793 号

书　　　名	工商业与人权:从法律规制到合作治理 GONGSHANGYE YU RENQUAN: CONG FALÜ GUIZHI DAO HEZUO ZHILI
著作责任者	梁晓晖　著
责 任 编 辑	郭薇薇
标 准 书 号	ISBN 978-7-301-30352-8
出 版 发 行	北京大学出版社
地　　　址	北京市海淀区成府路 205 号　100871
网　　　址	http://www.pup.cn
电 子 信 箱	law@pup.pku.edu.cn
新 浪 微 博	@北京大学出版社　@北大出版社法律图书
电　　　话	邮购部 010-62752015　发行部 010-62750672　编辑部 010-62752027
印 刷 者	大厂回族自治县彩虹印刷有限公司
经 销 者	新华书店
	650 毫米×980 毫米　16 开本　18.25 印张　280 千字 2019 年 10 月第 1 版　2022 年 1 月第 2 次印刷
定　　　价	60.00 元

未经许可,不得以任何方式复制或抄袭本书之部分或全部内容。
版权所有,侵权必究
举报电话: 010-62752024　电子信箱: fd@pup.pku.edu.cn
图书如有印装质量问题,请与出版部联系,电话: 010-62756370

序 一

Asbjørn Eide
挪威奥斯陆大学挪威人权研究中心前主任，
联合国促进和保护人权小组委员会前委员及主席

非常荣幸为梁晓晖博士的重要著述作序。

联合国的主要宗旨之一就是促成国际合作，以解决经济、社会、文化或人道性质的问题，并促进和鼓舞对所有人的人权和基本自由的尊重，而无论其种族、性别、语言或宗教。

企业、贸易、投资和基建开发改变着社会。这是一个持续的转变过程，对人民的生计和他们享有的人权产生深刻影响。对一些人而言，这些转变带来了可观的好处，而对另外一些人，则可能对他们的生活造成巨大的损害。

有些时候，这些转变非常迅速，而有些时候则较为缓慢。过去几十年来，随着全球化的快速发展，工商企业拓展了它们的触手，深入到它们从未企及的领域和市场。

工业化进程中的领跑国家逐渐学会了如何收割工业化的好处并处理和补偿工业化对其部分民众造成的损害。在国家层面，曾产生了一种双重机制：一方面，私法规制着工商企业的条件与运作，而另一方面，国家公法规范着企业的状况与运营界限。劳动关系与体面劳动的条件作为工会与雇主协会之间的互动结果而形成。设若一切运作如愿，企业和贸易就可为民众整体创造福利。

过去四五十年间快速的全球化给世界带来了全新的挑战，并在这个领域造成了新的紧迫性。投资更快地穿透了未对新的生活方式做好准备的传统社会。一些受到影响的政府尚未发展出防止可避免的损害，或建设性地管理快速工业化所带来的损益之间的相互作用的能力或经验。

与全球化相关的另一组问题产生于部分产能从早期工业化国家向新兴工业化国家的转移,部分原因是,在新的东道国由于缺乏监管或工会能力低下而生产成本更低。这一过程——有时被称为"逐底竞争"——也能对那些部分就业被转移出领土的国家的生计产生深刻影响。

这些状况强化了联合国内部协调工商业的发展与促进人权的各种努力。这些努力就是本书的主题。

本书作者具有描述和分析这些努力的独特背景。过去十余年来,梁晓晖博士在北京大学法学院教授工商业与人权课程。同时,他也在中国纺织工业联合会社会责任办公室担任首席研究员,负责 CSC9000T——中国第一个标准化的社会责任管理体系和行业层面的企业社会责任行为守则的开发(这也是中国第一个在 2005 年就公开提出尊重人权的企业责任的公司治理体系),他还引导了中国其他行业企业社会责任工作的发展。

在本书中,作者描述了协调人权和工商业发展的最初努力失败的原因。这些最初努力是根据国际法为工商企业建立直接的拘束性义务。例证之一就是跨国公司委员会起草的《跨国公司行为准则》。但这与传统国际法仅有主权国家互为义务主体的范式相悖。

作者因此指出了一个结果更为有效的不同路径:工商企业自身认可、遵重人权符合其自身利益。在很多国家,都存在着不同利益相关方在社会发展领域开展磋商与合作的长久历史,尤其是在工人、工商企业管理者以及雇主之间。

这个作者称之为公共机构"公法私体化"的过程,也在其他场景中被成功应用。国际劳工组织(ILO)是一个包括了政府、工人组织和雇主组织的三方机构。多利益相关方的结合使得国际劳工组织能够通过《关于多国企业和社会政策的三方原则宣言》。另一个开创性的进程开始于 2000 年创立的联合国全球契约,联合国创立了该组织以帮助企业通过将其战略契合人权、劳工、环境和反腐败领域的十项原则开展负责任的经营,并鼓励它们采取战略性措施促进更广泛的社会目标,例如强调合作与创新的联合国可持续发展目标。

本书作者认为,正是这种"公法私体化"孕育了秘书长特别代表 2008 年提出的"保护、促进和补救"框架,即国家保护人权免受侵害的义务,企业尊重人权的责任以及受害者获得有效补救的权利。这一框架后来被人权理事会在2011年核可成为可操作化的《联合国工商业与人权指导原则》。

过去几年来,在此框架基础上产生了长足的发展。联合国工商业与人权工作组自2012年起每年都组织一场大型的有工商企业、包括工会在内的公民社会组织、政府参与的论坛。它们都参与到促进该框架的过程之中,并借此充分利用"公法私体化"的集体治理路径。这甚至有助于将"逐底竞争"反转为"逐顶竞争",或者至少有助于为所有人创造广泛的人权进益。

序　　二

John Ruggie

哈佛大学教授、前联合国秘书长工商业与人权问题特别代表

2011年6月,联合国人权理事会一致核可了我在担任联合国秘书长工商业与人权问题特别代表6年任期期间开发而成的《工商业与人权指导原则》。《指导原则》的开发涉及在世界各地举办的将近50次国际磋商、大量的研究工作以及对工商企业运营现场和受影响社区的访问。《指导原则》是人权理事会及其前身人权委员会为国家和工商企业就它们有关工商业与人权的义务所发布的第一个权威指引;这也是这两个机构就任何主题第一次"核可"未经各国政府谈判的规范文本。中国支持了这一核可。

《指导原则》建基于三个支柱:(1)国家通过适当的政策、规制和裁决保护人权不受包括工商企业在内的第三方侵犯的义务;(2)一个独立的企业尊重人权的责任,即以尽责行为避免侵害他人权利并处理自身卷入的负面影响;(3)受害者更易获得的有效的司法或非司法补救。

《指导原则》包括31项原则,每项原则都有一个评注说明它的含义以及在法律、政策和实践方面的意义。这些原则涵盖了所有国际公认的权利,适用于所有国家和所有工商企业。它们本身并不对企业创设新的拘束性法律义务,但它们的规范效力则通过国家和其他包括企业在内的主要行为者对社会期望的认可而产生。

相对于例如气候变化等其他复杂而困难领域里的规范和政策进展,对《指导原则》的采纳是快速而广泛的。它被其他国际标准制定机构、政府、企业、公民社会和工人组织、法律团体、机构投资者以及最近的FIFA(国际足球联合会)——世界上最流行的运动项目的治理机构等采纳。

自从启动"走出去"政策以来,中国就迅速地为她自己的国有和私营跨

国企业发展出各种标准和指引。这些标准和指引现在包括了工商业与人权议题。最近的2014年推出的《中国对外矿业投资行业社会责任指引》关注中国最有挑战性的海外行业——因为其在地方社区中存在着巨大的侵扰性事实。这个详细的指引列出了企业应予关注的八个社会责任议题，为每个议题规定了"最低要求"，并为其落实建议了"方法、措施和路径"。在"人权"部分，这一文件规定"企业担负着尊重人权的责任……企业需要采取积极措施，避免自身被动接受或主动参与侵犯人权行为"。为了落实这些承诺，这一文件指示企业"在采矿和生产作业过程中，须遵循《联合国工商业与人权指导原则》"，并重述了《指导原则》中关于企业如何尊重人权的样板，从在前端实施充分的人权尽责到建立补救机制因应差错均有涉及。

这些是帮助中国企业在其运营地树立对人权的尊重的重要进展，也是为来自不同国家的企业创造公平竞争的重要进展。但是，直到如今，关于各个中国机构如何监控或实施它们所发布的这些指引文件或指示，人们仍知之甚少。

关于中国的海外企业，少有成系统的研究。但我们确实知道有些企业会发布企业责任报告。第一份此类报告出现于2006年，时至今日这类报告已盛行于大型企业间。一些中国企业运用了独立的全球报告倡议组织的标准，其中之一是在老挝运营色奔(Sepon)金矿的中国五矿集团的子公司"金属矿业集团"(MMG Limited)。这也是第一家加入"采掘业透明倡议"(EITI)——一个要求企业披露对东道国政府的支付情况的多利益相关方倡议，及国际矿业与金属理事会(ICMM)——一个促进最佳实践的CEO层面的行业团体的中国企业。但同时我们也知道，位于"大中华地区"的企业，相对于国际企业而言，对于企业与人权资源中心(Business and Human Rights Resource Centre)关于其自身或其在同一区域内的供应商可能卷入人权侵害的指控的询问，它们的回复率要更低(50%的回应率，相对于77%更低)。

至于中国企业在当地的实际行为，我们只有少数几个案例研究。共识似乎是，虽然比如一家中国企业的在拉美地区从事采掘业的分、子公司，可能时不时超越地方标准并胜过它们的西方同行，但在企业整体层面上，它们的政策和实践普遍达不到国际标准。

我们能从有限的可用资料中得出的结论是：一旦开始"走出去"，中国企业就面临着一个陡峭的学习曲线；官方指引至今未能更远、更快地从北京传播开来；这类指引是否落实了任何监控和执行措施，大体上仍是未知的；在有些案例中，个别海外分、子公司已经比肩甚至超越了它们的非中国的国际同行；但这些实践也尚未在全企业内得以传播。

在此背景下，梁晓晖博士的著作及时且重要。我非常希望这将能进一步提升中国政府各部门和中国企业的意识即亟须推动企业责任政策及其实践，包括如何应对企业带给运营地民众的不利人权影响的风险。个中利害攸关的恰恰是全球化的社会可持续性——而中国从中得益甚丰！

自　　序

2014年12月3日下午，日内瓦万国宫，第三届联合国工商业与人权论坛的闭幕会议——"全球工商业与人权体制的战略前路和后续步骤"——正在举行。

哈佛大学肯尼迪政府学院教授、前联合国秘书长工商业与人权问题特别代表John Ruggie先生，正面对着来自100多个国家的1000余名代表，为他所倡议的"战略前路"进行辩护。[①]

"有关跨国公司的问题不会再轻易地堕入从前那种南北裂隙之中了，这种裂隙驱动了联合国内部各种同盟的构建……今天最深刻的全球地缘转变之一就是总部位于所谓新兴市场的跨国公司的崛起。在2000年，它们在《财富》世界500强榜单中仅占12席，而到了2010年，这个数字上升到了85。及至2025年，这一数字有望达到230，或者《财富》世界500强的一半。让我们再靠近一点看看这幅图景。谁现在是世界上最大的石油公司？埃克森还是壳牌？都不是，而是沙特阿美石油公司。西方主要石油公司甚至无一位列前十。谁是世界上最大的电子设备制造商？三星还是爱立信？都不是，而是富士康，总部设于台湾地区，其在中国大陆的制造工厂雇用了130万人。谁又是英国最大的制造业雇主？不吊你们胃口了，是印度的塔塔集团。我们中的很多人喜欢喝酒，那么当前世界上最大的啤酒公司是哪家？第一是比利时与巴西的一桩公司合并，第二则是一家南非企业。值得注意的是，在2014年的亚太经合组织峰会上，习近平主席预计中国的对外投资

[①] 共计来自近130个国家的约2000名代表参加了此次论坛的各项会议，参见：联合国文件A/HRC/FBHR/2014/3，第7段。

在下一个十年将会达到1.25万亿美元,三倍于其现在的水平。我们正在经历一个全新而迥异的世界!

"底线就是:跨国公司的母国数目越多,越具有多样性,在这一领域的国际制法程序就会愈加复杂。国际立法的所有领域都完全如此,这就是为什么在过去二十年里我们看到软法文件快速扩张适用,而多边条约的数量则急剧下降——在2011年没有一个条约交存于联合国……如果能有一种法律,一种国际法,可根据一套共同的保护所有人权的标准来规范所有工商企业在所有地方的行为,这是具有某种直观的、甚至道德上的吸引力的想法。但是这样一个条约将不得不定位于极高的抽象程度,以至于使其对现实处境中的人们将很少有用处。问题的症结在于:工商业与人权可以是一个我们对一系列活动的标签,但由于它是一个如此宽泛、多样而充满冲突的问题领域,使其不可能适合一套综合性的、可执行的条约义务的规制。"②

2011年,经过六年、两届任期的研究,Ruggie教授及其团队提出的《联合国工商业与人权指导原则》(简称《指导原则》)获得了联合国人权理事会所有成员国的一致核可,成为联合国历史上第一个获得国家意志支持的处理工商业与人权之间关系的国际文件。③《指导原则》在国家保护人权的义务之外,提出了工商企业负有"尊重人权的责任",可以通过政策承诺、尽责管理和提供补救等管理措施主动地预防、减少和消除对人权的不利影响。需要特别指出的是,《指导原则》本身不具有法律拘束力,它既没有为国家创设现有的国际人权条约之外的任何新的国际法规范,更没有为工商企业设定任何国际法律义务④,尤其是,《指导原则》在企业间的实施必定有赖于企业主动的意愿和真诚的行动。

虽然根据Ruggie教授的总结,《指导原则》第一次为工商业和人权问题提出了权威的理念、规范和政策框架,因而"标志着发轫期的结束",而且自

---

② 整理自联合国视频资料,见于:http://webtv.un.org/meetings-events/human-rights-council/forum-on-business-and-human-rights/2014/watch/closing-conversation-strategic-paths-forward-forum-on-business-and-human-rights-2014/3925402002001(本序所有网址最后检查访问于2018年10月6日)。

③ 联合国文件 A/HRC/17/31,2011年3月21日,或者见于联合国人权高专办网站:https://www.ohchr.org/Documents/Publications/GuidingPrinciplesBusinessHR_EN.pdf。

④ 参见上注,"一般原则"。

《指导原则》通过以来,已经在国际政治、经济体系中发挥了巨大的作用⑤,但是并非所有国家都认为这就足够了。实际上,有些国家完全不看好《指导原则》,在它们看来,约束性的国际法律规范是解决工商企业对人权的不利影响的终极良药。

例如,在 Ruggie 教授的反思性发言之前,厄瓜多尔常驻联合国代表 Maria Fernanda Espinosa 女士就义正辞严地指出:

"尽管存在跨国公司能为国家经济社会的不同方面作出积极贡献的情况,厄瓜多尔推进拘束性国际文件倡议的动机主要在于我们认为:对平等、合法与正义原则的尊重应该在国际语境中作准,并应该有利于那些其人权遭到违反法律标准的跨国公司侵犯和伤害的受害者……是否仍然存在未能被现有的国际法律文件弥合的法制缺口,使得跨国公司得到拘束性国际标准的保护并享受着它们对其投资和收益的保障,而遭到跨国公司有害行为损害的受害者却没有国际标准之下的法律防护……。

"证据显示,《指导原则》得到了有限的适用。因为它们是自愿性的而非强制性的,所以无法预防企业对人权的侵害,而且即便受害者用尽了当地立法所提供的救济,免责却仍可盛行。同样,国家行动计划有赖于特定的地理、文化、法律、社会和经济现实,但是当生产过程被外包而在不同的法域中进行时,这些特定现实在全球化条件下就不可能总是发挥作用……公民社会通过 600 多个来自全世界的非政府组织的支持表明了一个全球趋势,也即很明显有必要创立一个有拘束力的法律文件,明确规定跨国公司对人权的尊重和遵守,尤其是就其负面的或有害的行动对受害者提供有效的救济和补偿。"⑥

2011 年,历时 8 年之后,厄瓜多尔一家法庭对一桩集体诉讼作出裁决,判定全球最大的能源公司之一美国雪佛龙公司需为其子公司在厄瓜多尔亚

---

⑤ "《指导原则》的要素已被融入了国际公共和私营机构的政策之中,包括经合组织、国际标准化组织以及国际金融公司,其标准被多数项目融资银行所追随。《指导原则》同样被地区性倡议所采用,最初是欧盟,最近则是东盟(ASEAN)、非洲联盟,以及美洲国家组织。联合国条约机构和特别程序越来越多地参考它们……各国开始采取补充步骤以实施《指导原则》,涵盖了从全面的国家行动计划、非财务报告要求,直到细节层面上秘鲁对银行、保险机构和私营养老基金的监管要求,包括为服务于国际矿业公司的地方企业设立人权标准。《指导原则》也被纳入了中国新近制定的矿业海外投资指南之中",同前注②。

⑥ 同前注②。

马孙雨林地区几十年间造成的严重环境污染负责,罚款及赔偿金总计高达95亿美元。雪佛龙公司拒绝执行该裁决,并在美国纽约州法院提出了针对对方律师团队的欺诈和贿赂诉讼。在 Maria Fernanda Espinosa 女士发表上述演讲的时候,这场缠讼已燃烧至厄瓜多尔、美国和加拿大三国的最高法院,以及海牙常设仲裁法院和国际刑事法院等国际司法机制,至今仍看不到尽头。⑦

发生于厄瓜多尔的这一略显极端的案例展现了国内、国际法律机制在工商业与人权领域的多种可能性,但同时也充分地暴露出了法律的局限与无奈,而这恰恰就是 Maria Fernanda Espinosa 女士呼吁出台更多法律规范,尤其是国际法律规范的原因。她的诉求似乎也得到了此后发言的国际特赦组织负责全球主题事务的总监 Audrey Gaughran 女士的呼应:

"2011 年,我们对《指导原则》的期望是以它为开端,不幸的是,除了少有的例外之外,这并未发生,而且在某些领域我们看到了倒退,当然还有很多对《指导原则》的弱化解释。例如,在有些国家,针对侵犯人权的企业提起法律主张的可能性在《指导原则》通过后萎缩了,但我们并没有看到相应的其他机会的出现。除了有限的例外之外,各个国家行动计划都很虚弱,很少能促进对权利的有意义的保护,而我们希望公司做的事情,也即尊重的责任,并未能在国家行动计划中得到强制规定。跨国公司的母国基本上避开了处理跨国公司如何运作的现实问题……批判地说,从公民社会的角度来看,处理工商业与人权案件的实际经验自从 2011 年以来变化甚少。

"《指导原则》的局限性之一是它们不能对付那些作恶的公司,那些之所以侵犯人权是因为那样做比较容易或者比较廉价的公司。让公司承担责任或者实施有效补救,今天并不比三年前更容易……在我们所处理的所有企业案件中,没有一个公司自愿对损害进行补救……在获得补救的少数几个案件中,补救都是由法庭强制决定的,而东道国和母国在 2010 年和今天,都是既不能也不愿意提供补救……为什么会发生这些?我们没有面对的一个

---

⑦ 该案最新进展包括,2018 年 9 月 24 日,厄瓜多尔亚马孙社区的美国籍代理律师 Steven Donziger 向美洲国家间人权委员会提出申诉,指称美国司法体系未能保护其免受雪佛龙发起的报复性诉讼和媒体攻击;关于该案件及系列诉讼,可参见雪佛龙公司"Ecuador Lawsuit"专题网页,https://www.chevron.com/ecuador/;以及 Business and Human Rights Resource Centre 对该案的综述,载于:https://www.business-humanrights.org/en/texacochevron-lawsuits-re-ecuador。

最大的问题就是国家和强大的企业行为者之间的关系……公司不必做什么,因为它们知道没有人会要它们做什么……国家未尽到其保护的义务则是问题的核心!那么我们怎么办?首先,更有效地实施《指导原则》应有所帮助,但这并没有发生。我所说的'有效'是指当权利受到损害时有效地保护权利,而这意味着法律,像工商业一样能够跨越边境的法律!"⑧

Audrey Gaughran 女士虽然像很多国际非政府组织一样也在呼唤更多的法律,但显然她所希望看到的法律并非 Maria Fernanda Espinosa 女士期望的"明确规定跨国公司人权责任"的法律,而是针对国家在弥漫全球的企业影响力之中保护人权的国际法律规范。无论怎样,她们的"国际制法"倡议也在联合国得到了响应。在这场辩论之前的 2014 年 6 月,联合国人权理事会根据厄瓜多尔等国的提议,通过决议设立了一个拟定具有法律约束力的、关于跨国公司和其他工商企业与人权关系的国际文书的政府间工作组,"以在国际人权法中对跨国公司和其他工商企业的活动进行监管"。⑨

像往常一样,这一个半小时在联合国的辩论不会也不可能为如此重大的国际议题产生出一致的策略,而我在这里用如此长篇幅展现四年前的短短一幕也并非是为了说明那是一个多么重要的历史性的时刻,而只是为了展示国际社会在工商业与人权问题上一种典型的讨论范式。

实际上,自联合国成立 70 余年来,在国际层面应对工商企业对人权越来越深入和广泛的影响一直都是绝大多数会员国之间争议不大的一种共识和共同目标,但在如何实现这一目标的方式或者路径上,国际社会却从来都是一幅二元对立或并立的场景:强制路径或自愿路径。⑩ 大体来说,非政府组织和部分国家——在不同时期这些国家的构成也不同——希望以条约形式建立针对企业的人权责任的国际法规则,而企业界和另一部分国家则反对任何形式的国际规制,它们更希望把企业的事情交给企业来"自愿地"处理,顶多辅之以其他利益相关方的压力和助力。这看似只是一个关于范式或路径的讨论,但这个讨论在理论上涉及国际法和国际关系领域的诸多根

---

⑧ 同前注②。
⑨ 参见:联合国文件 A/HRC/26/L.22,2014 年 6 月 20 日。
⑩ 参见:John Ruggie, *Just Business: Multinational Corporations and Human Rights*, W. W. Norton & Company, 2013, "Chapter Two: No Silver Bullet",第 37—80 页。

本问题,包括国际法的主体、效力基础问题,以及处于不同发展阶段和不同经济体制下的不同国家对国际经济体制和国际法制的不同立场;在现实中,这个讨论撕裂了国家、民间社会和企业界,并且长期以来,这一讨论也左右了企业界在全球范围内的实际人权影响及其影响模式。

从 1994 年开始,我先后在中国、欧洲和美国接受了十余年的法律教育,而且专注于国际法和国际人权法的研究。和很多法律人一样,这期间我得到的一个基本收获就是,国内、国际法律规范是处理各种社会关系,包括工商企业与各类人的各种权利之间关系的基本手段,而且很多时候,法律可能是弱者的最后手段。因此,当我面对一个企业对社会和人权造成积极或消极影响的实例的时候,我会习惯性地思考其中的法律关系和适用的法律规范,而且,法律思维也在实际上对我研究和解决这些实例中的问题提供了巨大的帮助。

从 2005 年底开始至今,我深度参与了中国纺织服装行业及电子、工程和矿业等多个行业的"自愿性"企业社会责任倡议、标准和机制的开发、推广和实施。对我个人而言,这也是一个学习、探索、反思和成长的过程。十余年与工商业界,包括行业组织从业者、企业主、管理者和工人的密切接触也慢慢带给我一些新的视野和思考,并完善了我的思维方式。十余年间,对大量企业和行业实践的研究使我认识到,在一些时候,法律可能会落后于企业的业务实践,尤其会落后于创新性企业的前沿实践和复杂而高效的工商业生态系统,而在另一些时候,法律本身可能就是问题的一部分。在这些时候,业界主导的"自愿性"倡议和准则就显得异常重要,它们能够补充法律的缺位,也能够引导法律的发展。但另一方面,企业和行业层面的"自愿性"倡议和行动的缺陷也非常明显:它们发挥作用严重依赖于企业——企业主和管理者——的认知和意愿,而他们的认知和意愿还需要平衡于或超越商业目标。所以,有些时候,当我发现一些具有远见和卓识的企业按照这些"自愿性"倡议作出有利于企业自身和他人权利,又超越它所处的法律环境的积极行动,我会骄傲地体会到自己工作的价值;而有些时候,当我发现这些"自愿性"倡议在行业或企业层面流于形式,甚或制造了新的问题,我也会反思自己所从事的工作的意义。

这些思考构成了本书探寻联合国在工商业与人权问题上的政策路径的

一部分。同时,从这些思考出发,这个研究的重点可能并不在于为这一全球性讨论提出定论或建议,而是在于尽量充分地展示这场讨论中的各派论点、各方博弈和各种可能性。

  在完成这个研究的过程中,我得到了很多机构和个人长期而坚定的支持与帮助。我首先想在此诚挚地感谢教育和引导我从事国际法和国际人权法研究的三个大陆上三所大学的三位导师:北京大学法学院的白桂梅教授、挪威奥斯陆大学法学院挪威人权研究中心前主任 Asbjørn Eide 教授,以及哈佛大学法学院荣休教授、人权项目前主任 Henry Steiner 先生,他们的言传身教使我受益至深。我还需要特别感谢爱尔兰国立高威大学法学院教授、前北京大学法学院客座教授 Dennis Driscoll 先生,他在北京大学任教时对我在工商业与人权领域的研究和实践给予了灯塔般的启发和引导。我也要感谢三个重要的人权研究机构及其工作人员:北京大学人权与人道法研究中心及中心各位老师对我的学习和研究给予了长期的无私指导,也为我提供了在北大从事将近 15 年工商业与人权教学的宝贵经历;瑞典隆德大学罗尔·瓦伦堡人权与人道法研究所以及该研究所两任中国项目办主任 Malin Oud 女士和 Merethe Borge Macleod 女士为本书写作提供了宝贵的海外研究和访问的支持;而挪威奥斯陆大学挪威人权研究中心则对本书的出版给予了慷慨资助,该中心的 Elisabeth Bjornstol 女士和 Yi Wang 女士从 1999 年我在该中心求学开始就一直给予我莫大的帮助。当然,我还要特别感谢中国纺织工业联合会会长孙瑞哲先生、中国纺织信息中心主任乔艳津女士,以及我在中国纺织工业联合会社会责任办公室和中国纺织信息中心的所有同事,他们指导和陪伴我在企业社会责任和工商业与人权领域进行了长期的探索和实践,使我所学能有所用,也使所用能助所学。同时,我也向为本书作序的挪威奥斯陆大学法学院挪威人权研究中心前主任、联合国促进和保护人权小组委员会前委员及主席 Asbjørn Eide 先生和哈佛大学肯尼迪政府管理学院教授、前联合国秘书长工商业与人权问题特别代表 John Ruggie 先生致以最真挚的谢意,他们两位是当今世界上工商业与人权领域最知名的研究者,并且亲自推动了联合国在这个领域富有影响的行动。我也要感谢北京大学出版社法律编辑部的郭薇薇女士,她在本书出版过程中展现出了高度的专业性和非凡的耐心,而北京大学人权硕士项目学生房卉和应冰洁则为本书提供了细致的资料整理工作。最后,我要感谢我的父母和家人对我的学习、工作和生活毫无保留、无微不至的关心与支持,没有他们,我所有的一切都不可能。

当然,由于本书研究主题宏大而复杂,加上本人才疏学浅,研究和写作中难免产生疏忽错漏,在此敬请所有读者不吝指正和谅解,同时,所有文责由我本人自负。

是为序。

梁晓晖
2018 年 12 月

目录

导论：人权至善，商业本恶？/ 1

第一章 联合国体系内人权保护与工商业发展的失败整合 / 24
    第一节 《联合国宪章》中人权与经济的"协进理想" / 24
    第二节 联合国体系内人权和经济在发展路径上的分立 / 29
    第三节 联合国体系内人权与工商业实质融合的现实和理论困局 / 35
    第四节 本章小结 / 49

第二章 联合国经济机构的"私体公法化"规制路径 / 51
    第一节 规制如何成为历史选择 / 51
    第二节 联合国经济机构规制跨国公司的体制基础 / 58
    第三节 工商业与人权问题的"私体公法化"规制理论 / 63
    第四节 本章小结 / 70

第三章 联合国人权机构的"私体公法化"规制路径 / 73
    第一节 人权机构介入对工商业的规制 / 73
    第二节 《责任准则》中系统性的"私体公法化"规制理论 / 78

第三节 《责任准则》的突破及其在理论和实践上的挑战 / 88
第四节 本章小结 / 96

第四章 国际人权法的"公法私体化"与全球契约 / 99
第一节 全球化与人权保护的治理需求 / 99
第二节 工商业对国际人权法的"公法私体化" / 108
第三节 联合国体系内"公法私体化"治理的先声 / 119
第四节 联合国的"私体化"与全球契约 / 128
第五节 本章小结 / 139

第五章 回归《宪章》的"保护、尊重与补救"框架 / 142
第一节 "有原则的实用主义" / 142
第二节 "保护、尊重和补救"框架中的治理战略 / 150
第三节 "保护、尊重和补救"框架与"公法私体化" / 161
第四节 本章小结 / 173

第六章 联合国工商业与人权议程背景下的中国政策与实践 / 178
第一节 中国企业的人权影响 / 178
第二节 中国政府人权政策的"支柱二"转变 / 181
第三节 中国业界的人权责任实践与政策转变的互动 / 191
第四节 中国在工商业与人权领域的挑战和机遇 / 199

结 论 / 205

附 录
工商业与人权：实施联合国"保护、尊重和补救"框架指导原则 / 211

参考文献 / 239

导论：人权至善，商业本恶？

一、基本概念与范畴

在联合国体系内外，目前对本书主题最通常，甚至堪称最正式的表述是"business and human rights"①，其中涉及两个基本概念："business（工商业）"和"human rights（人权）"。

1. 工商业

英文中的"business"包含多种意义，因而在汉语中也有多种翻译。首先，它可以指代市场主体为实现其既定目标而采取的商业行为或市场行为，包括投资、生产和交换的所有环节，其核心是以所有权和市场导向为基础的决策或调整行为，即"商务"或"生意"②，如果把"business"这个层面的意义引入人权，它所指的就是与人权相关的各种市场关系的行为范围。其次，它可以指代提供商品和服务的有组织的市场主体或工商业实体，主要是企业和其他形式的工商业组织③，其作用是通过一定的组织形式，利用、协调人力和其他市场资源，以充分提升效率，实现组织共同利益最大化的目标。在这个意义上，"business"所表述的是与人权之间相互关系的主体范围。上述两重意义也使"business"成为一个职业范畴。最后，business 也可以在宏观意

---

① 例如，联合国人权理事会2011年6月通过了指导工商业与人权问题的指导原则，其正式名称是"工商业与人权：实施联合国'保护、尊重和补救'框架指导原则"（Guiding Principles on Business and Human Rights）；人权高专办在其网站的"人权问题"（human rights issues）部分下也专门设有"business and human rights"专栏，参见 http://www.ohchr.org/EN/Issues/Business/Pages/BusinessIndex.aspx；在学界，类似说法也已成为主流，例如，丹麦人权中心专门设有"Business and Human Rights"项目，参见 http://www.humanrights.dk/business-human-rights(本章所有网址最后检查访问于2018年10月6日)。

② 参见"business"词条，牛津大学出版社编：《牛津现代汉语双解大词典》（第12版），外语教学与研究出版社2013年版，第335页。

③ 同上注。

义上指代整个由市场行为、工商业组织和从业人员等组成的市场体系。在这个意义上,它经常被当作一种社会力量来对待,例如,business regulation(对工商业的调控)——也正因为如此,在很多情况下,工商业对人权的影响并非由个别的工商业行为或者单独的工商业主体造成,问题可能源于整个市场体系的缺陷,例如经济危机导致的大量失业。此外,这一概念还可以与其他概念相结合而在宏观层面上指代一定的市场部门或一定范围、条件中的工商业领域。④可见,英文中的"business"是一个可以涵盖经济和市场运行中所有环节、所有主体和所有事务的概念,它既依托于"commerce"(商贸)、"economy"[经济(体)]以及"market"(市场)等概念,但也是这些概念的具体化⑤,因而在讨论有关"business and human rights"的问题上能产生更加普遍和深入的相关性和针对性。

与英文中"business"的语义相比,现代汉语中"business"的惯常翻译"商业"是一个相对狭义的概念,其一般意义是指以市场为依托,通过以高于成本的价格出让产品来赢利的交换行为。⑥它以产品生产为基础且是产品价值的实现过程,即所谓的"流通领域",与之相对应的是作为"生产领域"的农业和工业,因而在汉语中存在"商人""商品"等强调交换的概念,在这个意义上,"商业"更类似于英语中的"trade"或者"commerce"。也是出于这个原因,本书认为汉语中最能确切表达与主题相关的所有意义的概念是"工商业"——这也是相关联合国文件中惯常使用的表述。⑦与英文中的"business"一样,"工商业"既包含了流通和投资等"商业"领域,也包含了生产制造的"工业"领域;既可以具体指代个体的工商业实体(公司、企业及其他法人和工商业组织),也可以指代抽象存在的整个工商业系统甚或市场体系。虽然在本书中"工商业"指代的主要对象是工商企业(法人实体),但在必要

---

④ 如 agribusiness(生产、贸易相结合的综合性农业),modern business(现代商业)等。

⑤ 因而英文中有"The business of business is business"的说法,也即,商业(实体)的事务就是做生意并增加利润。这一说法的代表性表述来自诺贝尔经济学奖获得者米尔顿·弗里德曼,参见:Milton Friedman,"The Social Responsibility of Business is to Increase its Profits",*The New York Times Magazine*,1970 年 9 月 13 日,载于:https://www.nytimes.com/1970/09/13/archives/a-friedman-doctrine-the-social-responsibility-of-business-is-to.html。

⑥ 参见"商业"词条,《辞海》(第 6 版),上海辞书出版社 2009 年版,第 1971 页。

⑦ 参见,前注①例证。

的情况下,本书会将"工商业"明确化以更有针对性地指向相关的具体概念,例如"工商业实体""工商业主体""工商企业""工商业组织"以及"工商业活动"等。

2. 人权

本书希望避开在"人权"本质概念上过多的理论纠缠,因而人权是从实在意义上指国家通过联合国体系(这包括与之紧密相关的国际劳工组织等专门机构)的国际造法程序确立起来的针对个人和特定群体的权利。这些权利一方面体现在各类国际人权公约和宣言中,即"国际人权法中的人权",另一方面则通过国家的认可和转化体现在国内宪法体系中,即"国内宪法中的人权"。虽然"国际人权法中的人权"和某个具体国家"国内宪法中的人权"的范围并不总是一致,但是这些权利的一个共同特征是:国家是权利的最终相对方和根本义务承担者。⑧ 也是在这个立意之上,本书所称的"国际人权体系"或者"国际人权法律体系"是指以联合国及其相关的专门机构(包括国际劳工组织)为主体所构成的最具普遍性和国际法权威性的国际人权法的发展机制和人权的国际保护体系——这也是本书的研究主要针对联合国及其相关专门机构的原因所在。当然,在联合国体系之外,还存在区域性的人权体系,如欧洲人权体系和美洲人权体系等,但是由于这些体系强烈的地域局限性及其经济、社会背景的特殊性并不必然佐证本书强调的国际人权法所要求的普遍意义,因而它们的实践在本书中将主要被作为例证,而不是研究的对象。

3. 规范与治理

规范与治理将是本书中反复出现的体制性术语,它们代表了公共机构处理任何关系时两种可能的政策选择。规范(或规制),简言之,就是为

---

⑧ 例如,Louis Henkin 认为,国家在国际人权条约中既扮演立法者(legislator)的角色,也扮演义务者(obligor)的角色,参见:Louis Henkin, *The Age of Rights*, Columbia University Press, 1996, 第 34 页。诺瓦克认为国际法在传统上调整主权国家之间的关系,因此不被认为负责调整国家与其国民之间的关系或者其国民与国民之间的关系。后者是每一个国家主权的一部分,因而是由国内法调整的。参见〔奥〕曼弗雷德·诺瓦克:《国际人权制度导论》,柳华文译,北京大学出版社 2010 年版,第 16—17 页。国际人权法的实践也表明了国家是人权义务的主要承担者,如《防止及惩治灭绝种族罪公约》第 1 条就规定:缔约国确认灭绝种族行为,不论发生于平时或战时,均系国际法上的一种罪行,承允防止并惩治之。

作为调整对象的社会关系设定法律规则和究责机制,公共权力与受到调整的各方是规范与被规范的垂直关系。与规范不同,治理则侧重于建立基于共同价值和共同目标的包容、平等而公开的合作体系。根据联合国和世界银行的定义,治理体系的特点主要有:(1)平等而包容的参与,即尽量容纳有关各方,且有关各方都是平等主体,其利益和意见应受到尊重,共同维护包容、不歧视的政策环境;(2)参与各方相互间的责任机制,也就是尊重共同确立的规则,依靠自我规制承担共同的和各自的责任;(3)根据现实机遇和挑战协调共同行动和各方角色;(4)互相交流,保持透明。[9]这些有关治理体系的要素和特点是本书对合作治理制度进行研究的价值基础。

二、工商业与人权:事实联系

现在,"对人类家庭所有成员的固有尊严及其平等的和不移的权利的承认"无疑已是"世界自由、正义与和平的基础"[10]和一种普遍的法治信念[11],"一个人人享有言论和信仰自由并免予恐惧和匮乏的世界"也确实堪称世界各国"普通人民的最高愿望"[12]。人权已被普遍接受为个人生命的至善价值和人类发展的至上追求,对人权的保护则是这种至善价值和至上追求的基础。这是本书立论的第一个基本事实。

1. 工商业的力量

另一个同样重要的基本事实是:在全球化背景下,工商业对人权的影响和挑战愈加明显、严峻甚而紧迫。血汗工厂、环境衰退和资源掠夺、对土著社区的破坏、腐败、甚至于武装冲突等诸多大规模或系统化践踏人权的事件

---

[9] 参见:秘书长千年报告,联合国文件 A/54/2000,2000 年 4 月 3 日,第二部分"全球化和治理";以及:世界银行,*Development and Human Rights:The Role of the World Bank*,1998 年,载于:http://documents.worldbank.org/curated/en/820031468767358922/pdf/multi0page.pdf,第 11—13 页;国际货币基金组织,*Good Governance:The IMF's Role*,1997 年,载于:http://www.imf.org/external/pubs/ft/exrp/govern/govern.pdf。

[10] 《世界人权宣言》序言。

[11] 例如,2004 年《中华人民共和国宪法》的修正案增加了"国家尊重和保障人权"的条款,而中国是在宪法中确立"人权"概念较晚的主要经济体。

[12] 同前注[10]。

背后都可能发现工商业的影子。⑬ 应对全球化背景下工商业对人权的影响也因而成为国际人权机构和工商业实体的重要使命。⑭

一些关于工商业的基础数据可以支撑工商业对人权的可能影响。根据联合国贸易和发展会议（UNCTAD）近十年前一个广为引用的统计，截至2008年年底，"全世界有82000家跨国公司（TNCs），以及81万家它们的海外附属企业。这些公司对世界经济发挥着巨大且不断增强的作用。例如，跨国公司海外附属企业的出口总量估计占到全球货物和服务出口的大约1/3，它们所雇用的人员总量在2008年约为7700万，这比整个德国所有劳动力的两倍还多"。⑮ 同时，美国、中国、德国等世界主要经济体中的中小企业均以千万计数，并且构成各国人民的就业、产品生产和服务提供的基础。⑯ 另外一个被经常引述的例证则与工商业和国家的力量对比有关。1996年，有学者通过比较世界银行公布的1994年各国国内生产总值和《福布斯》杂志公布的1995年世界各大公司营收得出了一个"惊人的结论"，即"在全世界最大的100个经济体中，51个是公司而国家只有49个"⑰，虽然新近的统计表明公司所占比例似乎在减少，但是这些富可敌国的企业的经济力量则

---

⑬ 例如，非洲地区（如安哥拉和塞拉利昂）的武装冲突背后的推动因素之一便是冲突钻石（血钻）的贸易。2000年，联合国大会作出第55/56号决议，通过了《金伯利进程国际证书制度》，又称金伯利进程（Kimberley Process），以根除非洲的血钻非法贸易，维护非洲地区的和平与稳定，参见联合国文件：A/RES/55/56；关于跨国公司对自然资源的过度开发以及对环境的破坏，可参见 Theodore Panayotou, "Counting the Cost: Resource Degradation in the Developing World", *The Fletcher Forum of World Affairs*, 1990, 第270—272页。

⑭ John Ruggie, "Business and Human Rights: the Evolving International Agenda", *American Journal of International Law*, vol. 101, no. 4, 2007, 第819—840页, 见第820页。

⑮ 联合国贸易和发展会议，《世界投资报告2009》（英文版），第21页；另根据联合国贸易和发展会议的最新统计，截至2017年年底，全世界的跨国企业已增长至约10万家，它们在全世界拥有超过86万家附属企业；2017年，全世界最大的100家跨国企业占有了全球海外资产的9%，世界国外销售额的17%以及全球国外雇员的13%。参见：《世界投资报告2017》（英文版），第30页，以及《世界投资报告2018》（英文版），第26—27页。

⑯ 例如，根据工业和信息化部，"2015年年末，全国工商登记中小企业超过2000万家，个体工商户超过5400万户"，见《促进中小企业发展规划（2016—2020年）》，2016年6月28日，载于：http://www.miit.gov.cn/n1146290/n4388791/c5081157/content.html；另根据国家发展和改革委员会秘书长李朴民，"当前中小微企业占我国企业数量的99%，完成了70%以上的发明专利，提供了80%以上的新增就业岗位"，参见：《70%以上的发明专利来自中小微企业》（记者李蓉），载于：http://www.xinhuanet.com/fortune/2017-11/29/c_1122032239.htm。

⑰ Sarah Anderson, John Cavanagh, Corporate Empires, *Multinational Monitor*, vol. 17, no. 12, 1996, 载于：http://multinationalmonitor.org/hyper/mm1296.08.html。

明显大幅提高。例如,2005年的一个类似统计显示,有47家企业位列全世界最大的前100个经济体之中,但是,在企业中排名最高的沃尔玛公司(第22位)2004年的营收接近2880亿美元,是1995年排名最高的通用汽车公司1994年营收的1.63倍[18];2015年和2016年,两个非政府组织的类似统计显示,69家企业位列全世界最大的前100个经济体之中,在这两个排名中最靠前的公司都是沃尔玛公司,其营收已经位列全球前十强。[19] 所有这些数据都说明一个事实:目前,工商业界拥有足够强大的力量可以使其直接影响每个个人的权利的实现,同时,工商业与国家(政府)的力量对比关系也可能会体现并作用于工商业对该国人民的权利的影响之上。

2. 工商业的人权影响:性质和范围

在此基础上,有必要讨论两个根本的事实性问题:工商业可能对人权(权利)产生怎样的影响,即影响的性质问题;以及哪些工商业可以对哪些人权(权利)产生影响,即影响的主体和客体范围问题。

对于第一个问题似乎有一个简单的回答,即工商业对人权既可能产生积极影响,也可能产生消极影响。毫无疑问,前文所述的血汗工厂、环境衰退和资源掠夺、对土著社区的破坏、与商业有关的腐败等会对劳工权利、财产权利、自然资源权利、土著居民的权利甚至于公民权利、生命权等构成直接威胁和严重破坏,成为工商业之"恶"。[20] 但是,如果从积极的角度审视工

---

[18] Rhett A. Butler, "Corporations among largest global economic entities, rank above many countries Corporations make up 63% of 150 largest global economic enterprises", mongabay.com, 2005年7月18日,参见:http://news.mongabay.com/2005/0718-worlds_largest.html。

[19] 参见:Global Justice Now在2015年所做的研究,"Corporations vs governments revenues: 2015 data",载于:https://www.globaljustice.org.uk//sites/default/files/files/resources/corporations_vs_governments_final.pdf;以及Corporations and Health Watch于2016年发布的研究,"The 100 Largest Governments and Corporations by Revenue in 2016",载于:http://www.corporationsandhealth.org/2017/10/09/the-100-largest-governments-and-corporations-by-revenue-in-2016/;注意:这些排名研究中的数据均来自世界银行等官方机构。

[20] 例如,工商业对政府等公共机构的贿赂和腐败行为既可能通过减少税收和公共服务而影响到个人的经济和社会权利实现的程度,同时也可能通过影响公共决策而影响到个人参与政治治理的权利。参见:International Council on Human Rights Policy, Transparency International, *Corruption and Human Rights: Making the Connection*, 2009,载于:https://assets.publishing.service.gov.uk/media/57a08b6540f0b64974000b10/humanrights-corruption.pdf;以及Laurence Cockroft, Business and Corruption: The human rights dimension, 2006,载于:http://www.reports-and-materials.org/Cockroft-Business-and-corruption-human-rights-dimension-Mar-2006.doc。

商业,也不难发现另一个不言自明的事实:工商业的发展构成促进和实现人权的重要物质基础,而且有时候工商业还是实现某些人权,如工作权、集体谈判权等的机制框架。"它们带来新工作、资本和科技……做出真实的努力,通过改善工作条件和提高当地生活条件以达到国际标准。它们也鼓励其员工为了人权和发展从事志愿工作"——即便倡导对工商业加强规制的声音也多少都会认可它们对人权的积极影响,即工商业之"善"。[21] 实际上,虽然在人权语境下,工商业的消极影响似乎易于被强调而积极影响则易被忽视,但对工商业的人权影响的定性认知的确曾在很大程度上决定了联合国等国际人权机构在这一问题上的政策选择:对工商业之"恶"的压倒性关切是《跨国公司和其他工商业在人权方面的责任准则草案》等规范性机制产生的本源[22],而"全球契约"等倡议虽然也意在"抑恶扬善",但其根本出发点之一则是对工商业之"善"的本质性认可,并在此基础上探寻可行的治理方案。[23] 这里必须指出的是,虽然米尔顿·弗里德曼所称的"商业的社会责任就是增加其收益"的理论的确可能是很多工商企业最主要的决策依据[24],但是,成本收益分析绝不是影响工商业善恶选择或相关方对其善恶倾向的判断的唯一标准,它可能会受到政策环境、社会和文化条件甚至是企业家或管理者本人的理念等很多因素的综合影响。[25] 另一方面,人权的至善性和至上性似乎已经使其成为判断工商业为善抑或作恶的标尺,而实际上不同的权

---

[21] David Weissbrodt and Muria Kruger, "Norms on the Responsibilities of Transnational Corporations and Other Business Enterprises with Regard to Human Rights", *American Journal of International Law*, vol. 97, no. 4, 2003, 第901—922页,见第901页。

[22] 相关分析见下文第四章。

[23] 相关分析见下文第五章。

[24] 参见前注⑤。

[25] 例如,谷歌公司(Google)自创立以来一直坚持的价值观之一是"赚钱不必作恶"(You can make money without doing evil),最早由其开发人员之一 Paul Buchheit 提出,虽然谷歌长期以来没有正式说明该公司如何根据这一信条进行一般性的善恶价值判断,其指导的商业实践也仅是控制不必要的广告以及不操作搜索结果排名,但是谷歌的很多商业决策似乎都声称遵循这一信条,包括在其2004年的招股说明书(IPO)中,"Don't be evil"(不作恶)的价值观被其创始人 Larry Page 等专做强调,参见:https://www.sec.gov/Archives/edgar/data/1288776/000119312504142742/ds1a.htm,第32页;但随着谷歌公司及其业务环境的变化,这一信条在2015年被"君子爱财,取之有道"(Do the right thing)所取代,参见:https://www.google.com/about/philosophy.html。

利之间也可能产生竞争或冲突㉖,处于其中的工商业有时候可能会面临非常艰难的选择。例如,当谷歌公司于2006年决定进入中国市场时,面对与信息审查有关的两种权利——言论及表达自由与获取信息的权利——之间的微妙关系,其首席执行官Eric Schmidt表示,"虽然我们并不喜欢这些限制,但是不给那些用户提供服务可能会更糟……实际上我们对作恶做了一个衡量,并且决定不提供服务是更恶之恶"。㉗可见,对工商业在人权领域的价值判断、价值衡量和价值取舍贯穿于这一领域的所有讨论,也是本书在讨论相关法律问题和治理问题时的价值出发点和归宿。

工商业对人权的影响范围这一问题涉及两个方面:一方面,是工商业能够对哪些人权产生影响;另一方面,哪些工商业实体能够对人权产生影响。1994年,时任联合国秘书长为了推进国际社会对跨国公司的规范和监督,曾专门制作了一份研究性的背景文件,其中探讨了人权的享有与跨国公司的工作方法和活动之间的关系。这份文件对回答这两个问题都有所帮助。在这一报告中,时任秘书长认为,跨国公司的活动和工作方法:

> 关系到是否可有效享有一系列人权,其中包括各国人民的自决权和对本国自然财富和资源的永久主权权利;发展权;人人享有足以保持本身及家庭健康和幸福的生活水准的权利和不断改善生活条件的权利;人人享有可以达到的最高的体质和心理健康的标准的权利;充分的生产就业的权利;人人享有公正和良好工作条件的权利;成立和加入工会的权利、罢工的权利和集体谈判的权利;人人享有社会保险的权利;人人享有科学进步及其应用所产生的利益的权利;人人享有社会和国际秩序的权利。跨国公司的做法还关系到某些群体和居民的权利,包括妇女、儿童、移徙工人和土著居民的权利。㉘

可见,这一报告对上述两个问题有范围明确的回答:主体仅仅针对跨国

㉖ 关于人权之间的冲突,参见: Xiaobing Xu, George Wilson, "On Conflict of Human Rights", *Pierce Law Review*, vol. 5, no. 1, 2006, 第31—57页。

㉗ Stacy Cowley, "Google CEO on censoring: 'We did an evil scale'", 2006年1月27日,载于: http://www.infoworld.com/d/developer-world/google-ceo-censoring-we-did-evil-scale-394。

㉘ 秘书长编写的背景文件:人权的享受,特别是国际劳工和工会权利的享受同跨国公司的工作方法和活动之间的关系,E/CN.4/Sub.2/1995/11,1995年7月24日,第89段。

公司㉙,受影响的客体权利则主要集中于经济、社会、文化权利以及发展权,且这种影响似乎侧重于消极影响。这与该研究的背景和目的以及当时工商业与人权的主要矛盾有关,但是这也为以后在这一领域的讨论埋下了伏笔,即是否只有跨国公司能对人权产生影响,以及工商业实体对人权的影响是否也主要限于经济、社会、文化权利以及发展权利。

对上述问题更新近、更具体和更全面的回答是 2008 年联合国秘书长工商业和人权问题特别代表的专门研究㉚,这一研究基于 2005 年 2 月至 2007 年 12 月期间被披露的 320 起工商业危害人权的指控,意在通过比较直接的事实研究总结工商业影响人权的范围和形式。㉛ 在这一研究中,特别代表的第一个结论是:企业对所有种类的人权都有影响,包括公民权利和政治权利,经济、社会和文化权利以及劳工权利,而且工商业对于社区的影响已经不逊于其对工人权利的影响。㉜ 其中,受到影响的劳工权利至少包括:结社自由、同工同酬权、组织和参加集体谈判的权利、享有工作平等的权利、不受歧视的权利、享受公正和合适报酬的权利、废除奴役制和强迫劳动、享有安全工作环境的权利、废除童工、休息和娱乐权、工作权、享有家庭生活的权利。㉝ 而受到影响的非劳工权利则至少包括下表中的所有权利㉞:

㉙ 在这里,秘书长将跨国公司定义为"在其所设在国之外拥有或控制生产或服务设施的企业。它们的产品在不同国家同时制造并通过跨国界的综合经销系统销售",同注㉘,第 4 段。

㉚ 关于特别代表的工作,见下文第五章。

㉛ 该研究的基本方法是:对每一指控根据与其相关的人权或者权利进行审查以确定受到影响的权利。在有关指控明确指出何种权利受到"侵犯"的情况下,则记录受到危害的该种权利;如果相关指控没有说明受到危害的具体权利但是提供了有关危害的具体描述,则将相关描述转述为"人权语言"(如:与工作有关的身体伤害会被转述为对安全的工作环境权利、健康权和/或生命权的影响)。对指称的受到影响的权利,特别代表对照了《世界人权宣言》《公民权利和政治权利国际公约》《经济、社会、文化权利国际公约》和国际劳工组织的基本公约中所载的权利,此外,报告也提出了对环境的破坏和腐败问题对人权的影响。报告将受到影响的主体分为工人、社区和最终用户(消费者),将影响的方式分为直接参与(企业自身的行动或行为导致权利受损)和间接参与(促成了或获益于供应商、国家或其他工商业实体等第三方的行动)。参见特别代表报告:Corporations and Human Rights: A Survey of the Scope and Patterns of Alleged Corporate-related Human Rights Abuse, A/HRC/8/5/Add.2,2008 年 5 月 23 日,第 10—13 段。

㉜ 上注,第 16 段及第 95 段;报告指出,"指称的对工人和社区的影响具有相同的比率,都是 45%。这与工商业主要影响工人权利的传统观念大相径庭",第 29 段。

㉝ 上注,第 18 段。

㉞ 上注,第 23 段。

生命权、人身自由和安全权	结婚和组织家庭的权利	享有适当生活水准的权利（包括衣、食和住房）
不受酷刑或残忍、不人道或有辱人格的待遇	享有身心健康的权利、得到医疗服务的权利	得到法律平等承认和保护的权利
持有见解、信息和表达自由权	思想、良心和宗教自由	受教育权
受到公正审判的权利	少数者享有文化、宗教和语言的权利	参加文化生活的权利、从科学进步中受益和著作权受保护的权利
自决权	参加政治生活的权利	享有社会保障的权利
迁徙自由	隐私权	和平集会权

显然，与1994年秘书长的研究相比，特别代表的研究表明了工商业对更大范围的人权的影响，尤其突出了对公民和政治权利的影响。㉟ 另外，这一研究的其他几个发现对于回答影响范围的问题具有特别重要的意义。首先，研究中的320个案例与来自全世界九个行业、六个地区的250家企业相关㊱，而这些企业既包括"财富500强"的大企业，也包括作为供应商的小公司。㊲ 其次，工商业对权利的影响不是孤立的，受到指控的行为往往会造成对多项人权的影响㊳，而且一种行为还可能会引发进一步的其他影响，也即工商业对权利的影响往往存在"多米诺效应"或"乘数效应"，并且，"在已然严峻的运营环境中，影响放大的可能性似乎尤其严重"。㊴ 再次，研究中将近60%的案件都表明了工商业的直接参与，即企业通过其雇员或机构的行动

㉟　注意：特别代表在这里没有特别提及发展权，但在一个案例中提到了该案例对"发展相关的权利"(development-related rights)的影响，见注㉛，第73段。

㊱　这九个行业是：采掘业、金融服务业、食品及饮料行业、重工业、基础设施和公用事业、电子和通信行业、零售及消费品行业、医药行业及其他行业；六个地区包括：非洲、亚太区、欧洲、拉美、中东和北美。上注，第8段。

㊲　上注，第7段。

㊳　例如，童工现象必然会影响到儿童的受教育权，不受残忍、不人道或有辱人格的待遇的权利，而如果要求儿童完成超出其身体能力的工作，则会影响到他们的健康权甚至于生命权。参见上注，第17段。

㊴　例如，在公司没有对危险环境下工作的人员提供安全培训或保护设施的情况下，所涉及的问题是享有安全的工作环境的权利，但如果长期放任而不解决这个问题，便会引发新的、更严重的对权利的影响，包括不安全的工作条件造成人员伤亡并从而影响到健康权和生命权的情况。参见上注，第24、96—97段。

直接造成对权利的影响,而 41% 间接参与的案件则是企业促成了或获益于对权利造成影响的第三方的行为。⑩ 最后,在这些案件中,权利受到企业影响的人员往往数量众多,"虽然指称的受到影响的人数各案不同,但是几乎所有案件都涉及对超过 100 人的影响……某一个案涉及多达对六万人的权利的影响",而在有些情况下还可能更多。㊶

由此可见,新近的实证分析为工商业对人权的影响范围的问题提供了更加全面但也更加严峻的回答:**所有地区、所有行业、所有规模的工商企业和工商业行为都可能会对所有人的所有人权造成直接或者间接的、积极或消极的影响**——这就是当下工商业与人权的一般性的事实联系。需要注意的是,同时期的其他研究也支持这种一般性的事实联系。㊷ 这种事实联系在人权上突破了政治、公民权利与经济、社会和文化权利之间的划分;在政治上突破了发达国家与发展中国家的界限;在商业上突破了跨国公司与当地中小企业的区别。因而它在事实层面为工商业与人权之间建立了普遍的关联。这种关联模式决定了研究工商业与人权之间各种问题的基本思路:任何解决方案都必须具有**工商业方面和权利方面的双重普遍性和双重可行性**;在方法上,必须既能针对工商业实体的直接行动,也应充分考虑到与其存在关系的第三方的间接行动等情境;在价值上,必须或者能够减少或消除工商业对人权的某种消极影响的同时又不限制工商业本身的发展及其对人权的积极影响,或者在不影响工商业本身的情况下能够促进工商业对人权的某种积极影响。这将是本书在衡量相关理论和实践时最主要的分析方法。

---

⑩ 同注㉛,第 35—36 段。
㊶ 同注㊷,第 33—34 段。
㊷ 例如,2008 年 2 月,由人权观察(Human Rights Watch)和纽约大学法学院人权和全球正义研究中心发布的报告"On the Margins of Profit: Rights at Risk in the Global Economy"也支持这一结论,认为"工商业对人权的影响不限于那些目前为止受到最多关注的行业……所有类型的工商业的活动,无论大小、国内的或跨国的、公共的或私营的,都可能影响人权",载于:http://hrw.org/reports/2008/bhr0208/,第 48 页;另外两个研究:国际采矿与金属委员会(International Council on Mining and Metals, ICMM)针对有关 25 个国家的 38 个企业影响人权的案例的研究,以及人权高专办对超过 300 个针对不同国家和不同行业企业的指控所做的研究,也表明了同样的结论:"公司可以并且在影响所有人权",参见特别代表报告,Summary of five multi-stakeholder consultations, A/HRC/8/5/Add.1,2008 年 4 月 23 日,第 108—110 段。

三、工商业与人权:法律联系

1. 工商业能否"侵犯"人权

虽然如前所述,工商业对于人权存在正反两方面的影响,但在人权语境中人们更加关注工商业的消极影响似乎也是无可厚非的。当前一个明显的实践就是,无论人权学者、活动家,还是政治领袖或者商界精英,都反复在事实层面指出并谴责企业(公司)"侵犯人权",并辅以似乎是层出不穷、俯拾皆是的例证。

然而,事实联系固然重要,但是事实并不必然佐证理论,而且很多时候对事实的关注会淡化理论探讨的必要。诚然,如前文所述,工商业在事实上能够并且正在给人权造成**影响和挑战**[43],但是在国际法层面研究人权与工商业之间的关系问题时,还必须探讨一个基本的法律理论问题,即工商业是否可以(有资格)侵犯人权?用更严格的法律术语来说就是:作为国内法律主体的工商企业是否可以是违反作为国际法的国际人权规范?这看似一个老生常谈且牵涉颇广的问题,相关的讨论在过去二十年来似乎从未停止过且论点也千差万别。[44] 但是,如果这一问题不能廓清的话,那么无论是解释工商业在人权领域的各种行为,还是发掘政府或联合国在相关问题上的行动的法律依据,都将不得不面对沉淀在其根本之上的理论泥潭。[45] 因为,如果在工商企业与国际人权之间没有建立起一般性的法律连结,工商业对人权

---

[43] 这与工商业"侵犯"人权是不同的概念,与企业(公司)的侵权行为也是不同的概念。

[44] 早在 1983 年,Jonathan Charney 就分析和归纳了当时学界对跨国公司的国际法主体地位的四种主要观点,他也意识到了跨国公司在国际法形成过程中日益扩大的角色,并认为禁止跨国公司直接参与规则的形成和发展是存在风险的,因此根据现实国际法需要作出一定的改变,参见:Jonathan I. Charney, "Transnational Corporations and Developing Public International Law", *Duke Law Journal*, vol. 1983, 第 748—788 页,见第 775 页。进入 21 世纪,跨国公司在人权领域的相关问题日益被学者重视,且被纳入联合国的视野当中。许多学者从各个角度探讨跨国公司在人权方面责任承担的问题,但尚未有学者明确承认跨国公司享有完全的国际法主体资格。例如,参见:Beth Stephens, "The Amorality of Profit: Transnational Corporations and Human Rights", *Berkeley Journal of International Law*, vol. 20, 2002, 第 45—90 页;Esther E. Garcia, "Promoting International Human Rights: A States Interest to Finding Jurisdiction for Transnational Corporations on the Basis of Resolving Common Procedural Issues in ATCA and TVPA Litigation", *Southwestern Journal of International Law*, vol. 17, 2011, 第 286—307 页。

[45] 例如,希金斯(Rosalyn Higgins)曾指出,所谓法律人格的概念是一个"思维桎梏"(intellectual prison),而关于主体、客体的讨论则"没有可信的现实基础和实用的目的",见 Higgins, *Problems and Process: International Law and How We Use It*, Clarendon Press, 1994, 第 49—50 页。

的各种影响以及各种相关的、单独的或联合的政府行动就都无法归结到法律责任之上。而如果不存在相应的法律责任,"侵犯人权"或"违反人权"则可能仅仅是一种道德上的控诉和国际法上的假说。也就是说,在基于前文所述普遍事实联系的"工商业对人权的(负面)影响"和基于严格的国际法上的法律因果关系的"工商业对人权的侵犯"之间,必须有一个理性的、具有普遍意义的界限。

　　国际人权法的宗旨是确保以人权为介质的国家利益(或公共利益、政治利益)与个人利益之间的平衡关系:人权之所以被侵犯,是因为国家为了公共或政治利益而损及个人利益,这也是为什么联合国人权机构在人权语境下屡屡强调国家、公共利益与个人利益的权衡。⁴⁶ 也就是说,没有国家、公共或政治利益与个人利益的冲突,就不存在国际人权法定义中侵犯人权的问题。在国内法条件下,个人与工商业的法律关系由它们共同、平等的作为法律主体的国内法律,如合同法和侵权法等加以调整,而工商企业也可能侵犯个人(或群体)的很多权利。这些权利无论是确立于民事法律(如人格权与财产权)还是确立于国内宪法(如工作权和宗教信仰自由),工商企业都可能构成这些权利的侵权人。⁴⁷ 这种侵权行为一般都通过国内纠纷解决机制,包括国内法院依据国内法律获得裁断和救济——在这种情况下,个人的(国内法)权利可能最终获得了救济和复位,而公法机构(包括代表国家行为的司法机关)只是个人和企业两个法律主体和两种权利冲突中的居中协调者,它本身在这一冲突中并不具有利益诉求,因而不能将这种平等主体之间的权

---

⁴⁶ 例如,经济、社会、文化权利委员会要求国家"在所有保证儿童和青少年健康权的政策和方案上,儿童和青少年的最大利益应为首要考虑",第 14 号一般性意见:享有能达到的最高健康标准的权利(第 12 条),2000 年,第 24 段;又如,人权事务委员会认为,《公民权利和政治权利国际公约》第四条"确切地规定紧急期间国家利益与个人权利之间应当达成平衡",第 24 号一般性意见:关于批准或加入《公约》或其《任择议定书》时提出的保留或者有关《公约》第 41 条下声明的问题,1994 年,第 10 段;人权事务委员会还曾指出,《公民权利和政治权利国际公约》第 14 条第 1 款"确认法庭有权以民主社会中的道德、公共秩序或国家安全利益为理由,或当诉讼当事人的私生活的利益有此必要时,或在特殊情况下法庭认为公开审判会损害司法利益因而严格需要的限度下,拒绝所有或部分公众列席旁听",第 32 号一般性意见:在法庭和裁判所前一律平等和获得公正审判的权利,2007 年,第 29 段。

⁴⁷ 例如,《中华人民共和国宪法》确认了公民的通信自由,并规定"任何组织或者个人不得以任何理由侵犯公民的通信自由和通信秘密",第 40 条。

利冲突定义为"人权问题"。但是,国内私法关系中的一方可能通过改变自身与国家和公共机构之间的利益格局而最终影响到自身与另一方之间的利益关系以及国家在双方之间"无利益关系"的居中地位,人权问题就会因此产生。例如,企业贿赂或蒙蔽监管机构而销售对儿童有害的母乳替代品,工商企业在政府的默许下侵占个人土地等等。在这些例子中,虽然对个人权利施加直接危害的主体是工商企业,但其首先侵害的是本应在国内法律制度中获得保护的健康权和财产权——但是,当这些权利无法获得国家居中"无利益关系"的保护时(违法作为或不作为),这些权利就形成了与国家公法机构的对立和冲突——人权终被"侵犯"[48],但"侵犯者"并非工商企业,而是国家——当然,工商企业对这一侵权结果施加了"影响"或形成了"挑战"。"用尽国内救济"规则之所以成为国际人权法的一个基本原则和国际人权体系介入人权问题的前置条件[49],不仅仅是因为对国家主权的尊重,而更是因为只有当国内救济措施都穷尽而权利冲突仍然存在的情况下,国际法上的人权侵犯才产生——这同时意味着只有国家才能在国际法意义上"侵犯人权",工商业实体不是国际法上"侵犯人权"的主体。

2. 问题的相关性

这一结论对本书后面的讨论和研究至关重要,因为工商业是否是国际人权法上"侵犯人权"的主体,不仅对工商业实体本身而言意义重大,而且对于国家、联合国机构以及其他机构(如非政府组织)处理工商业与人权的关系问题的思路产生根本性的影响。也就是说,如果工商业在国际人权法上具有主体地位或其承担国际人权义务的资格得以确立,联合国等国际人权机构或许仅通过强化其履行法律义务或责任的方式(即强化规范体系)即可改善工商业对人权的影响和挑战,从而使国际人权法得以实施——如同过

---

[48] 因此,经济、社会、文化权利委员会曾指出"具有法律约束力的国际人权标准应该在每一缔约国的国内法律制度中直接并即刻适用,使个人能够在国家法院和法庭中寻求行使自己的权",第9号一般性意见:《公约》在国内的适用,1998年,第4段。

[49] 例如,《公民权利和政治权利国际公约》第一任择议定书第2条、第5条第2款,《消除一切形式种族歧视国际公约》第14条,《禁止酷刑公约》第22条,《保护所有迁徙工人及其家庭成员权利国际公约》第77条,《消除对妇女一切形式歧视公约》的任择议定书,《欧洲人权公约》第35条等都将用尽国内救济作为个人申诉程序的前置条件。

去几十年来发生于国家主体的那样(50)，国家则必须廓清它们的人权义务和责任与工商业的“人权义务和责任”之间的关系，而非政府组织则或许可以以国际人权规范作为依据在各类人权实施平台上直接采取针对工商业的法律行动，“指称某些企业行为‘违法’比仅仅指其‘作恶’会得到大得多的社会支持，即便没有可行的执行机制”(51)——但是，简单且充分的事实似乎无法表明工商业实体在国际法律体系中完全的、普遍的主体资格已经确立或者即将确立，同时，国际人权法主体资格的理论研究也支持这一结论。(52)

最后，如果工商业在国际人权法上的主体地位或承担法律义务或责任的资格无法确立，各方在处理工商业与人权的关系的问题上则必须探寻新的思路和可能性。这实际上正是联合国过去几十年来在这一领域诸多迂回、踟蹰和摸索的症结之一——而这也将是本文研究的重点所在。

四、工商业与人权之间的联合国：研究思路

前面的讨论揭示了工商业对人权的普遍性影响这一事实以及现有国际人权法体系内工商业的行为能力和法律资格的制度性缺失。这样，现实需求和法律供给之间就产生了一种巨大的不均衡：一方面，针对工商业在全球范围内对人权的普遍影响（主要是消极影响），应当探寻一种普遍的基于国际性体制框架（如联合国）的解决进路；另一方面，在国际法上，工商业与人权之间并不存在有效的法律连结可使得国际人权规范对工商业产生直接约束。这种不均衡反过来又恶化了现实：由于缺乏普遍性的国际法律约束和/或解决问题的普遍性行动框架，工商业对人权的负面影响不仅愈来愈普遍(53)，而且往往无须承担法律（和救济）责任；同时，这种不均衡也挑战了国际法律体系，尤其是国际人权法体系：在工商业对人权的现实挑战面前，这些法律体系

(50) 例如，《经济、社会和文化权利国际公约》在生效时只在第16条规定了一个监督国家报告的强制性程序，且这一任务被授予经济与社会理事会。针对实施机制薄弱这一缺点，1985年经济、社会和文化权利委员会成立，将报告程序变成一个有效的监督程序。《消除对妇女一切形式歧视公约》在1999年通过任择议定书，规定了个人来文程序。人权公约实施强化突出体现在欧洲人权法院的建立：在1998年11月1日生效的《欧洲人权公约》的第十一附加议定书成立了单一和常设的欧洲人权法院，从而使个人申诉和国家间指控程序对所有缔约国具有强制性。

(51) 前注⑭，第822页。

(52) 关于国际人权法上工商业的地位的讨论，参见下文，第一章第三节。

(53) 参见前注㊷各报告中的发现与统计。

不仅常常显得束手无策,而且还在各个法律体系之间产生了制度性的紧张。㊼

面对工商业的挑战并意识到自身的责任,在过去的几十年里,以联合国为中心的国际人权法律体系(同时也是普遍性国际行动的机制框架)一直在探寻一种弥合工商业与人权之间的差距的可行路径。作为最具普遍性的国际机构,联合国在其《宪章》中构想了通过规范规制与合作治理两种路径实现工商业(经济)与人权的协调发展的愿景,并且也尝试了对二者进行实质性融合。然而,这一愿景和这些尝试都未能成功,最终——直到今天,国际工商业(经济)体系与人权体系都处于分立发展的状态,这与《宪章》中提供的两种路径的分化密切相关,具体而言,合作治理的路径未能在人权领域发生作用。本书第一部分将首先展示《联合国宪章》中规划的人权与经济的协进愿景,在此基础上这一部分将研究:为什么在联合国体系内人权和经济(工商业)最终在发展路径上走向分立?联合国为了实现人权与工商业的实质融合进行了哪些尝试?为什么也都以失败告终?为什么随着经济和人权的发展,规范规制路径成为联合国促进人权与工商业协同发展的看似必然的选择?以及与这种选择相伴随的,是哪些国际法理论上的限制?

联合国落实这种选择的第一个方法就是发展并强化联合国体系内对工商业在人权方面的规范体系和规制措施。在法律设计上,其基本思路是试图将工商企业这类私法主体纳入国际公法体系,使之同时作为国际人权实体规范的责任主体和国际人权实施机制的制度客体。本书将这种构想和相关实践总结为国际人权体系的"私体公法化"思路。这种思路的具体实施开始于20世纪70年代联合国经济性机构针对跨国公司的人权影响的规制尝试,到后来则发展为联合国人权机构构想的对工商业的人权影响的普遍化

㊼ 参见由 J. Oloka-Onyango 和 Deepika Udagama 代表促进和保护人权小组委员会起草的联合国报告《经济、社会和文化权利的实现:全球化和它对充分享有人权的影响》(The Realization of Economic, Social and Cultural Rights: Globalization and Its Impact on the Full Enjoyment of Human Rights, E/CN.4/Sub.2/2000/13, 2000 年),指出从一个发展中国家角度 WTO 是一个名副其实的噩梦,而这一观点受到了 WTO 的反驳,可见,人权法与 WTO 体系之间存在一定的紧张关系,参见: Padideh Ala'i, "Global Trade Issues in the New Millennium: A Human Rights Critique of the WTO: Some Preliminary Observations", *George Washington International Law Review*, vol. 33, 2001, 第 537—553 页;但也有学者认为,人权体系可以在创造一个运行良好的市场体系中发挥不可或缺的作用,参见:Tarek F. Maassarani, "WTO-GATT, Economic Growth, and the Human Rights Trade-Off, *Evirons: Environmental Law & Policy Journal*", vol. 28, 2005, 第 269—300 页,见第 297 页。

规制思路。这一历程的里程碑则是《跨国公司行为守则》(下称《行为守则》)和《跨国公司和其他工商业在人权方面的责任准则草案》(下称《责任准则》)这两个草案文件。国际人权体系的"私体公法化"思路试图通过增加国际人权法律的"供给空间"来缓解和解决工商业的人权影响的现实需求,而这些文件也实实在在地对相关国际法律体系作出了巨大突破,引起了各方截然不同的回应。本书第二部分和第三部分将从联合国对跨国公司的人权影响的关注切入,研究并回答一系列相关的问题:这种规制主义的"私体公法化"思路有着怎样的历史背景和发展轨迹?"私体公法化"思路的主要构想和特点是什么,它们希望构筑怎样的规范工商业影响的国际人权法律机制?为什么《行为守则》是"私体公法化"思路的雏形,而《责任准则》草案则将其发展到极致?这一思路能否解决现实需求和国际法律体系之间的矛盾?它将可能如何影响国家的人权义务和工商业的行为方式?工商业界、国家以及国际公民社会组织如何看待和回应这种"私体公法化"思路?在国际人权法的理论上它们作出了哪些突破并引起了哪些争论?为什么《行为守则》和《责任准则》最终都未能进入联合国的制法程序并都以失败告终?

另外,伴随着国际人权体系"私体公法化"探索和全球化的深入,工商业领域的一种新实践逐渐兴起并渐成气候,即工商业组织等私主体从20世纪80年代开始自发地、系统化地将人权价值包括人权规范引入各种私法关系和私法机制中,并藉由工商业自身的治理机制推进人权的实现和保护,也就是,国际人权体系内的公法规范被私法主体和机制所吸收和实施,在联合国人权体系外产生了"公法私体化"的普遍实践。这种实践的特点是工商业主体或其他私主体(相对于国家和国际组织的私主体)将国际人权法的实体规范纳入工商业市场机制和治理结构之中加以实施,其意义在于工商业主动抛弃或回避国际人权法层面的法律空间的需求和争议,而是利用多元的、实际的工商业私法机制和治理空间解决其对人权的影响问题。"公法私体化"实践在工商业和人权之间建立了一种相对普遍、基于治理结构的实用主义的新型联系,这在很大程度上刺激了以联合国面对工商业思考人权问题时的态度,使得它们开始反思"私体公法化"进路失败背后的策略问题。但实际上,在联合国系统内也早已存在基于合作治理的"公法私体化"路径实例——国际劳工组织的《关于多国企业和社会政策的三方原则宣言》,它为联合国日后深化合作治理思维提供了理论先例和实践经验。20世纪中后期开始形成的世界政治经济新格局使得联合国开始探索深化工商业与人权合作问题上的新战略和新措施。从90年代开始,联合国开始改变对基于规制主义的"私体公法化"思路的倚重,尝试向工商业开放联合国这一公共平台,开始实施联合国体系内部的"公法私体化"战略,即国际体制框架的"私体化"。基于此,联合国发展出了基于多利益相关方参与的公共治理平台,即联合国全球契约(Global Compact)。这一平台的意志基础是所谓"参与思维"(engagement approach),即在工商业等私主体接受国际人权价值的基础上建立公法机构和私主体之间的价值共识和体制互信,在公法平台上承认私主体的正当利益和能动性,并通过工商业与公法机构的充分对话、信息共享以及能力提升来完善工商业在人权领域的微观治理水平和公共机构在工商业和人权问题上的宏观治理水准。这一路径有内外两种表现:在外部,鼓励和支持工商业的利益相关者建立支持和促进国际人权规范落实的工商业架构;在内部,则以"公私伙伴"模式(public-private partnership)建立起与工商业组织开展对话和合作的参与机制和治理体系。

本书的第四部分将研究并回答以下问题:国际人权体系外工商业界普遍的"公法私体化"实践的现实背景和理论基础是什么?工商业"公法私体化"的新思维将人权纳入视野,其驱动力和目标诉求是什么?工商业的"公法私体化"实践有哪些方式,各有什么人权意义和工商业治理上的意义?此种实践对工商业和人权产生了怎样的影响,其效果如何?其优势和局限性又是什么?这些存在于国际人权体系外的私体化实践,对于国际人权机构以及国家在人权领域的思维产生了怎样的影响?为什么国际劳工组织的《关于多国企业和社会政策的三方原则宣言》是联合国系统内合作治理思路和"公法私体化"的先驱?它的产生背景和实施方式如何?它为联合国嗣后在更高层次和更大范围推行基于"公法私体化"的合作治理积累了哪些经验?联合国在世纪之交改弦更张,开始为工商业组织提供人权领域的合作与对话平台、能力建设资源是出于何种考虑?国际人权体系内的"公法私体化"思路的基本理论和主要实践是什么?其效果如何,优势和局限性是什么?在这种情况下,国际法或者国际人权法的实施机制和"公法私体化"实践的关系是什么?在这种合作与默契中,人权与商业,哪个是手段,哪个是目的？相关的争议主要是什么？这种参与思路及其治理体系就如何保护和促进人权向国家传递怎样的信息并将给国家履行其人权义务带来怎样的影响？

虽然国际人权体系内外的"公法私体化"实践渐成气候且似乎屡有建树,但这并没有完全终结联合国体系内在工商业和人权问题上的路线之争,而且随着各方对这一问题的兴趣和对联合国的期望的不断增加,联合国也确有必要在此问题上拿出一个可行的远期解决方案。这促使联合国人权高专办等机构就此议题展开了研究,向人权委员会作出了一些建议[55],后者最终根据人权高专办的建议请求联合国秘书长任命了人权与跨国公司和其他工商业问题秘书长特别代表("商业与人权问题特别代表",下称"特别代表")专行研究这一问题。2008年,特别代表向人权理事会提交了其第一个任期的最终报告[56],人权理事会在此报告基础上欢迎并承认将予以执行特别代表所提出的关于商业与人权问题的基本路线,即所谓"保护、尊重和救济"框架。[57] 又经过3年的研究,这一框架的实施思路被确立在了2011年6月人权理事会通过的《工商业与人权:实施联合国"保护、尊重和补救"框架指导原则》(下称《指导原则》)之中,形成了联合国在这一问题上的新的政策选择和未来的行动指南。本书的第五部分将研究并回答以下问题:作为专注研究工商业与人权问题的秘书长特别代表,在研究和解决工商业与人权问题时的基本理念是什么？如何理解特别代表所提议的工商业与人权之间的三原则框架？这一框架及其指导原则构想了怎样的行动路线？基于规制主义的"私体公法化"思路和基于参与理论和公共治理理论的"公法私体化"思路孰成孰败？工商业界、国家和联合国人权体系如何看待这一框架和相关原则？它们能否满足法律空间和现实需要的双重需求,意味着怎样的发展路径？新的行动框架和指导原则将会对国家的人权义务和其他各方,包括

---

[55] 参见:联合国人权高专,*Report of the United Nations High Commissioner on Human Rights on the responsibilities of transnational corporations and related business enterprises with regard to human rights*,E/CN.4/2005/91,2005年2月15日。

[56] 参见:John Ruggie,*Protect*,*Respect and Remedy*:*A Framework for Business and Human Rights*,*Report of the Special Representative of the Secretary-General on the issue of human rights and transnational corporations and other business enterprises*,A/HRC/8/5,2008年4月7日。

[57] 参见:人权理事会决议 A/HRC/8/L.8,2008年6月12日,第1段。

工商业界在工商业与人权问题上的决策和行为产生怎样的影响？尤其是，新的行动框架与联合国的国际法律框架基础《联合国宪章》是怎样的关系？

在上述各章对这些问题作出思考和回答的基础上，本书也会以联合国的工商业与人权议程为背景和催化，研究分析中国政府在人权领域的政策变化以及中国业界的实践与政府政策的互动性发展，以案例式地说明联合国的工商业与人权议程对国家政策和业界实践的影响。本书的最后一个部分则提出了研究的主要发现和结论。

五、研究状况

国际国内在工商业与人权问题上的研究的一个共同点就是都开始于对跨国公司的研究，区别在于国际上相关的研究早于中国约 20 年。例如，1970 年 Jack N. Behrman 的 *National Interests and the Multinational Enterprises: Tensions among the North Atlantic Countries* 研究了跨国公司对发达国家的影响，是当时代表性的研究之一。之后，随着联合国体系内响起规制跨国公司的声音，联合国体系内的研究机构对这一问题做了深入的研究，包括知名人士小组（Group of Eminent Persons）的一系列研究报告以及跨国公司中心的支持性研究等，这些研究现在大部分由联合国贸发会议（UNCTAD）保持。[58] 同时，一些学者也就联合国对跨国公司的规制进行了专门研究，例如 Werner J. Feld 于 1980 年出版的 *Multinational Corporations and U.N. Politics: the Quest for Codes of Conduct*，讨论了联合国制定跨国公司行为守则中的理论和实践问题，代表了当时主要的政策导向。

国际社会对工商业与人权问题的研究的第二个高峰期开始于 20 世纪 80 年代末到 21 世纪初。研究力量也分为联合国体系之内和联合国之外。在联合国体系之内，跨国公司委员会、联合国贸发会议、人权高专、保护和促进人权小组委员会以及国际劳工组织等都在相关问题上组织了专家团队进行研究。[59] 联合国体系之外，一些参与《责任准则》起草的学者参与并引导了

---

[58] 参见：UNCTAD, "List of Publications on Foreign Direct Investment and Transnational Corporations (1973-2003)"，载于 UNCTAD 网站：https://unctad.org/en/Docs/ite20041_en.pdf；以及 Tagi Sagafi-Nejad, John H. Dunning, *The UN and Transnational Corporations: From Code of Conduct to Global Compact*, Bloomington and Indianapolis: Indiana University Press, 2008。

[59] 例如，参见：本书第三章第一节引用的各个机构的研究。

密集的学术研究和讨论,David Weissbrodt、Dinah Shelton、Philip Alston 等都是这个时期非常活跃的研究者。[60] 这个时期的研究主题集中于三个领域。第一个领域是全球化的影响、跨国公司等工商业实体在国际法上的地位以及国家对跨国公司的管辖问题;第二个领域则是与《行为守则》和《责任准则》的发展相关的问题,包括发展权、工商业的人权影响以及对相关文件本身的讨论;第三个领域则是在工商业与人权相关的专题领域的研究,主要是劳工保护、特定群体如少数者、妇女等的权利、供应链和社会责任问题等。除了学者,非政府组织在这个时期开始表现出了对工商业的人权影响的极大兴趣,人权观察、大赦国际等组织都有相关的专题工作部门或专题研究。[61]

从 21 世纪初至今,是国际上对工商业与人权问题研究最为活跃的时期。一方面,各种自愿性倡议,包括各种工商业行为守则和软法机制,尤其是全球契约的发展,需要大量的智力支持和方向性研究,围绕这些倡议产生了许多很有价值的研究[62],全球契约组织的相关研究则尤其值得一提[63]。另一方面,工商业与人权开始在公共机构,包括很多国家和联合国体系内开始成为一个主流议题,因而公共机构的研究成为主要渠道,相关研究也体现出了集中化的趋势。例如,从 2005 年开始,联合国秘书长关于工商业与人权问题的特别代表就此问题进行了长达六年的研究和磋商,他的研究团队和研究成果在这个时期享有了最高的引用率和关注度。[64] 此外,丹麦人权中心、哈佛大学企业社会责任倡议中心则是代表性的集中研究工商业与人权问题的学术机构。[65] 这个时期,关于国际法基础理论的讨论已不是主要议题,各方的研究主题主要集中于:(1) 如何使人权价值融入各种工商业组织、工商业活动和工商业体系;(2) 如何缔造适应于人权保护和全球化效率的工商业结构;(3) 如何构建地方和国际层面上有关工商业与人权的有效

---

[60] 参见:本书第二、三、第四章所引述的这些学者的研究。
[61] 参见:本书第三章第二节、第四章第一节的引用资料。
[62] 参见:本书第四章第二节、第四节所引资料。
[63] 参见:本书第四章第四节所引资料。
[64] 特别代表的研究可集中见于:http://www.business-humanrights.org/Categories/UNintlorgs/UNintergovernmentalorgs/UN/UNSpecialRepresentativeonbusinesshumanrights;另参见本书第五章所引资料。
[65] 分别参见:https://www.humanrights.dk/business-human-rights;以及 http://www.hks.harvard.edu/m_rcbg/CSRI/。

的多方合作治理体系。

国内对工商业相关的人权问题的研究起步于20世纪末并在21世纪初成为国际法中研究比较集中的领域。但是,相关研究主要集中于两个方面,微观层面受到较多关注的是跨国公司的人权责任和社会责任[66];宏观层面则主要关注国际贸易体制与人权体制的冲突和协调等政策问题,近年来对这一问题的研究尤其热烈,公开出版的专著至少包括:《国际法上的贸易与人权问题研究》(李春林,武汉大学出版社2007年版)、《人权与WTO法律制度》(刘敬东,社会科学文献出版社2010年版)、《人权与贸易关系研究》(樊静,法律出版社2011年版)和《国际贸易中的劳工权利保障研究》(杨松才,法律出版社2013年版)等,另有很多相关的研究论文。[67]但是从联合国和国际法,尤其是国际人权法的发展角度,并且在微观层面上对工商业与人权进行系统性探析,以使其对于工商业、政府和公民社会都有参考意义研究则比较少见。

六、研究意义和研究方法

1. 研究意义

通过研究和回答上述所有问题,本书希望在分析联合国体系内外在工商业与人权问题上的从规范规制到合作治理的转变及其对国际人权法的实施的影响的基础上,探寻在法律理论和各方实践层面能够促进工商业与人

---

[66] 例如,参见:何易:《论跨国公司的国际人权责任》,载《武汉大学学报》(哲学社会科学版)2004年第57卷第3期,第403—407页;徐涛、张晨曦:《论跨国公司保护人权的社会责任》,载《政治与法律》2005年第2期,第63—67页;宋永新、夏桂英:《跨国公司的国际人权责任》,浙江大学学报(人文社会科学版)2006年第36卷第6期,第95—103页等;袁文全、赵学刚:《跨国公司社会责任的国际法规制》,载《法学评论》2007年第3期,第64—68页;迟德强:《论跨国公司的人权责任》,载《法学评论》2012年第1期,第90—99页;毛俊响、盛喜:《跨国公司社会责任的确立:基于横向人权义务的补充分析》,载《中南大学学报(社科版)》2017年第4期,第27—36页。

[67] 例如,参见:王恒:《人权:WTO多边贸易体系面临的新挑战》,载《当代法学》2001年第12期,第4—6,14页;孙璐:《国际贸易体制内的人权》,载《当代法学》2004年04期,第40—49页;陈建华:《贸易与人权关系初探——兼论WTO与人权》,载《西南政法大学学报》2004年第6卷第4期,第130—135页;孟庆鑫:《论贸易和人权——WTO陷入的困境》,载《法制与社会》2007年5月刊,第103—104页;陈喜峰:《以基本权利为核心的贸易与人权一元论》,载《现代法学》2009年第31卷第2期,第127—137页;王建廷:《多边贸易体制的新发展:人权标准与背离WT0协定的正当根据》,载《经济纵横》2011年第1期,第87—91页;赵海乐:《"贸易与人权"议题中国际组织的作用分析》,载《西部法律评论》2013年第6期,第119—125页;王燕:《克制和应对"碎片化":WTO协定与多边环境和人权协定规范整合的司法路径》,载《西南政法大学学报》2014年第2期,第113—122页;蒋小红:《贸易与人权的联结:试论欧盟对外贸易政策中的人权目标》,载《欧洲研究》2016年第5期,第79—98页。

权这两项人类基本追求共荣互促、持续良性发展的、既符合经济理性又支持人权愿景的理论思路以及实际、有效而包容的国际、国内制度框架和治理策略。最后,作为世界上经济发展速度最快,工商业与人权之间的冲突最为密集和严峻的国家之一,中国也亟须加强在这一领域的理论研究、政策和法律研究,因此,本书也希望能为中国探寻基于权利的经济发展模式提供一些可鉴之议。

2. 研究方法

为了避免坠入形而上的意识形态纠缠的深渊,并使得这一研究能够在公共机构和工商业都具有理论和实践上的参考意义,本书将主要基于实证主义的研究哲学,探索联合国在商业与人权领域诸多努力背后的科学联系及其与相关方的互动过程的商业和人权意义。因此,本书将着重以联合国为平台,深入解析在这一平台上发展出来的各类处理商业与人权关系的规范和倡议的方法论与实际效应,及其与国际人权体系的联系和各有关方面的反应和回馈,同时借助历史环境的演变分析和典型案例的展示来探寻工商业与人权问题背后不同力量关系的变化轨迹,最后利用文件比较和分析的方法研究不同历史条件下联合国在有关问题上的政策思路和价值取向。

由于工商业的运行和人权保护都依赖于国际、国内的机制和制度,并且在某些时候工商业与人权之间也存在价值选择的可能性,因此,在实证研究的基本方法之外,本书也将充分利用制度分析方法并适度采用经济分析方法。工商业活动,如同其他能产生人权意义的人类和机构的活动一样,都依附于一系列机制和制度而存在。这些机制和制度对于工商业和人权都能发生重要影响并且都可以在一定程度上"自主"演变。因此,一方面,本书将研究国际、国内层面,尤其是联合国层面的工商业机制与权利制度对商业发展和人权保护本身的影响以及这些机制和制度的演进轨迹,并将在最后给出机制建议。另一方面,虽然本书并无意将经济效益观念树立为评判和取舍某一法律制度的最高标准,但是对法律和人权问题进行分析时引入经济效益(以及经济性的社会效益)观念显然可以使得任何结论和建议在工商业组织和国家层面更具有可接受性和可操作性。同时,经济分析的方法也能够揭示工商业和人权之间的经济价值联系,这会使得对人权的分析更为冷静、客观且更有说服力。

第一章 联合国体系内人权保护与工商业发展的失败整合

作为第二次世界大战后解决国际和平与发展问题的最普遍和最重要的平台,联合国的愿景是通过法律规范与合作治理两种并行手段整合并协同处理人权保护和经济(工商业)发展这两大问题——当然这种规范所针对的是国家的国际法义务。《联合国宪章》确立了这一理想,而且联合国也开展了一系列将人权和工商业发展有机整合的努力,但在现实困难和理论局限的作用下,这些努力均以失败告终,人权和工商业终究在联合国体系内外分立发展,这种分立深化了二者的矛盾,并为联合国嗣后处理人权和工商业的关系问题带来了严重挑战。

第一节 《联合国宪章》中人权与经济的"协进理想"

一、《联合国宪章》中人权与经济的价值协同

认识到人权的缺失和战前各国"以邻为壑"的经济发展失衡是造成"今代人类两度身历惨不堪言之战祸"的原因,联合国自其成立之始就将促成"社会进步及较善之民生"作为其最重要的两个相辅相成的组织宗旨和发展目标,并且《联合国宪章》(下称《宪章》)还强调"运用国际机构""促成国际合作"是"促成全球人民经济及社会之进展""解决国际间属于经济、社会、文化及人类福利性质之国际问题"的根本方法。① 实际上,在联合国成立之前,这一理念已是其倡议国的重要共识。美、英两国在1941年签署的构想联合国

---

① 《联合国宪章》序言及第1条。

的《大西洋宪章》中即已强调,在"保障所有地方的所有人在免于恐惧和不虞匮乏的自由中安度一生"的同时,两国将"努力促使所有国家,不分大小,战胜者或战败者,都有机会在同等条件下,为了实现它们经济的繁荣,参加世界贸易和获得世界的原料",以及"促成所有国家在经济领域内最充分的合作,以促进所有国家的劳动水平、经济进步和社会保障"。可见,社会维度的人权以及作为民生和经济维度的工商业(经济)的协调发展是联合国所确认的保障世界和平和进步的根本保障。

这些早期构想最终以联合国的法律原则的形式宣示于《宪章》中,保护人权与经济发展因而成为联合国将于协同发展的组织价值:一方面,希望通过强调和强化国际合作和政策协调来消除经济领域的民族主义并减少规制性贸易限制,建立一个开放的国际贸易和经济体系以最终促进人类福利的整体提升;另一方面,则希望通过促进人权保护和实现的水平,为经济发展提供可靠的人力资源、稳健的国内法治和国际政治环境等基本要素。

值得再做强调的是,在《宪章》的规定中,经济问题的解决方案须是与政治、社会和人权问题的解决方法同时构想并一体两面地联系起来加以实施的。例如,《宪章》明确将政治性的人权问题和经济发展内在性地统一为一体,规定:"为造成国际间以尊重人民平等权利及自决原则为根据之和平友好关系所必要之安定及福利条件起见,联合国应促进:(子)较高之生活程度,全民就业,及经济与社会进展。(丑)国际间经济、社会、卫生及有关问题之解决;国际间文化及教育合作……"②而《宪章》的相关部分也被称为有关人权的"关键条款",是在联合国系统内讨论国家的人权义务的基础。③

二、《联合国宪章》中人权与经济的制度结合

为了有效地保障人权和经济发展两个协同性价值的实现,《宪章》设计了一套促进人权与经济事务密切结合的制度安排。一方面,《宪章》设立了"经济和社会理事会"(下称"经社理事会")作为联合国主要机关之一专司人权和经济事务职责④,这应该说是联合国在设立之初为了促进人权与经济事务的制度性结合而作出的最重要的体制安排。另一方面,《宪章》中的构想

---

② 《联合国宪章》第 55 条,可见,在《宪章》中,人权既是政治问题,也是社会问题。
③ 上注,第 56 条,见白桂梅主编:《人权法学》,北京大学出版社 2011 年版,第 67 页。
④ 《联合国宪章》第 60、62 条。

都是以第一次世界大战后形成的民族国家(nation state)作为政治和法律基础,其基本路径仍然是在这一基础上的主权协调和国际合作,所以,《宪章》第九章"国际经济及社会合作"又特别要求会员国"担允采取共同及个别行动"与联合国合作来实现上述有关促进人权和经济发展的宗旨,也即联合国会员国在这两个领域都负有国际义务。

除了国家"采取共同及个别行动与联合国合作"之外,《联合国宪章》第九章还特别为人权的国际保护和经济领域的国际协调进行结合性发展规划了另外一种非常重要的制度安排:"运用国际机构",与"专门机关"协调努力。⑤ 这一机制又存在两种形式。第一种是联合国与"由各国政府间协定所成立之各种专门机关"建立联系,通过联合国的建议调整各专门机关的政策及工作。⑥ 这些专门机关包括当时已经成立或正在成立之中的国际劳工组织和国际货币基金组织等。第二种形式则是发动相关国家进行谈判,以创设"为达成第五十五条规定宗旨所必要之新专门机关"。⑦ 这一形式的最重要且最相关的例证就是国际贸易体系。1946 年,美国倡议缔结减少和制约国际贸易限制的多边公约,并呼吁成立国际贸易组织(International Trade Organization,ITO)作为贸易领域中与国际货币基金组织等金融机构相对应的国际组织,全面处理国际贸易和经济合作事宜。⑧ 为此目的,美国牵头拟定了《国际贸易组织宪章草案》,联合国则认为由国际贸易组织担负该《草案》所述之经济发展职责,"至为相宜"⑨,并决议于 1947 年 11 月组织召开国际贸易与就业会议讨论了该草案。⑩ 可见,联合国实际上支持并协调了国际贸易体系的创设。从更为广泛的意义上,后一种形式还应该包括促进国家之间的对话与合作,改善国际社会的治理结构。同时,《宪章》特别将与专门机构建立关系和协调的职能赋予了经社理事会⑪,这可以使其也能够在工作

---

⑤ 现在一般称为"专门机构",例如,参见:http://www.un.org/chinese/aboutun/uninbrief/institutions.shtml(本章所有网址最后检查访问于 2018 年 10 月 8 日)。

⑥ 《联合国宪章》第 57、58 条。

⑦ 《联合国宪章》第 59 条。

⑧ 但 International Trade Organization 的建立计划最终因为美国国会没有批准 ITO 宪章而夭折,详见:The GATT Years: From Havana to Marrakesh,载于:http://www.wto.org/english/thewto_e/whatis_e/tif_e/fact4_e.htm。

⑨ 经社理事会决议 29 (IV)号,1947 年 3 月 28 日。

⑩ 经社理事会决议 62 (V)号,1947 年 7 月 28 日。

⑪ 《联合国宪章》第 63、64 条。

机制上实现人权和经济问题的充分结合。⑫

这里需要特别指出的是,第二次世界大战前后,政府间国际组织这一国际协调形式开始加速发展。⑬ 包括联合国粮食和农业组织、联合国教育、科学及文化组织、世界卫生组织以及国际货币基金组织和世界银行集团在内的许多政府间组织得以成立起来并成为联合国的专门机构⑭,这为实施《联合国宪章》第九章中的与"专门机关"协调努力,合作治理的机制准备了充分的现实条件和机制保障。同样毋庸置疑的是,这些专门机构所针对的专门领域以及其组织宗旨都既具有深厚的人权影响,也具有重要的经济意义。⑮

三、《联合国宪章》中人权与经济协进的二维路径

可见,一方面,在《联合国宪章》的最初构想中,联合国应当并且必将协同落实人权与经济领域的整合性的议程——当然,联合国的经济议程与人权议程一样,仅针对国家间经济政策的协调以及在金融、投资和贸易等领域建设国际合作框架(即宏观经济)而并不实际触及作为国际、国内经济体系的细胞组织的工商企业(即微观经济),或者说在这个阶段,在联合国体系内,人权和经济发展相关的国际责任和国际义务完全寄托于作为联合国会员的各个主权国家。⑯

---

⑫ 例如,《联合国宪章》第 68 条规定"经济及社会理事会应设立经济与社会部门及以提倡人权为目的之各种委员会"。

⑬ 据统计,20 世纪初的 1909 年只有 213 个国际组织,到 1956 年,其总数猛增至 1117 个,冷战后的 1990 年达到 26656 个。从 1990 年到 1998 年的 9 年中,国际组织以平均每年净增 2500 个的速度扩张,见饶戈平、黄瑶:《论全球化进程与国际组织的互动关系》,载饶戈平主编:《全球化进程中的国际组织》,北京大学出版社 2005 年版,第 33 页。

⑭ 例如,国际民用航空组织成立于 1944 年,联合国粮食和农业组织以及联合国教育、科学及文化组织均成立于 1945 年,国际海事组织和世界卫生组织成立于 1948 年,而世界气象组织于 1951 年成为联合国专门机构。

⑮ 例如,《联合国粮食及农业组织章程》规定其宗旨包括"提高……人民的营养水平和生活标准;保证改进一切粮农产品的生产和分配效率;改善农村人口的状况;从而有助于一个发展中的世界经济和保证人类免于饥饿",甚至于看似与人权和经济的联系都不很直接的世界气象组织的宗旨也包括"推进气象学应用于航空、航海、水利、农业和人类其他活动",参见 1947 年《世界气象组织公约》第 2 条。

⑯ 同人权一样,传统国际法将一国的经济制度视为《联合国宪章》第 2 条第 7 款的主权管辖之内的事项。1970 年《国际法原则宣言》在涉及"依照宪章不干涉任何国家国内管辖事件之义务之原则"规定:每一国均有选择其政治、经济、社会和文化制度之不可转让之权利,不受他国任何形式之干涉。参见:王铁崖、田如萱:《国际法资料选编》,法律出版社 1982 年版,第 5—6 页。

另一方面,经社理事会是落实人权与经济协进议程的体制中枢;而在落实这一议程的机制构建方面,《宪章》则规划出了"运用国际机构"(主要是联合国专门机构)和国家"采取共同及个别行动与联合国合作"这两种路径。应该说,这两种路径既考虑到了单个或部分国家的独立行动,也考虑到了多数国家集体行动的情况;既关注传统性的国家在其管辖范围内的主权行为,也同样关注第二次世界大战之后蓬勃发展中的国家行为通过"主权让渡与拟制主体"的形式在国际社会上的延伸[17],因而,这既是一种全面而现实的系统,同时也具有很强的历史前瞻性。同时,由于"采取共同及个别行动与联合国合作"是一种国际法上的义务,因而也是发展国际**法律规范**的基础,而"运用国际机构"则更强调国家之间,尤其是联合国与相关机构之间关系的均衡与协调——联合国与这些通过"建议"展开合作,因而这更是一种在**治理结构**意义上的安排。

所以,从处理人权和工商业问题的基本思路来看,《宪章》中的初始设计并重"国际法律规范"(规范/规制路径)和"国际合作治理"(治理/合作路径)两种机制的建设,也即它试图运用法律规范和国际治理两种方法一体协同地处理人权与经济(工商业)的关系问题。当然,如同这一时期的规范和规制的主客体(即规范的制定者和实施者)都是国家一样,《宪章》中规定的"国际合作治理"的参与者在当时也仅限于国家、联合国和专门机构,是多种公法机构合作进行的公共治理,其最终基础仍然是国家在不同平台上的意志表达,因而这种由联合国和各专门机构参与的治理合作本质上也是一种间接的国家间的合作——但是非常重要的一点则是,在《宪章》中,遵守规范机制是国家的义务,而合作治理机制则基于多方参与、共同合作的理念。此外,私主体,包括工商企业在《宪章》的设计中既不是"国际法律规范"的主体或客体,也还不是"国际合作治理"的参与者。[18] 最后,必须再次强调的是,

---

[17] 关于政府间国际组织的权力基础,国际法学界的主流理论为成员国通过约章明示或暗示授权理论,参见:Henry G. Schemermers, *International Institutional Law*, Martinus Nijhoff Publishers, 3rd edition, 1995, 第140—147页;另见:Jan Klabbers, *An Introduction to International Institutional Law*, 2nd edition, Cambridge University Press, 2009, 第47页。

[18] 《联合国宪章》主要对成员国的资格进行了规定,而对非国家参与者没有作出明确的规定。工商业主体通常以观察员的身份参与联合国的各项会议和活动,与完全会员资格相比,工商业主体的权利受到很大限制。参见:上注[17],Henry G. Schemermers,第133—134页。

《宪章》并没有表明上述两种机制应该或者可以分别适用于人权或经济问题的意图,而是对于所有相关问题,上述两种机制均可适用且同等重要。

第二节 联合国体系内人权和经济在发展路径上的分立

一、法律规范与合作治理的径庭之分

然而,在《宪章》中基于"共同及个别行动"的国际法律规范机制和基于"运用国际机构"的国际合作治理机制之间存在着一些重要区别,这些区别在很大程度上为以后联合国体系内外人权和经济事务分立而平行的存在与发展埋下了体制上的伏线,也严重影响了联合国解决工商业和人权问题的思路。

1. 意志基础

首先,虽然法律规范与合作治理两种机制都渊源于《联合国宪章》,虽然它们都是国家在不同平台上的意志表达,但是这两种路径的意志基础仍然存在一定区别。在《宪章》第 56 条之下,国家采取行动并与联合国合作是一种基于国际条约的法律义务,也即国家负有在(人权、经济等)实体问题上采取必要行动并且与联合国合作的国际义务[19];而在国际合作治理机制下,根据《宪章》,联合国就实体问题对于专门机构仅具有"建议"的能力[20],联合国虽然与各专门机构也订立有特别协定,但并不籍此建立相关专门机构在实体问题上完全或绝对服从联合国的法律义务。[21] 在联合国的法律规范机制下,国家意志的体现更加明确而直接,但外延有限,而联合国与专门机构的

---

[19] 《宪章》第 56 条有三层含义:一是各会员国与联合国合作;二是为了合作,各国须采取共同及个别行动,而为采取共同行动,各国还应互相合作;三是各国与联合国合作的目的是为了实现第 55 条所规定的宗旨。大会在一些决议中指出,大会认为第 56 条使各会员国有义务在促进尊重人权方面采取某些行动或避免采取某些行动。如 1966 年通过的第 2144 号决议中,大会"铭记各会员国根据《联合国宪章》第 56 条采取共同及个别行动与联合国合作以达成第 55 条所载宗旨的义务",敦促各国采取有效措施以在世界各地,尤其是殖民地和其他附属地制止种族隔离政策并消除种族歧视。参见:许光建:《联合国宪章诠释》,山西教育出版社 1999 年,第 398—400 页。

[20] 例如,参见联合国与其第一个专门机构国际劳工组织签订的协定,Article IV, Agreement between the United Nations and the International Labour Organisation, 载于: https://www.unsceb.org/CEBPublicFiles/ILO-En.pdf.

[21] 《联合国宪章》第 58、63 条。

合作治理机制则是国家意志协调之后的再度协调,因而更具有弹性和包容性,也更适于处理利益冲突明显的问题,如经济政策和工商业管理问题。

2. 组织特性

联合国与其各专门机构一样,都是国家为了特定目的通过让渡主权而建立的具有独立人格的国际法律主体,因此,在联合国之外,各专门机构具有独立行为的法律能力,并且根据国际组织法中的"隐含权力"理论,这些专门机构的权能具有自我发展的内在张力[22],所以,它们的组织议程、发展节奏和具体目标在事实上也不可能与联合国始终保持一致。尤其是各经济性专门机构,由于在《联合国宪章》没有明示涵盖的经济和工商业发展等问题上获得了其会员国更为明确和深入的授权,且很多时候能够按照经济原则运作[23],这使得它们能够体现出更直接的独立于会员国的组织意志和专业权威。因此,"运用国际机构"的国际合作治理很多时候是出于对其独立性和专业权威的信赖,但同时也能在联合国体系内外强化相关机构的影响力,进而削弱联合国在有关问题上的作用。

3. 工作方法

由于各专门机构关注领域的集中性和相对较强的技术性,专门机构各会员国在相关问题上利益一致性也相对较高,这使得其中的讨论和决策较少政治纠结,易于达成共识和妥协,因而专门机构的组织效率和工作效果更适宜于解决经济相关问题。而联合国体系内依赖"共同及个别行动"的国际规范机制则极易受到意识形态和政治分歧的影响,因而效率低下,行动缓慢,难以适应经济决策所需要的灵活性和高效性[24],这其实也是战后各国在联合国之外再附加成立国际贸易、金融和投资等领域的专门机构的一个重要原因。

---

[22] 关于"暗含权力"理论,参见:上注[17],Jan Klabbers,第 59—64 页。

[23] 在国际货币基金组织和国际复兴开发银行的基本文件中,都规定了最高权力机关理事会成员国每国分别享有 250 个基本投票权。此外,按各成员国在组织基金中所占的份额来加权,每持一股(票面额为 10 万美元)或每认缴 10 万美元,即增加一票表决权。一国的总投票权,就是该国基本投票权和加重投票权相加之和;除另有特别规定者外,各项决议的通过均依总投票数的过半数决定。这种加重投票权与基本投票权相结合的模式也被国际金融公司和国际开发协会采用。参见:同上注,第 211 页。

[24] 例如,受制于意识形态和政治形式,在"冷战"期间,五大常任理事国"双重否决权"使得安理会的决议一度陷入僵局。参见:Thomas Frank, "Who Killed Article 2(4)? Or: Changing Norms Governing the Use of Force by State", *American Journal of International Law*, vol. 64, 1970, 第 809—837 页。

二、人权与经济的发展路径的分立

联合国成立后的最初几年内,上述两种路径在现实中也确实发挥了各自的作用,同时,这两种路径在人权和经济领域内分立适用的格局也显出了端倪。

1. 人权规范的发展鲜有专门机构的作用

作为联合国最重要的政治性议题之一,人权在联合国建立伊始就成为热烈的讨论和果断行动的主题。1946 年,经社理事会第一次会议上即通过决议设立了联合国人权委员会[25],很快又成立了作为经社理事会执行委员会的妇女地位委员会[26]以及人权委员会的附属专家机构"防止歧视及保护少数小组委员会"[27],妇女权利和少数者保护因而成为联合国早期关注的人权领域。1947 年 2 月,人权委员会在其第一次会议上讨论了起草联合国奠基者所提出的国际人权宪章的倡议,并为此组织了起草组[28],联合国大会则最终在 1948 年通过了《世界人权宣言》[29],并开始了起草人权公约的工作。[30] 在具体权利方面,1946 年联合国大会号召并在 1948 年召开了联合国信息自由大会[31],并起草了《信息自由公约》[32]和《新闻国际传递及更正权公约》草案[33]以及研究和起草了《防止及惩治种族灭绝罪公约》等[34]。需要指出的是,这些相关努力都是在"采取共同及个别行动与联合国合作"的规范机制中实现的。例如,人权委员会的设立基于《宪章》对经社理事会的授权,"经济及社会理事会应设经济与社会部门及以提倡人权为目的之各种委员会"[35],

---

[25] 经社理事会决议 5(I)号,1946 年 2 月 16 日。
[26] 经社理事会决议 11(II)号,1946 年 6 月 21 日。
[27] 经社理事会决议 9(II)号,1946 年 6 月 21 日。
[28] *Yearbook of the United Nations*,1946—47,第 524 页。
[29] 联合国大会决议 217 (III) A 号,1948 年 12 月 10 日。
[30] 联合国大会决议 217 (III) F 号,1948 年 12 月 10 日。
[31] 参见:联合国大会决议 59(1)号,1946 年 12 月 14 日;经社理事会决议 74(V)号,1947 年 8 月 15 日;以及联合国信息自由大会最后决议案(Final Act),1948 年 3 月 23 日到 4 月 21 日,载于:https://digitallibrary.un.org/record/212470?ln=en;关于这一会议的讨论,参见:John B. Whitton,"The United Nations Conference on Freedom of Information and the Movement Against International Propaganda",*American Journal of International Law*,vol. 43,1949,第 73—87 页。
[32] 草案文本可见于:https://digitallibrary.un.org/record/212470/files/E_RES_152%28VII%29-EN.pdf。
[33] 草案文本可参见:联合国大会决议 A/RES/277(III) C 号,1949 年 5 月 13 日。
[34] 联合国大会决议第 260A 号通过,1948 年 12 月 9 日。
[35] 《联合国宪章》第 68 条。

而《世界人权宣言》的起草则经过了从人权委员会动议、经社理事会到联大第三委员会(社会、人道主义和文化委员会)反复审议,直至联合国大会全会表决通过的制法程序。㊱

由于人权是第二次世界大战后国际社会的新兴议题,战前战后在各国间既不存在也不可能发展出专门针对人权议题的国际政府间机构㊲,因此,联合国无法在人权领域一般性、系统性地运用专门机构,它只能在一些具体的人权领域与有限的专门机构进行松散的、非实质性的合作。例如,1948年联合国信息自由大会邀请了国际劳工组织、国际电信联盟以及联合国教科文组织作为"观察员"和"顾问机构"参会㊳,在少数者保护领域,经社理事会建议联合国教科文组织与联合国合作开展"防止歧视和保护少数的教育项目"等等。㊴ 这表明,即便在人权的专门领域内,专门机构似乎也无法或者无意走向与其专门领域相关的人权问题的前沿,进行规范发展或者研究相关的治理问题。唯一的例外可能仅存在于劳工权利领域。这一阶段,注意到国际劳工组织在相关领域的能力和行动,经社理事会先后要求秘书长安排国际劳工组织和人权委员会在工会权利领域的合作㊵,促请社会和人口委员会与国际劳工组织共同关注移民和移徙劳工的保护问题㊶,并要求妇女地位委员会在同工同酬问题上学习和借鉴国际劳工组织的努力㊷,后者则陆续在相关领域制定并通过了一系列国际公约或建议书。㊸ 值得一提的是,国际劳工组织的相关工作为人权委员会起草《世界人权宣言》和人权公约以及妇

㊱ 关于《世界人权宣言》的起草过程,参见 Yearbook of the United Nations,1948—1949,第524—537页。
㊲ 仅在国际人道法领域存在一定程度的国际协调。
㊳ 前注㉛,最后决议案,第4页。
㊴ 经社理事会决议116(VI)B号,1948年3月2日。
㊵ 经社理事会决议84(V)号,1947年8月8日。
㊶ 经社理事会决议85(V)号,1947年8月13日。
㊷ 经社理事会决议121(VI),1948年3月10日,196(VIII)号,1949年2月18日,以及242(IX)D号,1949年8月1日。
㊸ 包括,例如:1948年《结社自由及保护组织权公约》(第87号公约)、1949年《组织权与集体谈判权公约》(第98号公约)、1949年《关于移徙就业的建议书》(第86号建议书)和修订的《关于移徙就业的公约》(第97号公约)、1951年《集体协议建议书》(第91号建议书),以及1951年《同酬建议书》(第90号建议书)和《同酬公约》(第100号公约)等。

女委员会研究妇女权利的保护提供了重要指导。㊹ 因此,国际劳工组织对联合国相关人权规范的发展产生了实质影响。

2. 经济发展倚重与专门机构的合作

然而,在经济领域,联合国从最开始就似乎无法依靠自己的力量解决相关问题。在当时的条件下,联合国在经济领域的主要工作方向是两个:在研究受到战争影响的国家和地区的经济重建的同时㊺,为联合国长远充当经济调整者的角色建立相应的制度基础。在这两个方面,联合国也首先尝试利用"采取共同及个别行动与联合国合作"的规范机制建立相关机构。因此,早在1946年经社理事会就成立了"经济和就业委员会"㊻,并在其下设立了"就业和经济稳定小组委员会"以及"经济发展小组委员会"。㊼ 前者的宗旨是研究并提出"促进充分就业和经济稳定的最适当方法"㊽;后者的任务则是研究并提议"长期经济发展的原则和问题,重点关注世界上发展不足的各个部分",其主要工作目标包括:促进对自然资源、劳动力和资本的最充分和最有效的利用;提升消费水平以及研究工业化和工业技术的变化对世界经济形势的影响。㊾ 此外,为了特别解决战后各个地区经济重建的问题,联合国大会决议还促请经社理事会专门成立了针对欧洲、亚洲和远东以及拉美地区的三个经济委员会。㊿

但是,与人权委员会和妇女地位委员会等人权相关的机构相比,联合国从最开始就强调专门机构与这些有关经济问题的特别委员会的关系以及专门机构在其工作中的重要地位。例如,1947年年初,经社理事会特别通过决议要求新成立的经济和就业委员会"充分考虑专门机构和政府间组织的

㊹ 例如,经社理事会决议要求将国际劳工组织的相关文件转给人权委员会和妇女委员会,供其在制定相关人权文件时参考利用,并在相关问题上咨询国际劳工组织,参见:经社理事会决议193(VIII)号,1949年3月17日;194(VIII)号,1949年3月8日;196(VIII)号,1949年2月18日,以及303(XI)D号,1950年8月9日。

㊺ 经社理事会决议5(III)号,1946年10月3日。

㊻ 联合国文件E/20,1946年2月15日。

㊼ 经社理事会决议1(III)号,1946年10月1日。

㊽ 同上注。

㊾ 同上注。

㊿ 经社理事会决议36(IV)号(欧洲)、37(IV)号(亚洲和远东),1947年3月28日,以及106(VI)号(拉美),1948年2月25日。

责任，调查和报告促进人力、材料、劳动力和资本等世界资源之更好利用的最适当的国际行动的方式”（斜体强调为作者所加），并要求其充分考虑包括国际劳工组织、国际货币基金组织、国际复兴开发银行和联合国粮农组织等在内的各个专门机构的观点。(51) 又例如，在设立欧洲、亚洲和远东以及拉美地区的三个经济委员会的决议中，经社理事会无一例外地要求各委员会“应邀请专门机关代表……以咨议资格参与审议与该机关有特殊关系之任何事项”并应“*采取办法保证*与……专门机关维持必要联络”（斜体强调为作者所加）。(52) 虽然这些委员会可以就其职权内的任何事项向有关的专门机构直接提出建议(53)，但是如果它们希望在机制上有所发展而下设辅助机构时，则须与“在同一一般领域内工作之专门机关商讨后”方可为之。(54) 正如当时一位学者有预见性地指出的一样，“意识到国际经济合作的基础已被既存的组织所奠定，《宪章》在有关这些组织的特殊职能方面赋予了联合国比其在经济领域的一般义务更大的空间”。(55) 可见，联合国从创始之处在经济领域的实践中就既在技术和专业问题上倚重专门机构，又在机制发展中尽量避免与已有专门机构之间的交叉或冲突。这一个原因是因为某些技术性问题，例如国家的其他国际义务与宪章义务竞合的情况下，宪章义务应予优先(56)——尽管如此，国家参与其他机构必然影响到国家政策上对不同问题的优先性安排——但更重要的原因则是联合国作为第二次世界大战以后主要的政治安排，各国，尤其是主要战胜国对其在经济领域发挥实质的重大作用并不抱信心和兴趣——1944 年，在联合国成立之前，美国所主导的布雷顿森林

(51) 经社理事会决议 26(IV)号，1947 年 3 月 28 日。

(52) 经社理事会决议 36(IV)号第 12—13 段，37(IV)号第 5—6 段以及 106(VI)号第 7—10 段，另根据《联合国宪章》第 70 条“经济及社会理事会得商定办法使专门机关之代表无投票权而参加本理事会及本理事会所设各委员会之讨论，或使本理事会之代表参加此项专门机关之讨论”。

(53) 经社理事会决议 36(IV)号决议第 4 段，修订 37(IV)号决议的 69(V)号决议，1947 年 8 月 5 日，以及 106(VI)号决议第 5 段。

(54) 上注，36(IV)号决议第 5 段，修订 37(IV)号决议的 69(V)号决议，以及 106(VI)号决议第 10 段。

(55) Gustav Pollaczek, “The United Nations and Specialized Agencies”, *American Journal of International Law*, vol. 40, 1946, 第 592—619 页，见第 609 页。

(56) 《联合国宪章》第 102 条。

(Bretton Woods)体系的建立就已经明确体现了这一点。(57)

此后的六十余年中,联合国经社理事会之下的经济议题机构也经历了种种变革(58),但是它们始终未能在国际经济和工商业发展领域成为匹敌世界银行、世界贸易组织等组织的具有实质影响的机构。其结果就是,虽然这些按照“采取共同及个别行动与联合国合作”的机制新成立的机构理应是主导联合国体系内与经济发展的核心部门,但是它们的主要工作方式只能停留在政策建议和国家立场的协调,而无法像人权委员会一样开展相关领域的规范制定工作,成为“规制者”(regulator)。(59) 这使得联合国在经济领域的工作机制从最开始就更倾向于“运用专门机构”,在联合国体系之外与专门机构和、国家,以及它们所联系的其他组织开展合作治理。因此,人权和经济领域在发展路径上的分野在联合国建立不久就已经泾渭分明了,后来的各种发展只是加深、加速和固定了两者的分立。

第三节 联合国体系内人权与工商业实质融合的现实和理论困局

一、人权与工商业问题实体融合的现实困局

从逻辑上来讲,促进人权保护与工商业协同发展或者避免二者分立发展的最好方式应该是在实体规范和实施机制上实现二者的融合,也即或者在规范工商业的国际法体系中纳入人权要求,或者在人权体系中直接**调整个人的工商业行为**。实际上,从建立初期开始,联合国就试图实现人权与

---

(57) 1944年,有44国参加的布雷顿森林会议讨论了国际货币和金融体系问题,并建立了以稳定国际金融、促进世界贸易发展为目标的国际货币基金组织和国际复兴与开发银行;关于这一体系,参见:Michael Bordo, Barry Eichengreen (eds.), *A Retrospective on the Bretton Woods System*, University of Chicago Press, 1993;及 Michael Bordo, “The Bretton Woods International Monetary System: An Historical Overview”, *National Bureau of Economic Research Working Paper* 4033, 1993,载于:http://www.nber.org/papers/w4033。

(58) 关于经社理事会的改革,参见:https://www.un.org/ecosoc/en/about-us;以及经社理事会附属机构设置:https://www.un.org/ecosoc/en/content/subsidiary-bodies-ecosoc。

(59) 参见:Digambar Bhouraskar, *United Nations Development Aid: A Study in History and Politics*, Academic Foundation, 2006,第27—28页;Ben Atkinson Wortley, *The United Nations: the First Ten Years*, Manchester University Press, 1957,第42—43页。

经济议题的实质融合,也即在调整经济的框架中纳入人权理念或规范,和/或在发展中的人权体系内融入与个人的经济活动有关的权利。

1. 国际贸易体系中的人权

由于国际金融体系建立于联合国成立之前,因此,联合国推进人权与经济议题实质融合的第一个也是唯一一个重要机遇和正式尝试则是国际贸易体系。联合国成立后,由于美国的积极倡导,联合国借势推动国际贸易领域专门机构的发展。1947年11月,联合国经社理事会倡议的世界贸易和就业会议在古巴哈瓦那召开,讨论修改之前已经三轮审议和修订的《国际贸易组织宪章》草案。⑩ 1948年3月,53个国家(包括中国)签署了《国际贸易组织宪章》的最后一稿,也即《哈瓦那宪章》。⑪ 毋庸置疑,《哈瓦那宪章》是一个多方妥协的产物,且其主旨是为国际贸易的发展设立规范⑫,但值得一提的是,在其等同于一般原则的第二章"就业和经济活动"中包含了一个"公平劳工标准"条款,该条要求:

> 成员承认与就业有关的措施必须充分考虑政府间国际宣言、公约和协议之下的工人权利。它们承认在达到和维持与生产力相关的公平劳工标准方面,并因此在改善生产力允许的薪酬和工作条件方面,所有国家均享有共同利益。成员承认,不公平的劳动状况,尤其是在为出口而生产时,会产生国际贸易上的困难,因此,每个成员应采取所有适当和可行的行动以消除其领土上的此类状况。⑬

在执行机制上,《哈瓦那宪章》中的这一"社会条款"要求同是国际劳工组织成员的成员应当与国际劳工组织合作以使该条款中的承诺发生效果⑭;此外,在争议解决方面,根据该宪章有关规定提交给国际贸易组织的所有相关事项应咨询国际劳工组织并与之合作。⑮ 可见,根据这一安排,不仅国际

---

⑩ 参见前注⑧及正文。

⑪ 宪章全文可见于联合国文件 E/Conf. 2/78.,或者世界贸易组织网站:http://www.wto.org/english/docs_e/legal_e/havana_e.pdf.

⑫ 具体内容包括一般商业政策、限制性贸易措施、政府商品协定、国际贸易组织的建立以及争端解决机制等,参见上注。

⑬ 上注,第7条第1款。

⑭ 上注,第2款。

⑮ 上注⑪,第3款,及第94和95条。

劳工组织各公约中的劳工标准的强制性将得以大幅增强，而且国际贸易组织的成员违反劳工标准有可能引发贸易争端。同时，"所有适当和可行的行动"的措辞表明国家在这个领域的义务可能非常庞大而细致，但也为国家留出了自主裁量的空间。虽然《哈瓦那宪章》强调"与生产力相关的"劳工标准易于使人认为它似乎更关注部分直接影响生产的劳动权利，如工资问题，而且对"为出口而生产"的强调似乎也表明它更加关注国际贸易流中的劳工状况[66]，但是注意到《哈瓦那宪章》在"宗旨和目的"部分明确表明了其对联合国相关目标的高度拥护[67]，应该认为，这是一个实质而有力地结合了人权与经济议程的尝试，符合"一个真正的人权理念"。[68]

不幸的是，《哈瓦那宪章》由于美国未能批准等原因而最终未能生效，各国最终临时适用了《关税与贸易总协定》作为共同的贸易规则直至1995年世界贸易组织成立，但《关税与贸易总协定》中除了一个关于监狱劳动产品的条款外[69]，这一协定以及嗣后的世界贸易组织体系都没有包含任何与人权相关的要求。这样，虽然国际贸易体系和人权体系几乎是相同的国家在第二次世界大战后通过谈判合作发展出的精深的法律系统，但是这两个体系从最开始就在联合国内外"辉煌地隔绝"，在"平行、隔离且有时候相互矛盾的轨道上"各自发展。[70] 这同时也是联合国试图运用与专门机构进行合作治理的又一个彻底失败。

2. 人权法体系中的工商业相关权利

当然，这种"辉煌地隔绝"也与国际人权法在发展中出于服从国家经济主权的现实而未能有效地确立与个人的工商业活动相关的基本权利有很大关系，而财产权（或所有权）未能被国际人权公约认可为基本权利则是这一

---

[66] 例如，参见：Elissa Alben,"GATT and the Fair Wage: A Historical Perspective on the Labor-Trade Link", *Columbia Law Review*, vol. 101, no. 6, 2001, 第1410—1447页，见第1431页。

[67] 《哈瓦那宪章》第1条规定"认识到联合国宪章中所设定的目标，尤其是第55条中提出的较高之生活程度，全民就业，及经济与社会进展"。

[68] Arne Daniel Albert Vandaele, *International Labour Rights and the Social Clause: Ffriends or Foes*, Cameron May, 2004, 第393页。

[69] 协定第XX条e项，全文见于世界贸易组织网站：http://www.wto.org/english/docs_e/legal_e/gatt47_01_e.htm。

[70] Robert Howse and Makau Mutua, "Protecting Human Rights in A Global Economy: Challenges for the World Trade Organization", in Hugo Stokke, Anne Tostensen (eds.), *Human Rights in Development Yearbook 1999—2000*, 第51—82页，见第53—54页。

问题的肇端和根源。[71] 1948年至1954年,在两个人权公约起草中对是否应包含财产权进行了旷日持久的讨论,虽然"人权委员会无人对原则上包含财产权表示反对"[72],但是在涉及与财产权相关的征收、国有化以及补偿等现实问题时,各国却无法就它们与国家主权的关系和范围问题达成一致,最终财产权未能得到国际人权公约的认可。[73] 虽然1966年的《经济、社会和文化权利公约》包含了工作权(第6条)、社会保障权(第9条)以及食物、住房等生活水准权(第11条),且两公约都明确禁止了基于"财产"的歧视[74],但这些条款都只是针对国家的保护义务,并不必然同时意味着个人对财产的占有和价值交换的权利。在财产权未得到认可的情况下,其他与工商业、经济和贸易活动相关的权利,如贸易(交换)权、收益权和组织经济实体(如企业)等权利就更不可能进入国际人权体系,这样,在联合人权体系内最终未能嵌入与个人的工商业活动相关的权利。

国际人权法的嗣后发展出现了一些碎片化的关于财产权的规范。例如,1969年《消除一切形式种族歧视国际公约》要求国家消除歧视,保障人人"单独占有及与他人合有财产的权利";1981年《消除对妇女一切形式歧视公约》要求国家保障男女平等,包括"配偶双方在财产的所有、取得、经营、管理、享有、处置方面,不论是无偿的或是收取价值酬报的,都具有相同的权利";1990年《保护所有移徙工人及其家庭成员权利国际公约》规定"移徙工人或其家庭成员的财产,不论个人所有或与他人共有,不应被任意剥夺"。[75] 但是在联合国体系内,财产权一直是基本人权实现程度的一种变量,而不是基本人权本身。例如,虽然联合国也承认并尊重国内法上确立的个人单独或与他人一起拥有财产的权利,但是联合国大会同时通过决议指出有关各

---

[71] 但《世界人权宣言》包含一个笼统的关于财产所有权的宣示性条款,第17条。
[72] 人权委员会第十次会议报告,决议 E/CN.4/705 号,或联合国文件 E/2573,1954年,第40段。
[73] 关于这一过程,参见:Theo R. G. van Banning, *The Human Right to Property*, Intersentia, 2002,第43—47页。
[74] 两公约第2条,同时,基于财产的歧视也被其他所有核心人权公约所禁止。
[75] 参见:《消除一切形式种族歧视国际公约》第5条、《消除对妇女一切形式歧视公约》第16条以及《保护所有移徙工人及其家庭成员权利国际公约》第15条。

种形式财产权的国内立法应"排除对人权和基本自由的享受的任何损害"。⑯也就是说,财产权可以是国内法上确立的权利,但并不属于国际人权法体系中的基本人权和自由。可见,国际规范机制是国际人权法取得发展的重要保障,但是这一机制在实际上也未能在国际人权法的实质要求中将人权保护与工商业行为内在地联系起来。因此,国际人权法律体系与个人组织和参与投资、生产和贸易等价值创造和交换活动的原始、直接而系统性的联系实际上在联合国人权体系内终被切断,其结果之一就是联合国人权机构丧失了基于这些权利直接介入国际、国内经济秩序的工作基础——在很长时间内,联合国人权体系都未能有效影响国际经济、贸易体系中"人权维度"的发展。

二、在人权法中容纳工商业的理论限制

退一步来看,如果人权保护和经济(工商业)发展无法实现实体规范上的融合以使得人权成为工商业发展的价值追求,使工商业成为实现人权的积极力量,那么在"与专门机构"合作治理的路径似乎走向山穷水尽的情况下,联合国利用国际规范机制在保障人权与工商业协同发展或者避免二者分立发展方面还有另一种选择:将工商业(即工商业实体)置于联合国发展出来的国际人权规范的直接规制之下。这看似一个非常直接而便宜的方法,且似乎应当非常有效,然而这种方法却面临着多重理论上的困难。

1. 工商业的国际法地位

如果要将工商业置于人权法律体系之下,第一个理论困难就是工商业实体在国际人权法上的地位问题。首先,国际法意义上的人权确立于第二次世界大战后以联合国为主要平台发展起来的国际人权规范和保护体系之中。⑰ 六十余年来,这一体系的主导者和"相对方"都是国家(政府),其认知基础就是国家之所以应该承认和保护人权,是因为它可能限制和侵犯人

---

⑯ 参见:大会决议 42/115(财产对人权和基本自由的享受的影响),1987 年 12 月 7 日;另外,人权委员会也在此前通过了同一主题和内容的决议,见人权委员会决议 1987/18 号,1987 年 3 月 10 日,以及 1988/19 号,1988 年 3 月 7 日。

⑰ 国内宪法和法律,国际人权规范对工商业仅建立了间接责任,即国家根据本国的国际义务而通过国内法律规定的责任。

权。[78] 所以,在这个意义上,以联合国为核心的国际人权法律体系源于国家也归结于国家,在这个体系内,人权在产生本源上和法律本质上都只是对政府公共权力的限制。[79]

在国际法学界,有两种主要理论试图在这一方面寻求突破,以便为其他实体(包括作为法人存在的工商业实体)确立国际法律主体地位,为其适用国际法律规范建立因果联系。第一种理论是"主体发展说",即随着国际法开始发展出许多调整国家和其他实体的新规则,国际法的主体也随即发展到新的实体。[80] 例如,在有关认可联合国的国际法主体地位的联合国求偿权咨询案(reparations case)中,国际法院认为:

> 任何法律体系的各种主体在性质和其权利范围上并不必然相同,它们的性质取决于社会需要。国际法在其整个历史中的发展都受到国际生活的要求的影响,国家合作行动的增加已使某些非国家实体在国际上行动的实例不断产生。[81]

根据这一理论,"法律人格的效力不决定于国际法的某些'本质的'或者'内在的'性质,而是取决于决定其影响范围的实践和规范"。[82] 国际法具有生命力,它根据"国际生活的要求"发展进而产生了国际组织等实体作为其

---

[78] 参见:《联合国宪章》序言。

[79] 例如,《公民权利与政治权利国际公约》第 2 条第 3 款(甲)项规定:每一缔约国承担保证任何一个被侵犯了本公约所认可的权利或自由的人,能得到有效的补救,尽管此种侵犯是以官方资格行事的人所为。《经济、社会和文化权利国际公约》第 2 条第 1 款规定:每一缔约国家承担尽最大能力个别采取步骤或经由国际援助和合作,特别是经济和技术方面的援助和合作,采取步骤,以便用一切适当方法,尤其包括用立法方法,逐渐达到本公约中所承认的权利的充分实现。《防止及惩治灭绝种族罪公约》第 4 条规定:凡犯灭绝种族罪或第 3 条所列其他行为之一者,无论其为依宪法负责的统治者,公务员或私人,均应惩治之。

[80] 传统国际法的主体限于国家(虽然主体的定义至今存在很多争议),但是随着现实的变化,国际法主体的范围逐渐扩大,不仅包括了国际组织、民族解放组织等已经被承认的非国家主体。参见:〔英〕马尔科姆·N.肖《国际法》(第 6 版),白桂梅等译,北京大学出版社 2011 年,第 199—211 页;另参见:Karsten Nowrot, "Legal Consequences of Globalization: The Status of Non-Governmental Organizations Under International Law", *Indian Journal of Global Legal Studies*, vol. 6, 1999, 第 579—644 页。

[81] 国际法院咨询意见 Rep 174(1949),第 179 页。

[82] Lyal S. Sunga, *Individual Responsibility in International Law for Serious Human Rights Violations*, Martinus Nijhoff Publishers, 1992, 第 155 页。

新生主体。③ 一旦国际法建立的由国家间的权利义务关系构成的传统结构被"国际生活的要求"打破，其他实体，包括工商业实体都可能成为国际法律体系内的行为者。

的确，随着国际生活的新要求的产生，尤其是"国家合作行动"的需要，工商业已经在国际投资㉞、国际海底开发㉟、国际环境保护㊱以及国际求偿㊲等有限的领域内具有了行为能力或者权利、义务主体资格。但是，一方面，上述领域均与工商业经营紧密相关，工商业实体获得相关的行为或责任能力和法律主体资格以其经营运作为前提条件，这种能力或法律资格具有商业上的必要性，因为无论是投资争议、民事责任还是对国家的求偿，其实质都是商业问题；另一方面，这些能力或法律资格均以公约、决议等法律形式得以确立，其本质是严格的"一事一议"的国家同意，因而其中的工商业的主

㉝ 个人在国际法律体系内有限的主体资格首先获得确认，第二次世界大战之后成立的国际军事法庭确立了个人对破坏和平罪、战争罪和危害人类罪应承担责任，《国际刑事法院罗马规约》第 25 条规定了个人刑事责任的承担。

㉞ 例如，1965 年世界银行《关于解决国家和他国国民之间投资争端公约》在一定范围内认可了外国私人投资者在国际投资法律上的行为能力并设立了"解决投资争议国际中心"以调解和仲裁缔约国"和另一缔约国国民之间直接因投资而产生并经双方书面同意提交给中心的任何法律争端"（第 25 条第 1 款），而根据该《公约》第 25 条第 2 款，"缔约国国民"则包括法人（"另一缔约国国民"系指，"在争端双方同意将争端交付调解或仲裁之日，具有作为争端一方的国家以外的某一缔约国国籍的任何法人，以及在上述日期具有作为争端一方缔约国国籍的任何法人……"）。

㉟ 根据 1982 年《联合国海洋法公约》设立的国际海底区域的平行开发制度，企业可以与国家相联合在海底区域从事勘探和开发活动，为此目的，《联合国海洋法公约》第 187 条和公约附件六第 38 条规划了由此类开发活动产生的纠纷的解决程序，联合国海洋法法庭的管辖权因此扩展到了企业与国家或有关国家机构之间的关系（《联合国海洋法公约》第 187 条规定，"海底争端分庭……对以下各类有关'区域'内活动的争端应有管辖权：……（c）……作为合同当事各方的缔约国、管理局或企业部、国营企业以及自然人或法人之间……的争端……；（d）管理局同……未来承包者之间关于订立合同的拒绝，或谈判合同时发生的法律问题的争端；（e）管理局缔约国、国营企业或……自然人或法人之间关于……负担赔偿责任的争端"）；另参见《联合国海洋法法庭规约》第 21,22 条。

㊱ 例如，1969 年《国际油污损害民事责任公约》的 1992 年议定书第 4 条、第 5 条确立了船舶所有人、租赁人和经营人的直接民事责任，而根据该《公约》第 1 条，"人"是指任何个人或集体或任何公营或私营机构（不论是否法人）；另外，经《1997 年议定书》修正的 1963 年《关于核损害民事赔偿责任的维也纳公约》等国际环境法公约也有类似规定（根据该《公约》第 1 条，"人员"系指"任何个人、合伙人、任何法人或非法人的私人或公共团体……"）。

㊲ 例如，企业可以利用 1991 年海湾战争后成立的联合国求偿委员会（United Nations Compensation Commission）的相关程序为其由于"伊拉克非法入侵和占领科威特"而遭受的损失求取补偿，见：安理会决议 687 和 692 号（1991 年）。

体资格仅在有限范围内具有法律意义⑧,并不具有国际法律体系内的普遍意义。所以,上述特例很难为国际人权保护领域建立普遍规则,人权保护与工商业的能力或主体资格的本质相关性并未在普遍意义上确立起来,同时似乎也不存在公约、决议等法律形式来证明国家在这一领域内对工商业行为或责任能力以及主体资格的一般性认可。因而,"主体发展说"似乎并不能在工商业和人权之间建立基于因果关系的一般性法律联系。

另一种主要理论则基于国际人权法律本身寻求工商业的主体地位或法律资格,其方法是通过对国际人权规范的重新解释以确立工商业对于人权的国际法律义务或责任,即"规范重释说"。例如,联合国大会发布《世界人权宣言》的目的是使"每一个人和社会机构经常铭念本宣言,努力通过教诲和教育促进对权利和自由的尊重"。⑧ 有学者认为"社会机构"包含工商业实体因而它们在《世界人权宣言》之下负有义务⑩,而更有学者指出"每一个人包括法人。每一个人和社会机构不排除任何人,任何公司,任何市场和任何网络空间。《世界人权宣言》对所有这一切都适用"。⑪ 同时,《世界人权宣言》、1966 年《经济、社会和文化权利国际公约》和《公民权利和政治权利国际公约》等核心国际人权规范文件包含要求对文件内容应进行善意解释的条款,其中均使用了"集团、团体"(group)一语。例如,1966 年两公约的共同第 5 条第 1 款则规定:"本公约中任何部分不得解释为隐示任何国家、团体或个人有权利从事于任何旨在破坏本盟约所承认的任何权利或自由或对它们加以较本盟约所规定的范围更广的限制的活动或行为。"⑫ 其中,"团体"

---

⑧ 例如,针对上注中的联合国求偿委员会,秘书长在其一份报告中特别指出,"该委员会不是一个当事方可以出庭的法庭或裁判机关;它本质上是一个履行事实调查职能的政治机关,以审查求偿、甄别其有效性……并解决求偿争议;它只在最后这一方面可能涉及一种准私法职能",见:*Report of the Secretary-General Pursuant to Paragraph 19 of Security Council Resolution 687*,1991,S/22559(1991)。

⑧ 参见《世界人权宣言》序言。

⑩ 参见:Rebecca M. Bratspies, "Organs of Society: A Plea for Human Rights Accountability for Transnational Enterprises and Other Business Entities", *Michigan State University College of Law Journal of International Law*, Vol. 13, 2005, 第 9—38 页。

⑪ Louis Henkin, "The Universal Declaration at 50 and the Challenge of Global Markets", *Brooklyn Journal of International Law*, No. 1, vol. XXV, 1999, 第 25 页。

⑫ 另外,《世界人权宣言》第 30 条规定:"本宣言的任何条文,不得解释为默许任何国家、集团或个人有权进行任何旨在破坏本宣言所载的任何权利和自由的活动或行为。"

与"权利"似乎被直接联系起来,这些条款因而也被理解为国际人权规范同样"平行"适用于企业"集团"或工商业"团体"。㉝

"社会机构""集团"或"团体"的本意当然可以包括以社会机构和团体组织存在的工商业实体。然而,根据《维也纳条约法公约》,"条约应依其用语按其上下文并参照条约之目的及宗旨所具有之通常意义"进行解释。㉞ 而上述条款的整体语义似乎并不支持相关文件条款适用于工商业实体并从而使之负有人权义务的结论。抛开《世界人权宣言》本身是否具有法律拘束力的争论不言㉟,其序言的相关段落的意义仅在于鼓励各个社会机构"努力……促进……对权利和自由的尊重",其方法也仅是"教诲和教育",而实际上,《世界人权宣言》序言在该段前文明确而特别地说明了对人权和基本自由的义务在于"各会员国"。㊱ 1966 年两公约的共同第 5 条第 1 款这一禁止性规定的宗旨则在于防止团体或个人对于权利实施的影响,尤其是对申诉权利的滥用,故而其措辞采用了"破坏……权利和自由……的活动或行为"(any act aimed at the destruction of any of the rights)㊲,而不是"侵犯"(infringement)或"违反"(violation),以区分这两种行为的严格界限。同样重要的是,两个公约的序言都再次重申"各国根据《联合国宪章》负有义务促进对人

㉝ 例如,参见:John H. Knox, "Horizontal Human Rights Law", *American Journal of International Law*, no. 1, vol. 102, 2008,第 1—47 页;Dinah Shelton, "Protecting Human Rights in A Globalized World", *Boston College International and Comparative Law Review*, vol. 25, no. 2, 2002,第 273—322,见第 282 页;Julie Campagna, "United Nations Norms on the Responsibilities of Transnational Corporations and Other Business Enterprises with Regard to Human Rights: The International Community Asserts Binding Law on the Global Rule Makers", *The John Marshall Law Review*, vol. 37, No. 4, 2004,第 1205—1252,见第 1219 页。

㉞ 《维也纳条约法公约》第 31 条第 1 款。

㉟ 很多学者认为《世界人权宣言》根据不同基础而对国家具有法律拘束力,参见:Asbjorn Eide, Gudmundur Alfredsson, Goran Melander, Lars Adam Rehof, Allan Rosas (eds.), *The Universal Declaration of Human Rights: A Commentary*, Oxford University Press, 1992,第 20—35 页;以及:Gudmundur Alfredsson, Asbjorn Eide (eds.), *The Universal Declaration of Human Rights: A Common Standard of Achievement*, Martinus Nijhoff Publishers, 1999,第 xxix—xxxii 页;Shaw, *International Law* (6th ed.), Cambridge University Press, 2008,第 259—260 页;另外,1968 年联合国国际人权会议上发布的《德黑兰宣言》强调该宣言"构成国际社会各成员的义务",《德黑兰宣言》第二段。

㊱ "鉴于各会员国业已誓愿同联合国合作以促进对人权和基本自由的普遍尊重和遵行"(have pledged themselves…observance of human rights and fundamental freedoms),《世界人权宣言》序言。

㊲ 这一表述应是"abuse"(滥用,妄用)之意,倾向于对事实及其影响的表述,而并不必然产生法律上的联系和法律责任。

的权利和自由的普遍尊重和遵行"。这些都表明,上述核心人权规范无法为这些实体设定保护人权的一般性义务,并且也无意将工商业实体纳入国际人权规范的主体范畴。实际上,《经济、社会和文化权利国际公约》的监督机构经济、社会和文化权利委员会以及《公民权利和政治权利国际公约》的监督机构人权事务委员会都不承认两个公约可以直接平行适用于工商业实体。⑱ 所以,一个审慎的结论就是:工商业实体在国际人权法上至少并非像国家一样是一类普遍性的主体;利用国际人权规范直接规制工商业实体将必须解决工商业实体在此种规范下的地位问题。

2. 国际人权法的实施与国家管辖权

影响对工商业实体从人权角度进行直接规制的有效性和可行性的第二个理论问题在于国际人权法本身的实施理论。从实施机制上来看,国际人权法的核心理论是国家在接受国际人权义务的基础上,"采取必要措施"⑲,通过修正自己的统治方式和治理措施来达致国际人权法所要求的标准,也即国家是保护和实现人权的基础与媒介。国际人权公约中的所有执行机制,从报告、国家间申诉到个人申诉机制都针对国家,且最终都由国家实施相关决定。⑳ 由于国家在一国之内所具有的最高管辖权,国际人权法实际上也要求国家的人权义务通过司法、行政、立法和其他方式从国际义务向国内管辖进行转化并充分衔接,包括通过国内管辖机制防止、纠正和救济第三方,例如工商业实体对人权造成的不利影响,这就是人权领域国家的保护义务。㉑ 联合国各核心人权公约均规定了这一义务,而且它被认为属于习惯国

---

⑱ 经济、社会和文化权利委员会曾特意指出:"私营企业——无论是本国的还是跨国的——虽然不受《公约》的约束,但在创造就业、雇用政策和无歧视就业方面发挥着集体性作用",第18号一般性意见:工作权利(第6条),2005年,第52段;人权事务委员会也指出,公约义务"对于缔约国有约束作用,因此并不具有国际法上直接的横向作用",第31号一般性意见:《公约》缔约国的一般法律义务的性质,2004年,第8段。

⑲ 例如,《公民权利和政治权利国际公约》第2条第2款规定:凡未经现行立法或其他措施予以规定者,本公约每一缔约国承担按照其宪法程序和本公约的规定采取必要的步骤,以求采为实施本公约所承认的权利所需的立法或其他措施。《消除对妇女一切形式歧视公约》第3条:缔约各国应承担在所有领域,特别是在政治、社会、经济、文化领域,采取一切适当措施,包括制定法律,力谋妇女的充分发展和进步,以保证她们在与男子平等的基础上,行使和享有人权和基本自由。

⑳ 即使是实施措施更为有力的《欧洲人权公约》的个人申诉程序,法院也只能就声称的违反情况进行判决,而该判决的实际实施确是成员国自己的权限范围或国家主权,〔奥〕曼弗雷德•诺瓦克:《国际人权制度导论》,柳华文译,北京大学出版社2010年版,第172—173页。

㉑ 对人权的保护义务要求国家采取积极的行动,它旨在防止私人进行的人权侵犯。同注⑳,第48页。

际法规范。[102] 国际人权法没有给工商业实体设定任何执行性的权利或者义务,而且实际上根据国家的保护义务,工商业实体是国家根据国际人权法履行其保护义务时必须考虑的一类重要的管辖对象。这也说明,与国家的国际人权义务相联系的实施权能专属于国内的公法机构,任何向私营主体转移这种权能的做法,尤其是在国际层面,都既可能挑战国内管辖的绝对性,同时也违背国际人权公约实施机制的本质精神。

当然,人权实施领域国内管辖的专属性和绝对性并不能必然保证其充分性和有效性,实际上,工商业的人权影响之所以成为一个需要在国际法层面探讨的问题,很大程度上是因为国内的实施和管辖机制未能在人权和工商业之间取得平衡,国内管辖未能权衡工商业与人权的双重价值,从而导致它们或者与国际人权法的要求存在差距,或者与工商业的基本规律相悖。

首先,最经常发生的情况是,尽管国际人权法被越来越多的国家所认可和接受[103],但是国际人权实施义务与国内公法机制衔接上的"纵向"脱离使得国际人权法被架空,也即,国家在接受和认可国际人权法的要求后,未能实际采取国内管辖措施履行其人权义务。有时候,这种情况的发生可能基于工商业利益的考虑,例如,国家都会认可工人享受生命权和健康权,但是国家可能出于本国工商业者竞争力的考虑而不适用较高水准的劳动保护标准;同样,国家也可能为了吸引和保留投资而对国外工商业者放弃适用提高环境和社会要求的法律。[104] 这种纵向脱离的最好例证是对跨国公司的规制。

---

[102] 例如,《公民权利与政治权利国际公约》第 2 条第 3 款(甲)项规定:本公约每一缔约国承担保证任何一个被侵犯了本公约所承认的权利或自由的人,能得到有效的补救,尽管此种侵犯是以官方资格行事的人所为。

[103] 从 1990 年到 2003 年,批准核心人权条约的国家数量都有了大幅度的增加,例如《公民权利和政治权利国际公约》缔约国从 92 个增加到 149 个,《经济、社会和文化权利国际公约》缔约国从 97 增加到 147 个,《禁止酷刑公约》从 55 个增加到 133 个,《儿童权利公约》从 63 个增加到 192 个,参见:〔奥〕曼弗雷德·诺瓦克:《国际人权制度导论》,柳华文译,北京大学出版社 2010 年版,第 75 页。

[104] 例如,很多非洲国家都与国外投资者议定了全面的"稳定性条款",或称为"东道国政府协定",规定在项目续存期间不受所有新法律的约束或对新法律实施的成本给予赔偿,无论是否与保护人权或其他公共利益相关,参见:国际金融公司(IFC)及世界银行,Stabilization Clauses and Human Rights, 2008,载于:http://documents.worldbank.org/curated/en/502401468157193496/pdf/452340WP0Box331ation1Paper01PUBLIC1.pdf;以及全球契约,Human Rights and Business Dilemmas Forum, Stabilisation Clause,载于:https://hrbdf.org/dilemmas/stabilisation-clauses/#.W790EoearX4。另参见,经济、社会和文化权利委员会第 14 号一般性意见:享有能达到的最高健康标准的权利(第 12 条),"违反应遵守的义务……国家在与其他国家、国际组织和其他实体,如跨国公司,签订双边或多边协议时,未能在其法律义务中考虑到健康权",第 50 段;第 18 号一般性意见:工作权利(第 6 条),第 33 段。

根据国际法律责任的基本理论,一国须对自己侵犯人权的行为承担国家责任,而无须对其国民,包括跨国公司"侵犯"人权的行为承担责任。[⑮] 实际上,跨国公司的母国完全可以对在其境内注册的跨国公司在海外的经营行为施加国内法上的规制。然而大多数跨国公司的母国都未进行类似监管[⑯],它们的一个重要考虑是这可能增加跨国公司的经营成本,此外,如果它不施加监管,也并不会产生国家责任。

其次,现代工商业的存在方式也对国家有效实施管辖带来了巨大挑战。例如,工商业实体的注册地国与实际运营地、实际控制人所在国等相互分离,可能使得有关国家的管辖难以落实。[⑰] 而跨国公司的出现和多国性存在则极大地加重了这一问题。一方面,跨国公司对当地经济和政治的影响可能使其凌驾于国内管辖之上[⑱];另一方面,即便在国家确有意图实施基于其人权义务的管辖措施时,跨国公司也可以通过其国际性布局化解国内管辖带来的影响。实际上,跨国公司的经济定义就是通过在全球配置商业资源来降低其运营成本,包括保障和促进人权所需的社会成本。[⑲] 同样,国家基于人权义务的域外管辖仍然可能在一定程度上解决这一问题,然而如上文所述,很少有国家能够或愿意确立域外治权并加以有效实施。这里需要指出的是,国际人权机构的指导精神表明,国际人权法虽然不要求国家规制在其管辖范围内成立的工商业的境外活动,但同时也认为,如果存在公认的司法管辖基础并有其合理性,国际人权机构并也不禁止国家实施域外管辖。

[⑮] 国际法委员会《国家对其不法行为的责任条款草案》(2001)第 4—11 条规定了可归因于国家的违法行为,在上述规定情况以外的个人或者工商业主体的违法行为,国家并不承担国际责任。

[⑯] 也有一些母国通过国内立法对跨国公司的活动进行规制。例如,美国于 1977 年制定《反海外腐败法》旨在限制美国公司利个人贿赂国外政府官员的行为,并对美国上市公司的财会制度做出了相关规定。通过《谢尔曼法》对跨国公司的反垄断行为进行规制。

[⑰] 参见:Beth Stephens, "The Amorality of Profit: Transnational Corporations and Human Rights", *Berkeley Journal of International Law*, vol. 20, 2002,第 45—90 页,见第 54 页;赵红梅:《跨国公司监管的困境与对策——以发展中国家为视角的探讨》,载《辽宁行政学院学报》,2010 年第 10 期,第 5—7 页。

[⑱] 在许多涉跨国公司的诉讼中,国内法对跨国公司的管辖常常会出现困难和争议,例如 Wiwa v. Royal Dutch Petroleum Co., 226 F. 3d 88, 106 (2d Cir. 2000), cert. denied, 121 S. Ct. 1402 (2001),在该案中,地方法官认为纽约的联邦法院对 Royal Dutch Petroleum Co. 没有管辖权。

[⑲] 跨国公司的非道德性使其通过全球资源配置获取最大的利润,而涉及道德的如人权保障往往被忽视,参见前注[⑰],Beth Stephens,第 62 页。

例如,经济、社会和文化权利委员会鼓励国家采取措施,禁止本国公民和公司侵犯其他国家个人和群体的水权和社会保障权。[110] 消除种族歧视委员会也支持成员国"采取适当的立法或行政措施"阻止在该国注册的公司在其他国家对当地人的权利造成不利影响。[111]

再次,从国际层面来看,各国在管辖权和私法方面缺乏协调的现状在整体上削弱了国际人权法的实施效果。虽然各国应善意履行其国际义务,包括实施国际人权法,且根据条约法的要求,国家"不得援引其国内法律或法律秩序为其不履行国际义务辩护"[112],但国际人权法允许国家以"适宜的方法"实施人权义务,这为国家留出了自由裁量的空间[113],同时也给予了工商业实体,尤其是跨国公司利用各国管辖权之间的罅隙影响人权或逃避责任的可能性。例如,根据美国1789年的《外国人侵权求偿法》(Alien Tort Claims Act,28. U. S. C. 1350),外国人可以在企业的侵权行为违反了国际法(包括国际人权法)或美国批准的条约的情况下,向美国联邦法院提请司法管辖和民事救济。[114] 但是这种以违反国际法为由追究企业的侵权民事责任的实

---

[110] 经济、社会和文化权利委员会第15号一般性意见:水权(《经济、社会、文化权利国际公约》第11和第12条),第33段;第19号一般性意见:社会保障的权利(第9条),"缔约国应当防止本国的公民和国家实体侵犯其他国家社会保障的权利,以便保护域外的这项权利",第54段。

[111] 消除种族歧视委员,Consideration of Reports Submitted by States Parties under Article 9 of the Convention, Concluding Observations of the Committee on the Elimination of Racial Discrimination, Canada,联合国文件CERD/C/CAN/CO/18,2007,第17段;另见:CERD, Consideration of Reports Submitted by States Parties under Article 9 of the Convention, Concluding Observations of the Committee on the Elimination of Racial Discrimination, United States of America, CERD/C/USA/CO/6,2008,第30段。

[112] 1969年《维也纳条约法公约》第27条。

[113] 这种自由裁量空间很明显地体现在《经济、社会和文化权利国际公约》第2条第1款:每一缔约国家承担尽最大能力个别采取步骤或经由国际援助和合作,特别是经济和技术方面的援助和合作,采取步骤,以便用一切适当方法,尤其包括用立法方法,逐渐达到本公约中所承认的权利的充分实现。《消除一切形式种族歧视国际公约》第2条第1款:缔约国谴责种族歧视并承诺立即以一切适当方法实行消除一切形式种族歧视与促进所有种族间的谅解的政策。其他规定也可参见前注[99]。

[114] 参见:Bahareh Mostajelean,"Foreign Alternatives to the Alien Tort Claims Act: The Success (Or Is It Failure?) of Bringing Civil Suits Against Multinational Corporations that Commit Human Rights Violations", *The George Washington International Law Review*, vol. 40, 2008, 第497—525页;以及 Jeffrey Davis,"Human Rights in US Courts: Alien Tort Claims Act Litigation after Sosa v. Alvarez-Machain", *Human Rights Review*, vol. 8, no. 4, 2007, 第341—368页。

践,在美国之外的其他国家则没有得到普遍认可。⑮

最后,国家的资源与能力问题也会造成国家在国际人权义务和国内管辖机制之间的断层。虽然国际人权法要求国家尽最大能力和资源保证其人权义务的落实⑯,但多数国家都可能会面临在不同事项之间的资源配置的困难,这就可能产生国内管辖无法匹配国际人权义务的情况。例如,行政监察人员或司法人员的缺乏会导致人权问题不能及时或充分地在国内行政、司法体系中被提出并得以纠正。而工商业实体,尤其是跨国公司往往掌握有丰富的资源,并能对事关自身的问题作出较国内管辖机关更为高效的回应。

可见,人权义务在国际上的确立和接受与国内管辖之间的脱节,依然是国际人权保护中最为麻烦的问题之一⑰,工商业与人权问题的碰撞只是让这种脱节愈加明显而已。正因为如此,人们似乎很难抑制在工商业语境中思考人权保护时产生超越国内管辖的冲动,具体而言就是将国际人权义务直接施加于工商业实体。对于很多人和机构,包括联合国,这都会是一种美妙的可能性,因为这样就似乎能够避开上述所有问题,并使得国际人权法在工商业世界里获得直接的、普遍性的和无偏差的实施前景。⑱

但是,出于"纵向"脱离、管辖权范围以及资源限制等考虑,而将国际人权义务直接施加于工商业实体不仅不可能回避和解决这些问题,而且很可能会使其更加严重。首先,即使给工商业施加人权义务的规范得以产生,在目前的政治框架下,相关规范的实施(至少责任的落实,如赔偿的支付)仍然不可能离开国家的管辖权;其次,在全球化和跨国公司的情况下,工商业直

---

⑮ 参见:吴琼:《监管跨国公司侵犯人权案的新突破——美国〈外国人侵权法令〉介评》,载《比较法研究》2009 年 05 期,第 102—108 页。

⑯ 例如《经济、社会和文化权利国际公约》第 2 条,参见注⑬。

⑰ 参见:B. Conforti, F. Francioni (ed.), *Enforcing International Human Rights in Domestic Courts*, Martinus Nijhoff, 1997,第 15 页;又例如,虽然欧洲人权法院对在 *Von Hannover v. Germany* 案中作出判决,判定德国违反了《欧洲人权公约》,但是德国联邦宪法法院认为欧洲人权法院的判决对德国国内法院没有拘束力,参见:Georg Ress, "The Effect of Decisions and Judgments of the European Court of Human Rights in the Domestic Legal Order", *Texas International Law Journal*, vol. 40, 2005,第 359—382,见第 360—361 页。

⑱ 例如,参见:Seymour J. Rubin, "Transnational Corporation and International Codes of Conduct: A Study of the Relationship between International Legal Cooperation and Economic Development", *The American University Journal of International Law and Policy*, vol. 10, no. 4, 1995,第 1275—1289 页,见第 1283—1289 页。

接的国际责任可能会导致国家在相互之间推诿责任,或者使工商业和国家在相互之间转移和推诿责任;最后,考虑到工商企业的数量、规模和它们应对人权责任的资源,工商业直接的人权责任的落实——无论是依靠国际机构或国家——都必然面临比国家的管辖权的实施大很多的资源限制。本文下两章还将对此进行深入分析。

3. 对工商业实体本性的伦理定位

对工商业实体从人权维度实施直接规制的第三个理论问题在于联合国等公共机构对工商业实体本性的伦理定位上。如果规制成为联合国在商业与人权方面的路径选择,这就意味着其价值天平的基本判断是:工商业实体具有严重到必须进行规制的人权之"恶",也即对工商业实体进行了人权角度的"有罪推定"。实际上,工商业实体的逐利动机并不必然"恶化"其组织意志,而工商业对人权的负面影响经常与政治、文化和社会环境有关,并不能完全归咎于工商业实体本身。⑲ 公共机构,包括联合国对工商业"性恶本"的伦理界定可能将工商业实体与人权对立起来,产生"工商业是人权天敌"的社会认知,最终可能在实践中对工商业产生消极"避恶"的政策导向,从而限制其对人权的积极贡献。

第四节 本章小结

第二次世界大战后,联合国决意在其体系内促进并实现人权和经济议程的协调、融合的发展,为此,《联合国宪章》以经社理事会为体制协调中枢为人权和经济的融合发展规划了"运用专门机构"和国家"采取共同及个别行动与联合国合作"这两种路径。然而,现实却是"共同及个别行动"的国际法律规范机制被普遍应用于国际人权体系的发展,而在经济领域,联合国则在技术和专业问题上都倚重"运用专门机构"的"国际合作治理机制"。这一状况一方面削弱了联合国在经济领域的影响力和行动力,另一方面则使得专门机构逐渐成为发展投资、贸易等国际经济规则的主要平台,而国际金融

---

⑲ 以中国为例,很多地方政府为了盲目追求经济和财政增长,在招商引资中竞相降低环保门槛,并给予特权,这无疑变相鼓励了一些重度污染企业以环境的破坏为代价追逐利润,参见:"人民网",《招商引资"逼疯"官员,角色错位惹的祸》,2014 年 10 月 23 日,载于:http://opinion.people.com.cn/n/2014/1023/c159301-25897163.html。

体系和国际贸易体系高效的自立发展则使得经济问题日渐被这些专业机构所垄断。随着"冷战"的爆发,联合国逐渐沉沦为一个效率低下而争议高涨的政治论坛,其自身已无法适应解决经济问题所需的决断和效率,因此,经济议程在联合国体系内不断被边缘化和外部化,相关国际组织的作用则不断强化并凸显出来。

同时,联合国体系在国际贸易体系内融合人权要求的尝试以及在人权法律体系内融合与工商业活动相关的基本权利的尝试最终都归于失败。一方面,这种失败进一步加深了人权与经济议题在联合国内外的分立局面,其结果之一就是使联合国渐渐成为讨论和解决人权问题的最核心的国际平台,人权在国际层面的确立和保护也不得不越来越依靠"共同及个别行动"的国际法律规范机制。这样,人权问题在联合国体系内渐趋主流化的同时,其对基于创设国际法律规范的法制化也愈加倚重。另一方面,国际人权法的基本性质和发展框架是国际国内公法机制的衔接,即国家通过议定国际人权公约而承诺承担人权义务,包括在国内通过调整与工商业相关的各种关系来保障人权,国际人权规范并不能直接适用于作为经济活动主体的工商企业。随着经济发展的深化,尤其是跨国公司的出现,工商业的人权影响问题开始严重地挑战着国际经济体系和国际人权体系的价值选择,同时也在刺激着联合国在这些理论上的想象力。

在工商业的人权挑战愈显严峻而自身并不主导与国际经济机构之间的"合作治理机制"的情况下,当联合国更倾向于将工商业与人权问题定义为一种人权关切的时候,联合国在处理工商业的人权影响方面似乎已经没有其他可选的进路,也即,它只能依赖国际规范规制体系。然而,联合国在工商业与人权上的"规制"却试图走出《宪章》关于规制国家行为和国家义务的基本框架,开始考虑利用国际法律规范机制对工商业进行公共规制,而这形成了很长一段时期里联合国在人权和工商业问题上政策选择的基本路径。虽然从规范规制所依托的实施机构上来看,联合国似乎仍有两个选择:经济机关和人权机关,但无论哪种机关介入这一问题,这种超越《宪章》的思路都无法回避国际人权法的主体、国内管辖权的范围与能力,以及对工商业实体的伦理定性等理论和实践上的挑战。

第二章 联合国经济机构的"私体公法化"规制路径

进入20世纪60年代,国家"共同及个别行动与联合国合作"和"运用专门机构"这两种工作机制在联合国内外的人权和经济领域的分立已经模式化:一方面,基于《宪章》第55条的联合国系统成为发展普遍性国际人权规范和保护机制的唯一轴心并取得了很多实质性的成功[1];另一方面,在经济领域,联合国逐渐演变为各国讨论国际和区域经济形势,以及国际经济合作和发展战略的论坛[2],并不触及各国对工商业实体的政策和管理——对各国投资、金融和贸易政策和规范的调整已渐渐旁落于世界银行和关贸总协定等专门机构和国际组织,联合国在实质上则处于"国际共同治理机制"的辅助角色。这种国际权力的分配结构对此后二十余年里联合国在人权与工商业问题上的组织战略和政策选择产生了重要影响。

第一节 规制如何成为历史选择

从联合国成立后的第二个十年开始,国际政治和经济形势的一些深刻变化使得人权与工商业的联系以及冲突愈加明晰[3],国际合作的基础因此破

---

[1] 除了制定并通过了人权两公约之外,这个时期联合国还充分研究了妇女权利、儿童权利,1959年通过了《儿童权利宣言》,1967年通过了《消除对妇女歧视宣言》,并制定和通过了1965年《消除一切形式种族歧视国际公约》等人权文件。

[2] 这一时期经社理事会的决议表明了这一趋势,参见经社理事会文件 E/2654(1954年)、E/2929(1956年)、E/3048(1957年)、E/3290(1959年)、E/3555(1961年)、E/4117(1965年)和 E/4715(1969年)等。

[3] Tagi Sagafi-nejad 和 John H. Dunning 在 *The UN and Transnational Corporations: From Code of Conduct to Global Compact* 一书中列举了1971年到1976年间与这种历史转变相关的一系列具体事件,Indiana University Press,2008,第42—43页。

裂。合作治理不仅已经无法调和工商业与人权之间的关系,而且终于从"思路"变为"死路"。这促使联合国在此问题上逐渐转向以规制和规范为主要手段。历史地来看,下述几种因素对于这个转变起到了尤为重要的推动作用。

一、国际经济新秩序与发展权

1. 最后的合作治理尝试

从20世纪50年代开始,全球反殖民运动的深入促使前殖民地国家陆续取得政治独立,但这些新生国家的经济却并未迎来独立发展,而是主要依靠向发达国家进行原材料和初级商品的"不平等"的出口④,这使得它们与其他发展中国家一起开始以不结盟运动等方式作为一个整体重新审视世界经济体系。⑤ 与此同时,这些国家在联合国体系中数目和影响力不断增长。⑥ 这些变化促使联合国在其主要机构层面上将不公正的国际经济体系与第三世界国家中人权的实现建立了直接联系,例如,1957年联合国大会通过决议指出"均衡而整合的社会经济发展将有助于促进和维持和平与安全、更好的生活水平……以及对人权的尊重"⑦,而经社理事会则进一步认为,"发展政策中最大的挑战之一在于增长的物质方面正被给予一种至高而失衡的重要性……人权会被淹没,人本身被视为生产工具而不是生产增长将促进其福利和文化的自由个体……虽然所有经济发展的归宿是社会目标这一事实

---

④ 参见:Ruth Gordon, "The Dawn of A New, New International Economic Order?", *Law and Contemporary Problems*, vol. 72, no. 4, 2009,第131—162页,见第143—145页。

⑤ 例如,不结盟国家在1961年9月通过的《不结盟国家的国家和政府首脑宣言》中指出"与会者认为应当努力消除殖民主义和帝国主义遗留下来的经济不平衡状态……他们进一步商定要求对经济较不发达国家的贸易规定公正的条件,特别是进行建设性的努力来消除原料商品贸易中的过度波动,以及对新兴国家的贸易和收入有不利影响的限制性措施和做法"。

⑥ 例如,1960年,联合国有99个会员国,至1970年,会员国数量增至127个,其中增加的国家绝大部分都是新独立的发展中国家,非洲国家增至50个。关于联合国会员国的增长,参见:http://www.un.org/zh/members/growth.shtml(本章所有网址最后检查访问于2018年10月20日)。

⑦ 大会决议1161号,1957年11月26日;此外,1968年德黑兰国际人权会议通过的《德黑兰宣言》也指出"人权实施方面长久进展之达成,亦有赖于健全有效之国内及国际经济及社会发展政策",大会文件A/CONF.32/41,第13段;1960年,由43个亚非国家提议的《给予殖民地国家和人民独立宣言》指出"使人民受外国的征服、统治和剥削的这一情况,否认了基本人权,违反了《联合国宪章》",联合国大会第1514(XV)号决议,1960年12月14日。

得到认可,即处于更大自由中的个人的福利的增加,但是发展所使用的方法则可能否定基本人权"。[8] 这种联系被首先表述为"发展"这一政治经济学概念,并使联合国先后将 1961—1970 年和 1971—1980 年确定为"发展十年"。[9] "发展十年"的目的在于缩小不平等状况、促进贫国与富国间合作,从而改善所有人的生活。例如,第一个发展十年的目标是帮助发展中国家,使其国民经济总产值到本十年末增长 5%。[10] 第二个发展十年的目标则包括使发展中国家在十年间国民生产总值的年增长率至少达到 6%,进出口增长率为 7%,各发达国家需要增长官方的发展援助,使之至少达到其国民总值的 0.7%。[11]

第三世界占据绝对优势的联合国大会为实现"发展"所构想的终极方案则是推动建立所谓"国际经济新秩序",与旧有的国际经济体系相比,这种秩序"应当建立在一切国家待遇公平、主权平等、互相依存、共同受益以及协力合作的基础之上,而不问它们的经济制度和社会制度如何"。[12] 可见,以"发展"为目标诉求"国际经济新秩序"构想的三个价值基础是平等、互利与合作。应该说,这一构想是联合国在 20 世纪希望通过在政治和经济合作基础上改革全球治理结构的最后一个尝试,但是由于发达国家的消极反应和它们同期经历的经济危机、发展中国家的债务危机和专制体制横行的影响,两个"发展十年"和"国际经济新秩序"等政治性规划都鲜有成效。[13]

2. 联结人权与经济的发展权

在第一个"发展十年"几近失败的时候,经社理事会在 1967 年扩大了人权委员会的构成并强化了人权委员会的"准司法化"职能,使得第三世界国

---

[8] 经社理事会,Committee on Programme Appraisals of ECOSOC,*Five-Year Perspective 1960—1964*,经社理事会文件 E/3347/Rev.1,1960,第 25 页。

[9] 大会决议 1710(XVI)号,1961 年 12 月 19 日,以及大会决议 2626 号,1970 年 10 月 24 日。

[10] 参见联合国大会决议 A/RES/1710(XVI),另参见:http://www.un.org/en/ga/search/view_doc.asp?symbol=A/RES/1710%20(XVI)。

[11] 参见联合国大会决议 A/RES/2626(XXV),另参见:http://www.un.org/zh/documents/view_doc.asp?symbol=A/RES/2626(XXV);关于联合国的发展十年,参见:王文:《联合国四个发展十年战略评析》,载《国际论坛》2001 年 6 月,第 35—41 页。

[12] 《建立新的国际经济秩序宣言》,参见:大会决议 3201(S-VI)号及 3202(S-VI)号,1974 年 5 月 1 日。

[13] 参见:Roger Normand, Sarah Zaidi, *Human Rights at the UN: the Political History of Universal Justice*, Indiana University Press, 2008,第 295—298 页。

家占到了委员会的2/3[14],这给了第三世界国家将"发展"这一基于合作治理的政治经济概念逐渐上升到"发展权"这一基于政治对抗和国际责任的法律概念的另一个重要的催化剂。1977年,人权理事会正式要求经社理事会和秘书长"结合国际经济新秩序和基本的人类需求"来研究"作为人权的发展权的国际维度"[15],并最终在1986年联合国大会上以压倒多数通过了《发展权利宣言》。[16]

虽然发展权的内涵存在着巨大的争议[17],但是它在形式上已经通过联合国体系的反复重申而确立为一项基本人权。[18]"发展权的最大成功——尽管主要是在理论层面——在于它在人权和发展这两个不断接近的领域间的桥梁作用"[19],而这种桥梁作用的发挥则寄望于"人权"这一法律规范背后的权利义务关系。但是,由于发达国家对这一权利的否认,以及发展中国家所占据的联合国人权机构从未能廓清发展权本身的权利义务内涵,"人权团体和发展团体都未能以热情或信念接受这一联结……就像深夜擦肩而过的船只,尽管他们都航向非常相近的目的地"。[20]但无论如何,发展权的确立是联合国在人权和经济关系问题上选择规制和规范思路的最重要标志之一,它给予了发展中国家从权利角度改革和规范国际经济体系的正当性,使得发展概念不再是基于历史的政治讨论。当然,发展权概念下的规制和规范安

---

[14] 参见:经社理事会决议1234(XLII)号、1235(XLII)号和1236(XLII)号,1967年6月6日。

[15] 人权委员会决议4(XXXIII)号,1977年2月21日。

[16] 大会决议第41/128号,1986年12月4日。

[17] 参见:Philip Alston, "Third Generation of Solidarity Rights: Progressive Development or Obfuscation of International Human Rights Law", *Netherlands International Law Review*, vol. 29, 1982,第307—322页;Russel Lawrence Barsh, "The Right to Development as A Human Rights: Results of the Global Consultation", *Human Rights Quarterly*, no. 2, vol. 13, 1991,第322—338页;Hans-Otto Sano, "Development and Human Rights: The Necessary, but Partial Integration of Human Rights and Development", *Human Rights Quarterly*, no. 3, vol. 22, 2000,第734—752页;Bonny Ibhawoh, "The Right to Development: The Politics and Polemics of Power and Resistance", *Human Rights Quarterly*, no. 1, vol. 33, 2011,第76—104页。

[18] 例如,1992年《里约环境与发展宣言》原则三申明"必须履行发展的权利,以便公正合理地满足当代和世世代代的发展与环境需要";1993年世界人权会议通过的《维也纳宣言和行动纲领》指出"《发展权利宣言》所阐明的发展权利是一项普遍的、不可分割的权利,也是基本人权的一个组成部分",见联合国文件A/CONF.157/24,第10段。

[19] 前注[17],第312页。

[20] Philip Alston, "Ships Passing in the Night: The Current State of the Human Rights and Development Debate seen through the Lens of the Millennium Development Goals", *Human Rights Quarterly*, no. 3, vol. 27, 2005,第755—829页,见第755页。

排所针对的主体仍然是国家行为——有学者认为发展权"对国家之间的规范性关系产生了有益的效果"。㉑ 虽然发展权的规范思路实际上具有《宪章》的法理支持——以发展中国家为主体的联合国希望利用《宪章》中的规范授权,通过规范国家的经济行为来调整工商业与人权之间的关系,但是由于发达国家的集体反对,发展权实际上并没有像其他人权,尤其是公民和政治权利那样对它们产生国家行为层面的影响,所以,联合国借助发展权规范国家行为的尝试至少从国际法的实施上来看是根本失败的。

二、跨国公司的扩张及其对经济主权的影响

第二次世界大战之后的最初二十年里,随着国际政治渐趋稳定、技术的进步以及一系列经济复兴计划的实施,跨国公司和外国直接投资(FDI)进入了快速发展的时期。㉒ 例如,以美国为母国的跨国公司的海外分支机构由 1950 年的 7400 个增加到了 1966 年的 23000 个,年增长率将近 10%,这段时间也因此被称为跨国公司和接受投资的国家之间的"蜜月期"。㉓ 但是,随着反殖民运动的深入和新独立国家在经济上的普遍失败,第三世界国家内经济上的民族主义突现出来,认为不发达国家的经济发展严重依赖发源于发达国家并集中于发达国家的跨国公司。㉔ 一方面,跨国公司通过转移定价、跨国布局规避法律和税收等方式在第三世界国家的扩张使得这些国家未能获得应有的利益㉕,这被视为新形式的帝国主义和经济殖民主义;另一方面,欧美跨国公司在拉美、阿拉伯和非洲等地参与的包括推翻民选的智利总统阿连德(Salvador Allende)和系统性贿赂政府官员等丑闻的爆发也促

㉑ 前注⑰,Bonny Ibhawoh,第 103 页。
㉒ 关于跨国公司在第二次世界大战后的发展,参见:*Multinational Corporations in World Development*, U.N. Doc. ST/ECA/190, Sales No. E.73.II.A.11, 1973。
㉓ 前注③,第 26 页。
㉔ 例如,1973 年,世界上最大的十个跨国公司中八个的母国是美国,75% 的跨国公司的母公司是美国、英国、法国或德国公司,其中美国则占据总数的 1/3,前注⑬,第 7 页;另参见:Werner J. Feld, *Multinational Corporations and U.N. Politics: The Quest for Codes of Conduct*, Pergamon Press, 1980,第 17—18 页。
㉕ 前注③,第 34—36 页。

使这些国家将人权和经济问题同时归咎于跨国公司和国际直接投资。㉖ 这样,国家间的经济结构问题在很大程度上被具体化为作为工商业实体的跨国公司的运作规范问题以及它们通过直接投资剥夺新生国家资源主权等问题。紧随而来的则是要求建立国际经济新秩序的呼吁,并伴随着从 20 世纪 60 年代末期开始的第三世界国家大规模的国有化和征收运动——从 1960 年到 1978 年期间,亚非拉各国总计发生了大约 1369 起对外国资产的国有化事件。㉗

值得注意的是,对跨国公司的担忧同样存在于一些西欧国家和加拿大等国家,跨国公司的国际运作被视为它们在其母国所获得的寡头优势的国际延伸。㉘ 因此,1974 年联大通过的《各国经济权利和义务宪章》开篇就申明每个国家都有权"管理和监督其国家管辖范围内的跨国公司的活动,并采取措施保证这些活动遵守其法律、规章和条例及符合其经济和社会政策"。㉙ 可见,这个时候,联合国背后的发展中国家已经开始放弃与作为跨国公司母国的发达国家开展对话与合作治理的尝试,转而考虑利用联合国平台以及国际法上的主权依据推动规制,跨国公司则自然而然地成为这种实质上针对国际经济体系的规制努力的切入点。㉚ 虽然这种转变后的思路似乎意在强调各国的国内管辖,但实际上,在针对跨国公司的语境下,这种强化规制的呼吁的余音就是制定相关的国际规范——而跨国公司的国际化存在和影响则在这个时期强化了联合国有关机构超越国家管辖对其进行直接法律规制的决心。

㉖ 参见前注③,第 45—48 页,另参见 E. Kolodner, Transnational Corporations: Impediments or Catalysts of Social Development? Occasional Paper No. 5, World Summit for Social Development, UNRISD, 1994, 第 5 页。

㉗ 上注,第 22 页。

㉘ 参见:R. Steele 翻译 Jean-Jacques Servan-Schreiber, *Le Defi Americain* (*The American Challenge*), Atheneum, 1968; Jack N. Behrman, *National Interests and the Multinational Enterprises*: *Tensions among the North Atlantic Countries*, Prentice Hall, 1970; Kari Levitt, *Silent Surrender*: *The Multinational Corporation in Canada*, St. Martin's Press, 1970。

㉙ 联合国大会第 3281(XXIX)号决议,1974 年 12 月 12 日,见第 2 条;注意:包括加拿大、法国等在内的发达国家并未对此宪章投反对票。

㉚ 参见:Judith Richter, *Holding Corporations Accountable*: *Corporate Conduct*, *International Codes and Citizen Action*, Zed Books, 2001, 第 8—9 页。

三、国际经济组织"去人权化"的发展模式

反殖民运动与"冷战"的叠加,使得关税及贸易总协定(GATT)和世界银行等经济性国际组织更加注重远离政治的发展战略,并因而在相当长时间内坚持"技术统治"(Technocracy)和"去人权化"(non-human-rights-based constitutionalist)的发展模式。以国际贸易体制为例,"随着'冷战'的开始,国际关系的高端政治日益集中于国际安全事务和东西方冲突,对贸易体系的管理和增长性发展也日渐委任于一群专业化的政策精英,他们隔绝于那个时代中更大的政治和社会冲突,也对此没有特别的兴趣"。㉛ 这些技术精英们构建了一个密闭的专门管理贸易问题的内外部环境,使"贸易争端作为一种应在组织内尽量迅速并尽量平稳地加以解决的'内部'事务,阻止它们外溢进入更大范围的国际关系之中"。㉜ 这种发展模式使得国际贸易体系在相当长的时间内根本无意与人权问题发生任何瓜葛,同时却实现了一轮又一轮的多边贸易谈判,加入协定的国家也不断增加。㉝ 同时,作为国际投资和金融体系的代表和成立最早的联合国专门机构之一,世界银行各机构在其章程文件中就已作出了"禁止政治活动"的规定,要求其"一切决定只应与经济方面的考虑有关"且"不应受有关会员国政治性质的影响"。㉞ 与其"非政治化"立场所适应的"去人权化"发展方向导致20世纪60年代中期开始联合国大会屡屡通过决议要求其停止向实施种族隔离的南非和殖民政策

㉛ Robert Howse, "From Politics to Technocracy-and Back Again: The Fate of the Multilateral Trading Regime", *American Journal of International Law*, vol. 96, 2002, 第94—117页,见第98页。

㉜ Joseph Weiler, "The Rule of Lawyers and the Ethos of Diplomats: Reflections on the Internal and External Legitimacy of Dispute Settlement", in Roger B. Porter, Pierre Sauvé, et al. (eds.), *Efficiency, Equity and Legitimacy: The Multilateral Trading System at the Millennium*, Brookings Institution Press, 2001, 第337页。

㉝ GATT一共进行了八轮多边谈判:第一轮于1947年4—9月在瑞士日内瓦举行,有23个关税与贸易总协定创始缔约方参加谈判。第二轮于1949年4—9月在法国安纳西举行,参与谈判的除原来的23个国家,又增加了10国。参与多边谈判并加入的国家逐次增加,到第五轮(狄龙回合)时,有45个国家参加谈判,第六轮(肯尼迪回合)有54个国家参加,第七轮有102个国家参加谈判,最后一轮(乌拉圭回合)结束时,参与谈判的国家和地区达到了128个。参见:中国农村金融学会:《GATT前八轮多边贸易谈判简介》,载《农村金融研究》2000年第3期,第5—6页;具体国家加入情况可参见:http://www.wto.org/english/thewto_e/gattmem_e.htm。

㉞ 参见《国际复兴开发银行协定》(Articles of Agreement)第4条第10节,《国际金融公司协定》第3条第9节以及《国际开发协会协定》第5条第6节。

的葡萄牙给予贷款。㉟ 实际上,在相当长时间里,世界银行对于第三世界国家的投资和借贷政策,包括附加于贷款的市场化和私有化等条件造成了大规模的人权损害并因此广受诟病。㊱ 这些经济性国际机构与人权的"绝缘"使得联合国失去了在人权和工商业问题上与"专门机构"合作治理的基础,这也促使其不得不更加依靠规范和规制的路径来解决问题。

第二节　联合国经济机构规制跨国公司的体制基础

在这样的背景之下,20 世纪 70 年代初,被发展中国家占据了话语权的联合国以对跨国公司的国际规制为切入点开始了重塑整个世界经济体系并进而促进人权与经济发展协进的探索。㊲ 一方面,对于主导联合国的发展中国家来说,必须在国际上寻求解决跨国公司对发展以及与发展相关权利的消极影响的方案;另一方面,如上文所述,在当时的历史条件下,对于联合国而言,所有"合作治理"的渠道都已经关闭,它于是不得不采用超越《宪章》关于规范国家行为的规制原则,转而考虑对跨国公司直接实施规制主义的战略。虽然这种规制主义战略具有强烈的历史必然性,但实际上联合国此前并没有类似的经验,而且也超越了《宪章》的基础,因此它不得不为此做一些机制上的准备和铺垫,包括树立规制的正当性,建立实施规制的行动平台和确立规制战略的基本方法。

㉟ 关于南非的种族隔离问题,参见大会决议 A/RES/2202 (XXI)号,1966 年 12 月 16 日,A/RES/2307(XXII)号,1967 年 12 月 13 日,A/RES/36/172 号,1981 年 12 月 17 日等;关于葡萄牙的殖民占领问题,参见大会决议 A/RES/2107(XX)号,1965 年 12 月 21,A/RES/2184(XXI)号,1966 年 12 月 12 日等。

㊱ 参见:David Kinley、Tom Davis, "Human Rights Criticism of the World Bank's Private Sector, Development and Privatization Projects", Sydney Law School Research Paper No. 08/53, 2008,载于:http://papers.ssrn.com/sol3/papers.cfm?abstract_id=1133179;Gernot Brodnig, The World Bank and Human Rights: Mission Impossible? Carr Center for Human Rights Policy Working Paper T-01-05,载于:http://www.innovations.harvard.edu/sites/default/files/BrodnigHR%26WorldBank.pdf。

㊲ 联合国最初将跨国公司称为 Multinational Corporations(简称 MNC,在联合国中文文件中被翻译为"超国家大公司");1974 年 8 月 2 日联合国经社理事会第 57 届会议上讨论后决定将各种名称统一为 Transnational Corporations(简称 TNC),中文译为"跨国公司",此后,联合国有关文件与出版物都统一使用"跨国公司"的名称。

一、以限制对发展和人权的挑战为正当性

对于这一时代的联合国而言,树立其基于人权和发展的对跨国公司的规制的正当性似乎不是一件困难的事情。1971 年,联合国发布的《世界经济调查》指出,跨国公司的"作用有时使人望而生畏,因为它们的规模和势力可能超过东道国的整个经济。国际大家庭尚需制定一项积极的政策,设立有效的机构,来处理由于这类公司的活动所引起的问题"[38],这实际上已经为联合国针对跨国公司的策略问题奠定了基调,也即跨国公司的活动与公正、平衡的发展问题紧密相关。1972 年,经社理事会通过决议,要求秘书长从公、私部门中指派熟稔国际经济、贸易和社会问题以及有关的国际关系的知名人士成立研究小组(Group of Eminent Persons),研究跨国公司的"作用及其特别是对发展中国家的发展进程的影响,以及在国际关系上所涉的问题,并且做出结论"。[39] 该知名人士小组通过一系列磋商会对此问题进行了研讨[40],并于 1974 年发布了影响深远的研究报告《跨国公司对发展和国际关系的影响》。[41] 需要强调的是,知名人士小组的权威构成,其开放的工作方法和精深的研究成果[42],这些都构成了对联合国嗣后规制行动的重要背书。

该报告的研究和结论则在实质意义上为联合国确立了对跨国公司进行规制的必要性和正当性。报告首先分析并确认了跨国公司对发展的各种消极影响,包括对当地文化的影响、不平等的利益分配、对东道国环境的破坏、由自然资源所有权和控制权所导致的各种紧张关系以及东道国与跨国公司

---

[38] United Nations Department of Economic and Social Affairs, *World Economic Survey 1971*: *Current Economic Developments*, E/5144, Sales No. E.72.II.C.2, 1972, 第 10 页。

[39] 经社理事会决议 1721(LIII)号, 1972 年 7 月 28 日。

[40] 该小组在 1973 年先后召开了两轮听证会质询了五十余位政府、工商业界、工会、社会组织和学术团体的代表,具体质询意见参见:联合国经济和社会事务部, *Summary of the Hearings Before the Group of Eminent Persons to Study the Impact of Multinational Corporations on Development and on International Relations*, ST/ESA/15, 1974, Sales No. E.74.II.A.9。

[41] 联合国经济和社会事务部, *The Impact of Multinational Corporations on Development and on International Relations*, E/5500/Rev.1, ST/ESA/6, 1974, Sales No. E.74.II.A.5, 该知名人士小组的构成名单见于此报告第 21 页。

[42] 例如,知名人士小组的相关研究总共将近 800 页,参见:联合国贸发会议, List of Publications on Foreign Direct Investment and Transnational Corporations (1973—2003), 载于 UNCTAD 网站: https://unctad.org/en/Docs/itc20041_en.pdf。

之间不平等的谈判能力等㊸,并基于这些问题指出跨国公司可以对国际关系产生影响,包括干涉和颠覆东道国政治体制等,以及跨国公司的行为可能是国家之间冲突以及对跨国公司的管辖权的碎片化的催化剂等。㊹ 此外,该报告还在促进经济、社会和文化权利这一更广阔的层次上研究了跨国公司与国家之间的关系。考虑到发展中国家既关注经济资源的公平分配,也关注跨国公司对整个国际社会的更大责任,报告指出跨国公司不应仅被视为与东道国之间的一种"收益分配"机制,因为跨国公司与国家间的关系应该是整个发展进程的一部分并服务于发展这一目标本身。㊺ 这样,在跨国公司罄竹难书的恶劣影响与联合国所追求的平等发展之间,似乎只有直接的管束能够作为战略选择了。的确,诚如知名人士小组的报告所得出的结论,"市场的看不见的手远不是引导经济决策的唯一力量",国内层面和国际层面上的公共协调和规制机制"是亟须解决的基本问题"。㊻

二、以联合国的经济性机构为行动平台

从联合国开展这一探索的机构主体来看,首先将工商业的运作与人权联系起来考虑的是以"跨国公司委员会"为核心的经社理事会的经济权能部门,它们在其系统性规制跨国公司这类工商业组织的规划中纳入了人权要求。之所以首先是由联合国的经济权能部门来将工商业(跨国公司)与人权联系起来开展规制,不仅仅是因为在当时的历史条件下,跨国公司的规制更是一个经济问题——人权只是这个问题中应该考虑的内容之一,也是因为其时的联合国人权机构的绝大部分注意力在于构建国家与个人之间的人权规范体系。㊼

因此,知名人士小组报告的主体是分析国际经济体系本身的问题,虽然包括对人权影响的分析,但并不占据显眼地位,它得出的机制上的结论就是

㊸ 前注㊶,第 34—37 页。
㊹ 上注,第 47—48 页。
㊺ 上注,第 36 页。
㊻ 上注,第 42—43 页。
㊼ 最主要的工作包括议定两个人权公约,南非的种族隔离问题以及殖民地人民的人权问题等,参见前注①。

要求构想针对跨国公司的全球性特征的跨国界的规制架构。[48] 在这一结论的指导下，该报告提出的具体建议是设立一个相关委员会协助经社理事会就跨国公司问题开展深入研究并提出建议，包括研究制定一套跨国公司的行为守则。[49] 经社理事会接受了知名人士小组提出的建议并从1974年开始采取各种行动落实其建议。[50] 1974年年底，经社理事会决定设立跨国公司委员会（Commission on Transnational Corporations）以及联合国跨国公司中心（UNCTC）[51]，前者是有关跨国公司问题的政府间论坛，但其最重要的使命则是"协助经社理事会发展一套建议，整体来看，它们构成有关跨国公司的行为守则的基础"，后者则通过资料收集、专题研究、政策分析、技术支持以及构建共识等方式支持前者的工作。[52] 1975年，经社理事会要求跨国公司中心与经社理事会各区域性经济委员会之间建立联络和支持小组[53]，这一方面在经社理事会的宏观经济部门和微观经济部门之间建立了协调关系，另一方面也在受到跨国公司活动最多影响的各个地区建立了区域性支持机构。应该说，到此为止，联合国体系内与经济问题相关的所有机构都被整合成为一个自上而下、以点带面的为规制跨国公司的目的而进行规范研究和规范制定的系统，这个系统构成了联合国规制跨国公司与人权问题的行动平台。

三、以政府合议制定行为规范为基本方法

在正当性和行动平台都已确立的情况下，联合国还需要为实施规制找到可行的操作方法。跨国公司委员会研究后认为，实施规制的具体工作中，居于首要和优先地位的是制定一套能够"被普遍认可的跨国公司行为守则"。[54] 在重点推进守则制定的同时，跨国公司委员会也希望采取"重点突破"的策略以推进对具体问题的深入规范。委员会建议的第一个领域是为

---

[48] 前注㊶，第51页。
[49] 上注，第53—57页。
[50] 经社理事会决议1908（LVII）号，1974年8月2日。
[51] 经社理事会决议1913（LVII）号，1974年12月5日。
[52] 上注，第3、4段。
[53] 经社理事会决议1961（LIX）号，1975年7月29日。
[54] 委员会在其第二次会议上决定，"在委员会提议的诸多任务中，行为守则的制定应被给予最高的优先级"，Report on the second session, Official Records of the Economic and Social Council, Sixty-first Session, Supplement No. 5, E/5782, 1976, 第9段。

跨国公司的会计和报告设定国际标准，希望最终产生一个有关该主题的国际协议(55)；委员会建议的第二个领域是针对跨国公司腐败行为的国际行动(56)，但多数国家认为这一事项应由经社理事会来处理，最终，经社理事会成立了特别工作组研究拟定相关的国际协定，跨国公司中心仅起到协助作用，经社理事会同时重申行动守则的制定仍然是跨国公司委员会的最优先事项。(57) 以此为方法导向，跨国公司中心在1976年向委员会提交了关于行为守则起草方法的基础研究：《与行为守则的起草相关的可能的工作方法》。(58)注意到国际法律体系的效力基础仍然是国家的意志，以及未来任何形式的规制都须依赖于国家的支持，同时也为将来的规范体系建立某种程度的国际法上的“合法性”，这一研究没有建议由独立的专家组来研究制定行为守则，而是建议借鉴联合国贸发会议的经验，提出在跨国公司委员会的基础上设立一个专门的政府间工作组负责守则的起草工作(59)，该建议被跨国公司委员会所采纳。(60)

经过五年的研究和讨论，政府间工作委员会于1982年向跨国公司委员会提交了第一个草案稿(61)，这一草案带来的巨大争议使得跨国公司委员会不得不通过特别会议的方式接手此后的协商和起草过程，并于1986年提出了新的草案稿。(62) 1988年，该草案经特别会议再做讨论修订，跨国公司委员会于1990年向经社理事会提交了《跨国公司行为守则》(《行为守则》)的最后一个草案稿。(63)

---

(55) 前注(54)，第52段。

(56) 1975年，联合国大会通过决议谴责了跨国公司的腐败行为并要求经社理事会将这一议题纳入跨国公司委 员会的工作，大会决议A/RES/3514(XXX)号；委员会在其第二次会议后建议设立议定防止跨国公司商业腐败行为的多方国际协定的工作组。

(57) 经社理事会决议2041(LXI)号，1976年8月5日。

(58) 联合国文件E/C.10/10，1976年1月19日。

(59) 上注，第15—17段。

(60) 前注(54)，第二次会议的讨论，第10—15段。

(61) 参见：联合国文件E/C.10/1982/6，1982年6月5日。

(62) 该草案文件参见：Report of the U. N. Centre on Transnational Corporations, *The United Nations Code of Conduct on Transnational Corporations*, Annex I, ST/CTC/Ser. A. 4, Sales No. E. 86. II. A. 15，第28—45页，另载于：http://investmentpolicyhub.unctad.org/Download/TreatyFile/2891。

(63) 该草案文本参见：联合国文件E/1988/39/Add. 1，1988年2月1日；或者UNCTAD, *Transnational Corporations, Services and the Uruguay Round*, Annex IV, ST/CTC/103, Sales No. E. 90. II. A. 11, 1990，第231—243页。

第三节 工商业与人权问题的"私体公法化"规制理论

一、"私体公法化"规制进路

联合国规制跨国公司的各种前提准备的叠加就是这一时期联合国在工商业与人权问题上的战略雏形:一方面,国家在国际立法机构层面利用公法机制将工商业纳入原本适用于国家的公法规范,使之直接适用于工商业实体,并利用国际法实施机制确保其得到实施,也即,由(主要是与经济事务相关的)公法机构通过制定国家间的国际协定直接对跨国公司这些"私主体"施加义务和责任;另一方面,由于这些义务和责任多数已经先期存在于适用于国家的国际法律规范中,所以这一做法实际上是将私主体纳入了公法体系,本文将这种构想在理论上称为"私体公法化"。当然,这一时期的"私体公法化"思路由于其涉及的主体、事项范围和适用的机制都比较有限,因而与后来在工商业与人权领域的其他"私体公法化"规划相比还处于初级阶段。

但是,就国际法(包括国际人权法)层面而言,即使这种初级的"私体公法化"构想也必然会牵涉到更深层次的理论问题,包括前文所讨论的跨国公司的国际法地位问题、私主体对国际公法规范的实施机制问题以及在这些国际规范下私主体与国家之间的关系问题等,而不同政治和经济立场的国家对这些问题的回答又取决于其现实思考。[64] 跨国公司委员会自然也注意到了这些理论挑战和现实障碍。1976年,跨国公司中心在向跨国公司委员会提交的研究报告《跨国公司:制定行为守则有关的问题》中系统地提出了制定跨国公司行为守则时必须解决的各种理论和现实问题。[65] 按照该中心的总结:

> 与守则相关的首要需要作出的决定是其将涵盖的行为者,也即,该守则仅应针对跨国公司的行为还是它也应该涵盖关于国家政策的各项

---

[64] 参见前文,第一章第三节。
[65] 联合国文件 E/C.10/17,1976年7月20日。

> 原则。其次,则有关其方法——是否应尽力实现最大限度的规制,这意味着强制性的守则、具体的规定和国际性的实施措施,还是仅做到最低限度的规制,也即一个自愿性守则,仅有一般性的规定并且在国内层面实施,还是介于二者之间的某种东西。在方法上的决定也将影响守则法律性质的决定,也即它应当是一个拘束性文件(公约),还是政府间宣言抑或联合国某个机关的决议。最后,还需决定守则的全面性,也就是将要涵盖的具体问题。这些决定互相依赖,需要考虑守则所要实现的目标以及该机制的各种内在局限。(66)

这些其实就是跨国公司委员会第二次会议上各国讨论的主要争议(67),也是从1977年开始的起草过程中它所面临的主要挑战——虽然实际上,这种"私体公法化"策略早就是知名人士小组的行动建议(68),同时也是经社理事会在此问题上的终极愿景。(69)《行为守则》草案在回答了上述"决定"的同时,也在联合国的国际法系统中首次为跨国公司这种工商业实体和人权之间构思了"私体公法化"的规制进路,希望借此将与人权相关的国际公法的实体规范和执行机制施加于工商业主体,并从而突破《宪章》中规范国家行为的基础性规定。

二、"私体公法化"规制理论的基本特征

《行为守则》草案体现了"私体公法化"规制路径的理论特征。虽然这是一种堪称激进的国际法理论上的巨大突破,但是《行为守则》草案中的"私体公法化"构想在许多方面保持了克制的谨慎并留出了刻意的局限。

1. 公法机构制定适用于工商业的行为规范

传统上,一国之内的私主体,包括企业的行为属于国内法律体系的调整范围。虽然工商业的确会对人权的保护和实现产生影响,但是20世纪70

(66) 前注(65),第172段。

(67) 参见前注(54),第二次会议的讨论,第43—46段。

(68) 该小组认为,"一个适当的远期目标是缔结一项针对跨国公司的一般性协定,具有国际条约的效力,包含实施和制裁的规定",前注(41),第54页。

(69) 经社理事会赋予跨国公司委员会的终极任务是"协助经社理事会就与跨国公司相关的各个具体领域构想可能的安排或协议,以研究制定一般性协定的可行性……并在未来将它们统一为一个一般性的协定",前注(39),第3段(f)项。

年代的国际法律体系仍然严格以民族国家为基本主体,国际人权法的发展至此并没有赋予工商业实体以国际义务、责任或权利。《行为守则》草案对这一传统理论作出了重要的突破。首先,虽然《行为守则》草案最终并未付诸经社理事会或联合国大会的决议程序,但是从规范的形式渊源上来看,它仍是各国国家通过公法造法程序协议制定的,最终体现的仍然是国家,尤其是发展中国家的国家意志。其次,《行为守则》草案规定其实体要求"普遍适用于"跨国公司这类"实体"(entity),这既包括发挥主导作用与影响的母公司,也包括其他公司(如分公司、子公司等),且草案中的"跨国公司"既指作为整体的企业,也指各个构成实体。[70] 这一规定实际上是从商业联系上强调这类工商业实体的"国际性",从而排除了纯粹在一国国内运营的工商业实体。这一方面为"私体公法化"的未来实践划定了严格的主体范围,另一方面也意图在理论构想上突出其与国际法律体系的联系。很显然,《行为守则》草案如此规定的实质目的是第三世界国家不希望自缚手脚,但是从"私体公法化"理论角度来看,这种规定的意义还在于它限制了"私体公法化"的激进性,使其不至于直接挑战国际法的根基——纯粹性的国内管辖。再次,《行为守则》草案还平行规定其"普遍适用于一切国家"[71],考虑到《行为守则》的初衷在于解决跨国公司与国家之间的关系问题,这一规定实际上也有将跨国公司提升到与国家"平起平坐"的法律效果。最后,《行为守则》草案还规定,在实际适用中,相关工商业实体是否被任何国家界定为"跨国公司"并不相关[72],这使得跨国公司成为根据守则定义而产生的一种独特的"国际存在",增强了这一构想相对于国内法律体系的独立性。

2. 移植公法规范直接赋予工商业以人权责任

作为对跨国公司活动的总则要求之一,《行为守则》草案要求"跨国公司在运营地国家应当尊重人权和基本自由",而且跨国公司在处理其社会事务

---

[70] 《行为守则》草案第1条,其中将跨国公司界定为:"不论其发源国,亦不论其所有制为私营、公营或公私混合,这种企业在两个或两个以上国家具有经营实体,而且不论这些实体法律形式和活动领域,它们在同一个决策体系下运营,经由一个或多个决策中心实现一致的政策和共同的战略,这些中心通过所有权或其他方式将各个实体联系起来,并使得其中的一个或多个实体能够对其他实体的活动,尤其是在分享知识、资源和分担责任方面施加重大影响。"

[71] 上注,第3条。

[72] 上注,第2条。

和劳资关系时,“不得依种族、肤色、性别、宗教、语言、社会出身、国籍、种族来源或政治或其他观念而给予歧视待遇”。[73] 这些规定基本沿用了《世界人权宣言》《经济、社会和文化权利国际公约》和《公民权利和政治权利国际公约》等人权文件中的相关规范和用语[74];《行为守则》草案还为跨国公司设定了一项历史环境下的人权责任:不与南非少数派种族主义者的政权合作,同样,这种责任的渊源是“安理会决议”和联合国其他相关的决议。[75]

这里需要特别注意的是义务(obligation)与责任(responsibility)的区别:人权公约确立的是国家对于个人、基于法律规范的人权义务,而《行为守则》草案始终采用“责任”的措辞,这似乎也暗示了在工商业与个人之间的法律联系——如果有的话——与国家相对于个人的义务并不相同,一个可能的解释就是:“责任”基于影响而义务则基于法律。虽然如此,当有关国家没有签署或批准《行为守则》草案所援用的人权文件时,跨国公司根据《行为守则》草案所承担的“人权责任”可能会超过国家的人权义务。但无论如何,《行为守则》草案都使得跨国公司在一国之内以及在国际上与政府一样,成为人权的相对方或人权责任的承担者。当然,除了上述“尊重人权”的一般性规定和“不歧视”条款之外,《行为守则》草案并没有涉及其他具体的人权规范,或者可以说,人权并不是《行为守则》草案最主要的议题[76],这使得它的意义更多地体现于它的根本目标:在联合国的公法机制层面建立跨国公司与人权之间直接的法律联系,而不是如何细致地界定这种联系。尤其是,《行为守则》草案同时要求“跨国公司应遵循当地政府旨在增进机会和待遇平等的政策”[77],但是对这一条款可能引起的跨国公司的人权责任与东道国和/或母国的人权义务和相关政策、法律之间可能的冲突并没有给出解决思路。这是体现在《行为守则》草案里的“私体公法化”设计中的一个重要的理

---

[73] 前注[72],第 14 条,注意《行为守则》草案的措辞通篇使用“应当”(shall)这一措辞,这与各人权公约表达针对国家的强制性义务的措辞一致。

[74] 比较:《世界人权宣言》序言规定:“各会员国业已誓愿同联合国合作以促进对人权和基本自由的普遍尊重和遵行”;以及《经济、社会和文化权利国际公约》第 2 条:“本公约所宣布的权利应予普遍行使,而不得有例如种族、肤色、性别、语言、宗教、政治或其他见解、国籍或社会出身、财产、出生或其他身份等任何区分。”

[75] 《行为守则》草案第 15 条。

[76] 《行为守则》草案的重心更在于经济和财政领域的实践,包含九个专题共 23 个条款。

[77] 上注,第 14 条。

论缺陷,同时也是《行为守则》草案所作出的一个"维护国内管辖"的姿态。

3. 利用公法机制实施工商业的人权责任

《行为守则》草案所设计的实施机制沿用了国际公法的一般实施方法,即国家层面的行动辅以国际层面的协调和监控。[78] 对国家而言,除了密切关注《行为守则》草案的实施以外,其最重要的实施措施还包括应向跨国公司委员会报告其"为推动本守则所采取的行动和执行守则所获得的经验"以及在"制定、执行及修订关于本守则所涉及问题的法律、法规和行政规程时,应考虑本守则各条文的宗旨"。[79] 这沿用了其他国际公约,包括两个国际人权公约所设置的国内实施机制[80],即《行为守则》草案实施的主要责任在于国家,尤其是应当促进国内法律和政策与《行为守则》草案的不断协调。在国际层面,联合国跨国公司委员会被赋予执行《行为守则》草案的职能,成为联合国系统内处理与《行为守则》草案有关的"一切事项"的国际机构。[81] 而在其具体职能中,最重要的包括三项:在国家报告的基础上定期评估《行为守则》草案的实施;发展阐释《行为守则》草案各条款的程序;以及促进与跨国公司有关的特定问题的政府间安排或协议的缔结。[82] 这在很大程度上扩展了跨国公司委员会设立时的权能[83],使之具有了对范围广泛的各种国家行为进行监督和审议的职能,以及发展国际法律规范的能力。预计到可能的职责冲突,《行为守则》草案还规定当《行为守则》草案中被联合国其他机构制定的协议或安排所涵盖的问题发生时,跨国公司委员会应将此类问题提交给相关协议或安排的主管机构[84],这意味着联合国体系内与人权相关的所有公法机构,包括人权委员会、各公约下设的委员会都可能参与到《行为守则》草案下跨国公司的人权责任的实施当中。

---

[78] 参见:Oscar Schachter, *International Law in Theory and Practice*, Martinus Nijhoff Publishers, 1997, 第 227—248 页。
[79] 《行为守则》草案第 66 条。
[80] 参考并比较《经济、社会和文化权利国际公约》第 2 条及和 16—17 条,以及《公民权利和政治权利国际公约》第 2 条和第 40 条;当然,《行为守则》草案所设立的执行机制并非单纯或主要为了落实跨国公司的人权责任,实际上,它的实施机制条款并非主要针对其中的人权条款。
[81] 《行为守则》草案第 67—68 条。
[82] 上注,第 69 条。
[83] 参考前注[51],经社理事会决议 1913 (LVII)号。
[84] 《行为守则》草案第 68 条。

值得指出的是,《行为守则》草案所设计的实施机制实际上坚守了传统国际法体系的一些理论底线。例如,它没有赋予跨国公司在联合国的法律平台上行为的权能,也即跨国公司并没有藉《行为守则》草案而具有在联合国的法律体系内行为的能力,包括抗辩的能力;此外,《行为守则》草案所规定的国际层面的实施机制也并不直接针对跨国公司,国家仍然是这些机制中绝对的行为主体。这些规定一方面使人不很容易得出《行为守则》草案赋予了跨国公司国际法主体地位的结论[35],另一方面也使与跨国公司有关的人权规范的落实仍然与国家的国内管辖权密切结合。所以,《行为守则》草案中的"私体公法化"理论,只是"私体"在人权实体要求上的"公法"化,而不包含在实施机制上的"公法"化,也即,一些有限的实体人权规范被施加于私主体,但其实施仍依靠国内管辖也即由国家构成的国际法律体系。

三、反思《行为守则》草案中的"私体公法化"进路

毋庸置疑,《行为守则》草案中的"私体公法化"尝试具有历史性的积极意义:它成功地国际化了作为工商业实体的跨国公司对人权和发展的巨大影响(主要是负面影响),使之不再潜藏于国家主权的遮蔽和保护之下。正如当时的论者所指出的,"虽然跨国公司不一定就是发达国家政府的工具……但政治和企业领袖倾向于分享重合的利益和观点"[36],以跨国公司委员会为轴心的"私体公法化"构想将这一关切引入国际法律体系的聚光灯之下。这在理论上和嗣后的长期实践上有两个重要的意义:一方面,它表明在后殖民时代的经济和社会条件下,解决工商业的人权影响问题必须依靠全新的、国际化甚或是"全球化"的体制框架,也即发展规则上的"国际化";另一方面,虽然国际人权法是国家通过国际制法平台(主要是联合国)议定的以国家为主要义务承担者的"公对私"的规范体系,但是历史事实已经证明:对于和国家一样作为"拟制主体"的工商业实体而言,其对人权的影响与国

---

[35] 很多国际法学者认为程序能力是国际法主体资格的必要条件,参见:Ian Brownlie, *Principles of Public International Law* (7th edition), Oxford University Press, 2008, 第57—67页;以及 Antonio A. C. Vasak, "The Procedural Capacity of the Individual as Subject of International Law: Recent Development, in Karel Vasak Amicorum Liber", *Human Rights at the Dawn of the Twenty-first Century*, Bruylant Bruxelles, 1999, 第521页。

[36] 前注㉔,Werner J. Feld,第39页。

家的人权影响存在着结构上的相似性,因此,作为国家人权义务表述的国际人权规范同样可以作为工商业的人权责任的指南和准则,也即实体规范上的"国际化"。这两种"国际化"使得跨国公私委员会的工作被冠之以"国际主义模式"[87],而这一模式实际上也是后来在这一问题上其他诸多实践的思想基础。此外,《行为守则》所代表的"私体公法化"实践将工商业与人权(包括发展权)的关系问题系统化地带入了公私各方的视野并激发了长期的讨论,这为后续的其他实践提供了充分的智力储备。

然而,"私体公法化"理论诉诸公法机构的做法却也使它最终失败于其本来寄希望并寻求突破的地方:国家意志,也即,"私体公法化"对"公法"体系的依赖使之无可避免地具有强烈的政治性缺陷。首先,对于跨国公司的立场问题正体现了当时发达国家和发展中国家不同的政治意志和利益诉求,而由政府代表组成的跨国公司委员会本身其实就是发展中国家占据多数的联合国大会的缩影[88],这使得《行为守则》的起草从动议开始就已经被严重政治化,而无法在长达二十年的艰苦协商后形成一个各方都可以接受的文本。同时,人权问题本身的政治性更加剧了委员会内部的分裂和对立,例如,跨国公司委员会的第一次投票即事关南非的种族隔离制度问题,其结果彰显了不同国家在跨国公司与人权问题上的意识形态对立。[89] 其次,跨国公司委员会以及相关的联合国机关在《行为守则》漫长的起草过程中都不断强调其与国际经济新秩序的联系[90],这种静态的关联使之即使在政治风向发生变化的情况下也无法脱离其既有的政治标签,而最终只能随着建立国际经

---

[87] 参见:David Coleman, "The United Nations and Transnational Corporations: From an Inter-nation to a 'Beyond-state' Model of Engagement", *Global Society*, vol. 17, no. 4, 2003, 第 339—357 页,见第 344 页。

[88] 委员会 48 名成员中,12 位来自非洲国家,11 位来自亚洲,10 位来自拉美,5 位来自东欧,其余 10 位来自西欧和其他地区,参见前注[51],经社理事会决议 1913 (LVII) 号。

[89] 与其时联合国的实践趋势相适应,跨国公司委员会力求避免投票达成决议,1977 年,在其第三次会议上,有国家动议要求跨国公司停止向南非投资而发起投票,最后,所有发展中国家和社会主义国家的成员投票赞成此动议,4 个国家反对(法国、西德、英国和美国),另外 7 个西方国家则弃权,参见:前注[24],Werner J. Feld,第 55 页。

[90] 例如,1977 年联合国大会通过的《关于建立新的国际经济新秩序的宣言和行动纲领》在以"对跨国公司的活动的管理和控制"为主题的部分明确提出"应作出一切努力来制订、通过和执行一项关于跨国公司的国际行动准则",参见大会决议 A/RES/S-6/3202 号,1977 年 5 月 1 日;1980 年,经社理事会也再次强调,《行为守则》草案的制定"将对国际经济新秩序的建立作出实质贡献",参见联合国,*Yearbook of the United Nations*,1980,vol. 34,第 667 页。

济新秩序的声音的淡化而被悄悄埋葬,有论者指出,这种"悄悄地埋葬"与《行为守则》和国际经济新秩序的历史性联系紧密相关,最终使得放弃整个计划成为一种上策。[91] 再次,《行为守则》草案中"私体公法化"进路的实施机制完全依赖国家的行为,这看似一种依靠与传统国际法律体制的联系为其提供法理保障的安排,但从它所追求的目标来看,则是一个内在缺陷:如前所述,跨国公司对人权造成消极影响的根本原因是各国规制的缺失,而《行为守则》草案在将跨国公司"公法化"为人权实体责任的承担者的同时,却将落实这种责任的机制继续保留给国家,这无疑等同于一方面缓释了国家对跨国公司所造成的消极人权影响的"罪责感",一方面又强化了其规制跨国公司的"高尚感",其最终结果就是国家只会更加忽视自身的人权义务和规制责任,而这也会抵消"私体公法化"构想可能发挥的积极作用。最后,这种安排使得发达国家和发展中国家在这一问题上的分歧更加严重:由于多数发达国家实际上无意通过强化国内规制来调整跨国公司的行为,发展中国家则希望通过《行为守则》草案为发达国家施加相关国际义务,这必然会引起发达国家的反弹。正如有学者所指出的,归根结底,"守则发展的国际阶段最终被政府间的主张和反主张所压垮"。[92]

第四节 本章小结

在理论上,《行为守则》草案是对"私体公法化"路径的一种审慎的应用,因为它既没有直接赋予跨国公司以国际法地位,也没有基于国际人权法的实施而冲击国家国内管辖的权威——这使其似乎与《宪章》中关于规范的精神保持了一致。但是,《行为守则》草案对跨国公司"性恶论"的伦理定位却非常明确,即它的基调是对跨国公司的敌视,因此它所建构的"私体公法化"框架实质上使跨国公司成为责任(如人权责任)的主体和机制(如规制机制)的客体,而基本忽略了跨国公司对人权的保护和促进所可能起到的积极影

---

[91] Sandrine Tesner, *The United Nations and Business: A Partnership Recovered*, Macmillan, 2000, 第 23 页。

[92] 前注�37,第 348 页。

响,以及在防止消极作用方面可能发挥的能动性。实际上,1973 年受到知名人士小组质询的约 20 名跨国公司的高级管理者都或多或少强调了跨国公司本身已然发挥和可以继续发挥的积极作用,并呼吁联合国的相关行动应具有一个相对平衡的基调和现实的愿景㊳,但是这些观点似乎都被有意无意地忽略了。

20 世纪 80 年代开始,国际政治经济关系发生了深刻的变化,其中之一是美英主导的新自由主义市场经济成为许多发展中国家的经济信条㊴,这一信条认为国际贸易和投资需要市场的驱动以产生最大的福利,而"政府对贸易和投资的干涉主义政策将降低全球的福利,结果,针对跨国公司的国际性行为守则的意义本身就受到了质疑"。㊵ 进入 20 世纪 90 年代,虽然联合国大会要求继续就守则"进行密集磋商以早日达成一致"㊶,虽然时任秘书长认为有关跨国公司的双边安排"无法替代像《行为守则》那样一个完整的多方文件"㊷,但是越来越多的国家对《行为守则》草案兴趣渐淡并呼吁停止协商。㊸ 最终,新任秘书长在 1993 年不得不宣布"各代表团认为目前在《行为守则》草案上不可能达成一致"(斜体强调为作者所加)㊹,这实质上代表所有国家宣告了《行为守则》的死亡。委员会对跨国公司的态度也随之发生了明显变化。1994 年,委员会指出"近年来,委员会的活动非常强调跨国公司对经济增长和发展所作出的贡献,以及强化东道国与跨国公司的合作"(斜体

㊳ 参见前注㊵,*Summary of the Hearings*,尤其注意埃克森(Exxon)公司副总裁 Emilio Collado(第 34—42 页)、国际商业机器公司(IBM)公司董事长 Gilbert Jones(第 65—73 页)、通用汽车公司(General Motors)副董事长 Thomas A. Murphy(第 79—89 页)以及壳牌(Shell)公司总裁 Gerrit A. Wagner(第 412—423 页)等的意见。

㊴ 关于相关变化的更多说明,参见第四章第一节。

㊵ Michael Hansen,"Environmental Regulation of Transnational Corporations:Needs and Prospects",in Peter Utting(ed.),*The Greening of Business in Developing Countries:Rhetoric, Reality and Prospects*,Zed Books,2002,第 243 页。

㊶ 参见联大决议 A/RES/45/186 号,1990 年 12 月 21 日。

㊷ 参见:秘书长,*Other International, Regional and Bilateral Arrangements and Agreements Related to Transnational Corporations:Report of the Secretary-General*,E/C.10/1991/9,第 44 段。

㊸ 参见经社理事会报告,*Code of Conduct on Transnational Corporations*,A/46/558,1991 年 10 月 16 日。

㊹ *Report of the President of the Forty-Sixth Session of the General Assembly*,A/47/446,1992 年 9 月 15 日,附件。

强调为作者所加)⑩,这宣示了它正在放弃肇始于20世纪70年代的对跨国公司的"敌视"立场。与此同时,随着新任秘书长通过对联合国机构的"重构计划"分解了跨国公司中心的职能,并且最终也解散了跨国公司委员会⑪,联合国通过其体系内经济职能机构规制工商业与人权关系的尝试至此悄然结束。

《行为守则》的失败也再一次深刻地暴露了联合国整个体系的危机。《宪章》中人权与经济(工商业)协进发展的理想以及"规制"和"治理"两手并重的路径安排显然已经遇到了来自内外部的严重的双重挑战——一方面,跨国公司的影响挑战着《宪章》的宗旨和目的,另一方面,联合国的有关机构则希望对其关于规范和规制的基础进行突破。而当国家间的"合作治理"已经无法在工商业与人权问题之间发挥作用,当工商业与人权不得不用"规范规制"联系起来,又当联合国的经济机构利用《行为守则》规制工商业人权影响的思路最终也归于失败,历史留给联合国的选择似乎越来越有限了。

---

⑩ 参见 *Yearbook of the United Nations* 1994, vol. 48,第905页。
⑪ 参见联合国大会决议47/212B号,1993年5月6日,经社理事会决议1993/49号,1993年7月29日,以及1994/1号,1994年7月14日。

第三章 联合国人权机构的"私体公法化"规制路径

由于联合国系统内人权与经济(工商业)议题在机制和实质上的分立与分离以及人权问题本身的高度政治性,联合国系统内的人权机构(主要是人权委员会)在相当长时间内与工商业等经济和贸易问题保持着谨慎的距离,其工作主要集中在界定个人权利的国际规范。随着反殖民运动的深入和发展中国家对建立国际经济新秩序的积极推动以及联合国经济机构规制跨国公司的失败,联合国人权机构的注意力最终被引向与工商业相关的人权问题。

第一节 人权机构介入对工商业的规制

一、土著居民权利成为人权与工商业的连接点

联合国人权机构介入对工商业规制,似乎有一定的偶然性,但更是历史的必然。1977年,联合国大会曾通过决议要求联合国人权系统优先处理"源于殖民主义、外国占领、拒绝承认各民族的自决权以及每个国家对其财富和自然资源享有完全主权"等状况的人权侵害,并指出"国际经济新秩序的实现是有效保护人权和基本自由的基础以及人权机构的核心议题之一"。[①]此后十年间,由于跨国公司委员会已经开始了规范跨国公司行为的实

---

① 1981年,人权委员会成立了发展权问题政府专家工作组,见人权委员会决议第36号(XXXVIII);1993年,联合国人权委员会又建立了发展权工作组,参见人权委员会第1993/22号决议;另参见这一时期秘书长编写的相关报告,包括:1979年"发展权作为一项人权与基于国际合作的其他人权(如和平权)之间的关系,同时考虑到新的国际经济新秩序的要求和人类基本需求",E/CN.4/1334;"各种形式的民众参与是发展和充分实现全部人权的重要因素",E/CN.4/1988/11;"关于发展权作为一项人权的全球磋商",E/CN.4/1990/9/Rev.1;"实现发展权利问题",E/CN.4/1991/12;"关于有效执行和促进《发展权利宣言》的具体提议",E/CN.4/1993/16,等。

质工作,人权委员会并没有从人权角度对跨国公司表现出特别的关注。

20世纪80年代,发展权在联合国层面得以确立,在此基础上,80年代末,人权委员会也曾数次通过决议从发展权角度要求跨国公司的活动不应对发展中国家的人权实现进程产生负面影响,但其中并没有表露出联合国人权机构对规制工商业的兴趣。② 真正使得联合国人权机构在人权和工商业之间建立直接联系的则是一种具体的权利:土著居民的人权。90年代初,发展权("集体人权")和其他人权(个人权利)之间最直接和最密切的交集——土著居民等群体的保护开始成为联合国及其人权机构所关注的主要具体议题之一。③ 在联合国人权机构中,人权委员会下设的专家机构"防止歧视及保护少数民族小组委员会"(下称"小组委员会")则从20世纪80年代中期就在这个领域表现出了极高的热情。④ 小组委员会在这一领域最早的关注点之一是跨国公司等工商业组织的活动对土著居民群体的土地权利的影响,并因此请求跨国公司委员会协助其就此问题开展了专题研究。⑤ 以

---

② 参见:人权委员会决议1987/18号,1987年3月10日;以及1988/19号,1988年3月7日。
③ 1992年12月,联合国大会通过了《在民族或族裔、宗教和语言上属于少数群体的人的权利宣言》,并要求"联合国系统内的各专门机构和其他组织应在各自权限范围内促进全面实现本宣言规定的权利和原则",参见大会决议第47/135号。
④ 该小组委员会由人权委员会根据经社理事会1947年9月(II)号决议的授权设立,是人权委员会的主要分支机构。委员从联合国会员国指派的候选人中选举产生,但均以个人身份和个人能力任职。1949年,人权委员会第五次会议上明确小组委员会的职能是:向人权委员会就防止任何有关人权和基本自由之歧视以及保护种族、民族、宗教和语言的少数人提出建议,见联合国文件E/1371。小组委员会通常在年会期间设立会期工作组以讨论某些具体问题,跨国公司工作方法和活动工作组便是这一机制的产物。小组委员会实质上是一个研究机构,其中心任务是协助人权委员会的工作,但该委员会的职能自成立以来就有不断扩大的趋势。人权委员会1981年第17(XXXVII)号决议和1988年1988/43号决议先后提高了小组委员会委员在增进和保护人权方面的独立地位,日渐使其职权不限于其名称所限定的范围,因此,1999年7月,依照联合国经社理事会1999/256号决议,该小组委员会被更名为增进和保护人权小组委员会。
⑤ 早在1987年,小组委员会在其关于土著居民的土地权利问题的报告中就指出了跨国公司的不利影响,参见:Jose R. Martinez Cobo, *Study of the Problem of Discrimination Against Indigenous Populations*, vol. 5: *conclusions, proposals and recommendations*, United Nations Sub-Commission on Prevention of Discrimination and Protection of Minorities, 1987;1989年,小组委员会的土著居民工作组请求跨国公司委员会协助其开展研究,以"准备一个有关跨国投资和运营对土著民族土地和资源等的影响的资料库",见土著居民工作组报告,E/CN.4/Sub.2/1989/36, annex I;后小组委员会通过决议1989/35号决议(1989年9月1日)请求跨国公司委员会开展此项研究,此后小组委员会的其他决议也提出了同样的要求,包括(1990/26号,1991/31号,以及1992/33号),跨国公司委员会的四项研究报告可见于:E/CN.4/Sub.2/AC.4/1990/6, E/CN.4/Sub.2/1991/49, E/CN.4/Sub.2/1992/54 以及 E/CN.4/Sub.2/1994/40(最终报告: *Transnational Investments and Operations on the Lands of Indigenous Peoples*)。

此为连结点,跨国公司等工商业实体对人权的影响正式进入联合国人权机构的议事日程。

二、时任秘书长的历史性推动作用

联合国人权机构介入对工商业人权影响的规制,与时任联合国秘书长的积极推动有密不可分的关系,这使得这一历史选择在某种意义上具有了一定的偶然性。1992 年到 1997 年间,布特罗斯·布特罗斯—加利(Boutros Boutros-Ghali)担任联合国秘书长,而他的研究和业务专长正是"人权、经济和社会发展、非殖民化……少数族裔和其他少数人的权利"。⑥

当加利开始担任秘书长时,小组委员会在跨国公司的人权影响领域的兴趣也随着研究的深入而逐渐延伸开来。1992 年,它提出需要深入研究跨国公司的活动及其对土著居民的其他人权的影响,包括自然资源权利、环境权利以及自决权利等⑦,接着在 1994 年提出要求秘书长对跨国公司与经济、社会和文化权利的关系进行研究⑧,并最终在 1995 年要求秘书长研究"跨国公司的活动和工作方法对充分享受所有人权,特别是经济、社会和文化权利和发展权利的影响"。⑨ 其时,跨国公司委员会对跨国公司的敌视态度已发生变化,联合国秘书长也刚刚宣布了《行为守则》的死亡,但他仍认为联合国应该继续研究对跨国公司的规范和规制方案,而小组委员会在这一问题上的浓厚兴趣也似乎迎合了秘书长规制跨国公司的宏观战略。

1. 秘书长 1995 年报告:人权责任应扩大至私营部门

1995 年,秘书长向小组委员会提交了第一份研究报告⑩,其结论是"国际社会制定规范和进行监督将可以大力推动跨国公司按照促进发展权利、

---

⑥ 联合国第六任秘书长布特罗斯·布特罗斯—加利,载于:http://www.un.org/chinese/sg/formersg/ghali.shtml(本章所有网址最后检查访问于 2012 年 3 月 25 日)。
⑦ 参见:Sub-Commission on Prevention of Discrimination and Protection of Minorities, Summary Record of 31st Meeting, E/CN.4/Sub.2/1992/SR.31, 1992 年 8 月,第 25—35 段。
⑧ 小组委员会决议 1994/37 号,1994 年 8 月 26 日。
⑨ 小组委员会决议 1995/31 号,1995 年 8 月 24 日。
⑩ 联合国文件 E/CN.4/Sub.2/1995/11,人权的享受,特别是国际劳工和工会权利的享受同跨国公司的工作方法和活动之间的关系:秘书长编写的背景文件。

充分尊重所有人权的建设性原则开展活动"。⑪ 这一结论建立在对非常广泛的议题的分析之上,包括跨国公司的活动和投资的优先考虑、其全球战略、出口加工区的状况以及劳务市场结构的变化和劳资关系的变化对就业、弱势群体、技能和技术的传播、集体谈判、地方企业和小农场主和环境与健康等人权问题。在此基础上,这一报告为以人权保护为出发点(不同于以经济问题为出发点)构建对工商业的国际规制体系提供了理论框架。秘书长认为,经济活动日益一体化和国际化以及国家操作的余地减少,进一步提高了为创造一个适当和有利的国际环境开展国际合作和承担集体责任的重要性⑫,因而,实现发展权利和保护其他人权的共同责任必须扩大到私营部门的经营者,为此,必须在国家和国际一级制定基本规则。⑬

2. 秘书长 1996 年报告:国际规制新思路

在 1996 年提交的第二份研究报告中⑭,秘书长承认了经济机构的规则与人权保护的分离,指出正在制定的许多国际规则以及已有的规则,"例如世贸组织和其他经济机构的规则并未涉及这类企业活动的社会方面,因此未能管束和促进跨国公司的社会责任"。⑮ 在此理念的指导下,秘书长提出了构建新的对跨国公司的国际规制制度的基本思路。首先,尽管原则上每个跨国公司的子公司都受其所在国管辖,但跨国公司作为一个整体不对任何一个单独国家全面承担责任,因此,秘书长认为"任何国际规范制度都必须考虑和解决跨国公司正在改变的全球战略",也即"为跨国公司的全球扩展配以与之相称的全球究责体系"。⑯ 其次,一套新的、全面性的规则应当为跨国公司规定行为标准以及它们的经济和社会义务,以使它们对经济和社会发展作出最大贡献,因而这种规范体系的作用"不只在于制裁,还应在于

---

⑪ 上注,第 144 段。
⑫ 联合国文件 E/CN.4/Sub.2/1995/11,人权的享受,特别是国际劳工和工会权利的享受同跨国公司的工作方法和活动之间的关系:秘书长编写的背景文件,第 140 段。
⑬ 上注,第 142 段。
⑭ 联合国文件 E/CN.4/Sub.2/1996/12,铭记有关此问题的现有国际准则、规则和标准,说明跨国公司的活动和工作方法对充分享受所有人权,特别是经济、社会和文化权利和发展权利的影响。
⑮ 上注,第 71 段。
⑯ 前注⑭,第 72 段。

预防"。⑰ 最后,为了实现上述作用,人权的基本原则,例如平等、无歧视和社会公正构成了要求管束和监督跨国公司活动的基础。⑱

三、《责任准则》的产生

秘书长的研究报告无疑给予了小组委员会巨大的激励和灵感,它建议人权委员会支持其在这一领域采取行动,具体方式则是成立研究跨国公司与人权问题并提出规制建议的工作组。⑲ 但是,人权委员会并没有正面回应小组委员会的这一建议⑳,小组委员会于是自行指定一名成员继续深入研究相关的规范问题。㉑ 该委员的研究报告认为应该协调各国法律体系中存在的法律和管辖权冲突,同时提议应该在更为广泛的框架中研究这一问题。㉒ 因此,小组委员会在1998年设立了一个由五名委员组成的"跨国公司的工作方法和活动问题会期工作组",以明确和审查跨国公司的工作方法和活动对享受人权的影响。㉓

虽然小组委员会的职责中并未包括在这个领域创设规范的权能,但该工作组很快就将自己的职能定位于"制定一个整合了所有对于确保跨国公司的活动符合促进和保护人权甚为必要的措施和规范的文件"。㉔ 2001年,小组委员会决定将工作组的任期延长3年,并明确要求其"起草关于人权和跨国公司以及其他具有人权影响的经济单位的准则","分析建立实施制裁和为跨国公司造成的侵害以及带来的损害获取赔偿的监督机制的可能性以

---

⑰ 上注,第74—75段。
⑱ 上注,第79段。
⑲ 小组委员会决议1996/39号,1996年8月22日。
⑳ 人权委员会决议1997/11号,1997年4月3日。
㉑ 小组委员会决议1997/11号,1996年8月22日。
㉒ 联合国文件E/CN.4/Sub.2/1998/6,跨国公司的活动对实现经济、社会、文化权利的影响问题工作报告,第24—28段。
㉓ 小组委员会决议1998/8号,1998年8月20日。
㉔ 小组委员会,跨国公司的工作方法和活动问题会期工作组首届会议报告,E/CN.4/Sub.2/1999/9,第11段。

及致力于为此起草拘束性规则"。㉕ 经过两年几易其稿㉖,2003 年 8 月,工作组协商一致议定了命名为《跨国公司和其他工商业在人权方面的责任准则》(Norms on the Responsibilities of Transnational Corporations and Other Business Enterprises with Regard to Human Rights)(下称《责任准则》)的最后一个草案,并将其提交小组委员会㉗,小组委员会核可了工作组提交的草案并决定将《责任准则》递交人权委员会审议。㉘

第二节 《责任准则》中系统性的"私体公法化"规制理论

与《行为守则》的基本立足点是经济结构问题不同,《责任准则》的根本出发点是促进和保护人权,为此,它构思了更为严格、全面而系统性的"私体公法化"规制体系。从前文提出的"私体公法化"的基本特征来看,《责任准则》都更加明显也更加激进。

一、《责任准则》中"私体公法化"的理论基础

很多事实表明,小组委员会在工商业和人权领域并不具有制定规范的

㉕ 小组委员会决议 2001/3 号,2001 年 8 月 15 日。

㉖ 早在 2000 年,工作组成员就完成了命名为《公司行为守则》(Code of Conduct for Companies)的首个草案,草案文本参见 E/CN.4/Sub.2/2000/WG.2/WP.1,附录 1;而小组委员会在该草案所涉及的很多问题上存在巨大争议,参见小组委员会,跨国公司的工作方法和活动问题会期工作组第二届会议报告,联合国文件 E/CN.4/Sub.2/2000/12,第 26—58 段;2001 年,工作组提交了命名为《世界人权公司指引》(Universal Human Rights Guidelines for Companies)的第二个草案,草案文本参见 E/CN.4/Sub.2/2001/WG.2/WP.1/Add.1;经过讨论在 2002 年又分别提出了命名为《跨国公司和其他工商业的人权原则和责任》(Human Rights Principles and Responsibilities for Transnational Corporations and Other Business Enterprises)和《跨国公司和其他工商业的人权责任》(Responsibilities of Transnational Corporations and Other Business Enterprises with Regard to Human Rights)的两个草案稿,前一草案稿参见 E/CN.4/Sub.2/2002/WG.2/WP.1/Add.2,后一草案参见 E/CN.4/Sub.2/2002/13;关于起草过程,参见:David Weissbrodt, Muria Kruger, Norms on the Responsibilities of Transnational Corporations and Other Business Enterprise with Regard to Human Rights, *American Journal of International Law*, vol.97, no.4, 2003,第 901—922 页,见第 903—907 页,文件名称的变化参见该文第 904 页,注脚 20。

㉗ 草案文本见 E/CN.4/Sub.2/2003/12/Rev.2,其评注参见 E/CN.4/Sub.2/2003/38/Rev.2(2003 年 8 月 26 日)。

㉘ 小组委员会决议 2003/16 号,2002 年 8 月 13 日。

权能,它在这一领域的行动依据实际上是自我授权㉙,《责任准则》也是小组委员会自导自演的结果。但从形式上来看,《责任准则》仍然是由联合国体系内的公法机构所拟定的。这一套由公法机构拟定的准则开篇即要求"跨国公司和其他工商业在其各自的活动和影响范围内,有义务增进、保证实现、尊重、确保尊重和保护国际法和国内法承认的人权"㉚,以此将作为私主体的"跨国公司和其他工商业"悉数纳入国际人权法的公法范畴。

《责任准则》的"私体公法化"构想建立于两个基本理论。第一个理论基础与《行为守则》相同,即经济活动的国际联系所带来的现实必要性。"全球趋势已经加强了跨国公司和其他工商企业对多数国家经济,以及在国际经济关系中的影响力……越来越多的其他工商企业在多种安排下进行跨国界经营,使经济活动超越了任何单一国家系统的实际能力",在此条件下,"新的国际人权问题与担忧在继续出现,而这些问题与担忧经常涉及跨国公司和其他工商企业",因此,"目前和未来都需要进一步制定和执行标准"㉛,这其中似乎也透露出国际法律规范"主体发展说"的潜台词。当然,现实必要性并不意味着实际可行性,所以,小组委员会支撑这一主张的第二个理论就是前文所述的国际法律规范主体的"规范重释说"。《责任准则》明确宣示"跨国公司和其他工商企业,作为社会机构也有责任增进和保障《世界人权宣言》中载明的人权"㉜,以此将《世界人权宣言》的序言作为将《责任准则》中的人权义务施加于跨国公司和其他工商企业这类私主体的法律依据。实际上,《责任准则》将这一理论推导运用到了新的极致,指出跨国公司和其他工商企业的"高级职员——包括经理、公司的理事会理事或董事和其他行政人员,和为其工作的人"也"有义务尊重载于联合国各项公约和其他国际文书中,获得普遍公认的"人权义务和责任,并列出了五十几种相关的公约和文件(包括各类宣言)作为此种义务和责任的"渊源"㉝,从而似乎意图在国际层

㉙ 人权委员会1981年第17(XXXVII)号决议和1988年1988/43号决议都不包括相关的授权,另,人权委员会也始终没有正面背书或正式认可小组委员会在这一领域的任何动议,参考前注⑳、㉑及其正文。

㉚ 前注㉗,草案第1段。

㉛ 上注,序言。

㉜ 同上注。

㉝ 前注㉚。

面将个人也纳为其所确立的人权义务和责任（human rights obligations and responsibilities）的主体——虽然并非所有这些文件都具有国际法律效力。

《责任准则》中关于义务和责任的直接而清晰的表述，如跨国公司和其他工商企业"也须遵守普遍认可的责任和规范"，连同起草过程中小组委员会对其拘束性的反复强调㉞，明确了《责任准则》所具备的"私体公法化"机制的另一个特征：为这些私主体直接施加公法规范。但是与《行为守则》不同，《责任准则》一并强调了工商业等私主体的人权义务和人权责任，这实际上是以上两种理论在不同应用情境中的结果：从规制跨国公司等对人权的影响的"现实必要性"来讲，工商业实体负有人权"责任"；但如果将这种联系建立于对《世界人权宣言》中相关规范的重释，工商业与人权之间的联系可能就是"国际法律义务"。

如前文所述，《责任准则》中有关实体权利的规范的主要渊源和准据都是既存的公法规范，这一方面包括联合国、国际劳工组织等制定的人权和劳工公约（包括人道主义法公约），另一方面则包括国内立法、国家间的（非普遍性）协定和国际性准则，小组委员会在其评注中也屡屡引述这些渊源作为依据。当然，《责任准则》的渊源实际上已经超越了这些拘束性规范的范围，例如，小组委员会在评注中对相关条款的解释依据包括人权条约机构发布的"一般性意见"。㉟ 但是本质上，《责任准则》只是将现有规范和义务施加于另一类行为主体，是典型的"私体公法化"构想。也正因为如此，有些论者将《责任准则》视为"应适用于公司行为的既存国际人权法的重述"，是工商业主体的人权义务和责任的"权威指引以及国际社会将公司引入标准制定的重要一步"。㊱

二、《责任准则》中"私体公法化"的系统性特征

《责任准则》中"私体公法化"理念的系统性更体现在它所涵盖的广阔而

㉞ 参见：前注㉔，"工作组强调，新的行为守则应当具有约束性"，第26段；以及前注㉕及其正文。

㉟ 参见：前注㉗，对第12段的评注。

㊱ Carolin Hillemanns, U. N. Norms on the Responsibilities of Transnational Corporations and Other Business Enterprises with regard to Human Rights, *German Law Journal*, vol. 04. no. 10, 2003, 第1065—1080页，见第1065,1070页。

普遍的范围上,包括这一"私体公法化"规划所涵盖的广泛的主体范围(对人范围)、实体义务的范围以及工商业的人权影响的客体范围(对事范围)和相关义务和责任的空间范围。

1. 主体范围

从对人的范围来看,顾名思义,《责任准则》不仅仅适用于"跨国公司",依其定义,这一概念不受此类经济实体的法律形式、活动所在地以及是单独经营还是集体经营的影响。㊲ 可见,《责任准则》在主体上的首要适用范围在于涵盖所有跨越一个以上国家的管辖范围的商业实体。此外,《责任准则》还适用于"其他工商业",这"包括任何工商实体,不论其活动的性质是国际的还是国内的,包括跨国公司、承包人、分包者、供应商、特许经营人或经销商;而且不论用以建立企业实体的是公司、合伙关系还是其他法律形式;也不论实体所有权的性质"。㊳ 虽然《责任准则》适用于"其他工商业"须"按照惯例"符合以下三个条件之一:(1) 该工商业与某个跨国公司存在某种关系;(2) 其活动的影响范围不完全限于当地;(3) 其活动涉嫌违反人身安全权利。㊴ 但是,这种宽泛的联系规则已基本不可能将任何工商企业完全排除出其适用范围。实际上,就数量而言,占据工商企业绝大多数的"其他工商业"似乎才是《责任准则》的主要适用群体,《责任准则》的起草者也毫不讳言它也适用于"街角的面包房、干洗店和其他微小的、家庭小店(mom and pop)式的地方化工商业"。㊵

因而,从主体角度来看,《责任准则》超越了《行为守则》仅针对跨国公司的局限,是第一个专门针对几乎所有工商业实体的国际人权文件——所有工商业实体在其存在的某个时候都可能落入《责任准则》规范的范围。当然,这也给小组委员会带来了"转移了关注主体"的批评,因为根据其工作基

㊲ 《责任准则》将跨国公司定义为"在不止一个国家中经营的一个经济实体或在两个或两个以上国家经营的一群经济实体",前注㉗,草案第 20 段。
㊳ 上注,第 21 段。
㊴ 同上,所谓违反人身安全权包括参与战争罪、危害人类罪以及种族灭绝、酷刑、强迫失踪、强迫劳动、扣押人质、法外处决、即审即决和任意处决等行为,以及参与其他违反人道主义法行为和国际法,或者从上述行为中谋利,上注,第 3 段。
㊵ 参见前注㉖,David Weissbrodt,第 910 页。

础,小组委员会应当主要关注跨国公司的人权影响。[41]

2. 责任和义务范围

就针对工商业所确立的人权责任和义务的范围而言,《责任准则》也是第一个最全面、最深入确定工商业的人权责任和义务的国际文件,系统性地超越了《行为守则》在人权责任方面的简单而概括的规定。在"增进、保证实现、尊重、确保尊重和保护国际法和国内法承认的人权"这一一般义务之下[42],《责任准则》既强调了工商企业的消极人权义务,也规定了积极的人权义务[43];既规定了行为义务,也规定了结果义务[44];既要求工商企业承担直接责任,还要求它们避免间接责任。[45] 也就是,《责任准则》构建了一个人权义务或责任的巨大网络,将工商业实体的所有行为都与某种或某些人权义务或责任联系起来。

在这个方面,《责任准则》有三个理论特点值得注意。首先,《责任准则》在规范的制定和适用上始终坚持"从全从严"的原则,即在具体人权问题上希望囊括并整合所有相关的国际规范,而在相关国际、国内规范竞合或冲突的情况下则要求适用保护标准最为严格的规范。例如,《责任准则》有关平

---

[41] 根据其起草者的这一说明,《责任准则》主体的扩大主要是考虑到当时难以给"跨国公司"下一个准确的定义,并且担心工商业实体通过某种手段摆脱"跨国公司"的身份从而免除责任,《责任准则》对国内的和国际的工商业实体设立同样的标准,但是在执行方面专注于跨国公司及规模更大的工商业实体。参见前注[26],第 907—912 页。

[42] 前注[27],第 1 段,根据小组委员会对《责任准则》的评注,这一要求"反映了准则的主要态度",它确立了理解准则其余部分的基调,见评注 1(a)段;在一般义务之外,《责任准则》为跨国公司和其他商业实体列出了六类具体的人权行为规范,包括平等机会和非歧视待遇权、人身安全权、工人的权利、尊重国家主权和人权、保护消费者的义务以及保护环境的义务。

[43] 例如,消极义务(shall not)包括非歧视的义务(第 2 段)、不参与危及人身安全的行为的义务(第 3 段,参见前注[39])、禁止强迫劳动(第 5 段)以及防止从事任何支持、请求、或鼓动国家或任何其他实体侵犯人权的活动(第 11 段)等;积极义务(shall)则包括促进发展权、适足食物和饮水权、享有可实现的最佳身心健康水平权、适足住房权、隐私权、教育权、思想、良心和宗教自由以及见解和言论自由等权利的实现(第 12 段)。

[44] 例如,行为义务包括不参与危及人身安全的行为的义务(第 3 段,参见前注[39])、避免剥削儿童(第 6 段)以及不得提供、允诺、给予、接受、容忍或要求贿赂或其他不正当利益(第 11 段)等,结果义务则包括确保机会和待遇的平等(第 2 段)、提供安全和卫生的工作环境(第 7 段)以及向工人支付能够保证他们及其家庭适足生活水准的报酬(第 8 段)等。

[45] 例如,"工商业应有责任作出适当努力,确保其活动不会直接或间接助长侵犯人权的行为,而且不得直接或间接从它们意识到或应当意识到的侵权行为中谋利。跨国公司和其他工商业应进一步防止从事可能破坏法治和损害政府及其他方面增进和确保尊重人权的努力的活动,并应利用它们的影响力来帮助增进和确保尊重人权",评注 1(b)段。

等机会和非歧视待遇的条款囊括了几乎所有人权公约中所有的歧视理由,这使得它所禁止的歧视理由比任何人权公约都更为广泛。[46]同时,《责任准则》的兜底条款可确保跨国公司和其他工商业采取对人权具有最高保护性的行为。[47]一方面,"如果更具保护性的标准得到国际或国家法律或者在工业或商业惯例中得到承认,或出现在这些法律和惯例中,企业就应贯彻执行该标准",而不能将《责任准则》作为唯一或最高标准[48];另一方面,根据这一兜底条款,工商企业也不得援用其国内法律中的规定来为未能遵守作为更高标准的《责任准则》作辩解。与此相应,《责任准则》在执行总则中要求"各国应确立和加强必要的法律和行政框架,确保跨国公司和其他工商业执行本准则和其他有关的国家和国际法律"。[49]事实上,小组委员会鼓励企业采纳比《责任准则》中的规定更有助于增进和保护人权的内部人权业务规则。[50]

其次,《责任准则》联系工商业的运作特点扩展了人权义务的行为范式。虽然《责任准则》对"人权"和"国际人权"的界定本身已经涵盖了与之相关的国际人权法中最宽泛的各个领域[51],但它通过联系工商企业运作的必要条件还将人权义务推展到"消费者保护"和"环境保护"领域,使得工商企业对消费者和处于社区环境中的个人和群体的人权义务成为撬动企业采取对于这些个人和环境以及工商企业本身都更为有益的经营和运作方式的杠杆,如预防产品安全责任和环境事故的管理措施。[52]这可以说是一种认识论和方法论上的双重突破,它使工商企业的人权义务超越传统的人权范畴,也希望借此建立起工商业与人权实现"双赢"的行为范式。

---

[46] 参见草案第 2 段,及评注 2(a)段。

[47] 该条款规定:"准则中不得有任何内容被理解为减少、限制或不利于各国依据国家和国际法律所具有的人权义务;不得被理解为减少、限制或不利于更具保护性的人权准则;也不得被理解为减少、限制或不利于跨国公司和其他工商业在人权以外的领域所具有的其他义务或责任",见草案第 19 段;小组委员会指出,该条款"以《儿童权利公约》(第 41 条)等文书中的类似条款为范本制定",见评注 19(a)段。

[48] 同上,评注 19(a)段。

[49] 草案第 17 段。

[50] 参见评注 19(b)段。

[51] 具体而言,这包括"国际人权宪章中载明的公民、文化、经济、政治和社会权利,以及发展权和国际人道主义法、国际难民法、国际劳工法和联合国系统通过的其他有关文书中所承认的权利",草案第 23 段。

[52] 参见评注 13(a)到(e)段,以及 14(a)到(g)段。

最后,从工商业的人权责任和义务与国家的人权义务之间的关系来看,《责任准则》施加于工商企业的不仅包括针对个人的各种人权"义务",同时还包括针对国家的人权"责任",具体而言则是"应进一步防止从事可能破坏法治和损害政府及其他方面增进和确保尊重人权的努力的活动,并应利用它们的影响力来帮助政府增进和确保尊重人权"。㉝ 也就是说,在《行为守则》所规定的与国家承担尊重和保护人权的"平行义务"之外,《责任准则》进一步要求工商企业对于增进国家保护人权的行动和能力负有责任。同时,《责任准则》开篇即确认"国家负有增进、保证实现、尊重、确保尊重和保护……人权的首要责任",这种责任包括"确保跨国公司和其他工商业尊重人权"㉞,这样,在人权保护方面,国家与工商企业就互相负有确保对方尊重和保护人权的"垂直责任",形成如下图所示的责任与义务关系(实线表示基于既有公法规范而存在的义务关系,虚线表示根据"私体公法化"规划而创建的新的义务和责任关系),其区别在于,国家对工商企业的责任是主动性的规制,而工商企业在人权保护方面对于国家的责任则主要是被动性的服从。

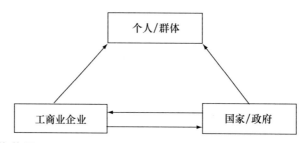

3. 客体范围

就工商业的人权影响的客体范围而言,《责任准则》将其建构于跨国公司和其他工商业"各自的活动和影响范围"(within their respective spheres of activity and influence)之上㉟,这是一个看似容易理解但却外延模糊的表述,小组委员会也未就此给出解释。但是,联系《责任准则》所适用的"利益

㉝ 评注1(b)段。
㉞ 草案第1段。
㉟ 同前注㉞。

相关方"概念(stakeholder)似乎有助于界定一个相对清晰的对事范围。㊈除直接受到工商业活动影响的各方以外,《责任准则》延展性地要求应根据其目的"功能性地解释"此概念,"将利益受到或将受到跨国公司和其他工商业活动重大影响的间接利益相关方包括在内",从而与"消费者群体、客户、政府、邻近社区、土著人民和社区、非政府组织、公共和私营贷款机构、供应商、行业协会及其他各方"有关的工商业行为都成为《责任准则》将予涵盖的客体。㊉可见,在《责任准则》的"私体公法化"规划之下,工商业在确定其人权影响,履行其人权义务和责任时,需要考虑非常广泛的相关方的权益、期望和要求,虽然实际上并非所有这些相关方都是人权的主体(即个人或群体)。

4. 空间范围

最后,从《责任准则》的"私体公法化"规划所确立的相关义务和责任的空间范围来看,虽然《责任准则》并没有明确规定其实施的空间范围,但是根据《责任准则》的宗旨及其对"普遍尊重人权"的多次申明㊊,它意在通过跨国公司这一连结点将工商业的人权义务和责任拓展至与上述各种利益相关方发生关系的地域。因而,小组委员会在对一般义务的评注中首先就指出,跨国公司和其他工商业根据《责任准则》承担的义务,不仅适用于它们在其本国或领土进行的活动,而且同样适用于该企业"从事活动的任何国家"。㊋

三、《责任准则》中公法化的人权规范实施机制

与《行为守则》仅规定了国家层面和国际层面的实施措施不同,《责任准则》中的实施规划是一个"从私体到公法、从微观到宏观"的立体系统。

1. 工商业在微观层面的私体实施

首先,《责任准则》在实施规划中注意到并要求充分利用工商企业内部的私体机制以及与外部利益相关方之间的私体关系来落实工商业的人权义务与责任,包括"执行本准则的第一步",要求每个跨国公司和其他工商业应

㊈ 根据《责任准则》,"利益相关方"这一术语包括"股票持有者、其他所有者、工人及其代表,以及任何其他受到跨国公司和其他工商业活动影响的个人或群体",参见草案第 22 段;另,关于利益相关方理论,见下文第四章第一节。

㊉ 同上注,第 22 段。

㊊ 参见,草案序言。

㊋ 评注 1(a)段。

"采纳、传播和执行符合准则的内部业务规则"并就此作出定期报告[60],以及利用自身的供应链关系推广和实施《责任准则》的要求[61]。小组委员会在解释此种私体执行机制时,提出了"传达—培训—选择—公开—沟通—改进"的实施模式。据此,工商企业应按照《责任准则》做到:(1)传达:企业应将符合准则的内部业务规则以及执行程序传达给所有有关的利益相关方,包括存在商业关系的其他工商业实体;(2)培训:企业应在其资源和能力所及的范围内,对其管理人员、工人及其代表进行符合准则的商业实践的有效培训;(3)选择:确保只与遵从准则要求的商业伙伴进行交易,对于不符合准则要求的商业伙伴,应要求其改进或减少违反行为直至终止与他们的交易;(4)公开:提高企业活动的透明度,及时并经常公开与其活动、结构、财务状况和业绩有关的可靠资料;(5)沟通:如造成可能威胁健康、安全或环境的情况,应及时通知可能受影响的所有人;(6)改进:企业应不断改进执行准则的水平。[62]此外,"利益相关方"理论在执行机制上的运用就是要求工商企业应接受工会、工人和其他利益相关方对其执行《责任准则》情况的监督。[63]

将私主体的实施力量引入规划,说明《责任准则》的制定者对于工商业的内在运作具有一定程度的了解,这使得《责任准则》本身似乎更易被工商业机构所理解,因而也有评论者认为《责任准则》具有极强的"商业例证"(business case)的支持,是"帮助发现风险管理问题并确保其得以解决"的实用工具。[64]

2. 国家在宏观层面的公法实施

《责任准则》最具革命性的规划在于其所设想的公法执行机制,这包括国际和国内监督机制、国内司法机制和救济机制。这些执行机制的构想形成了一个立体型的规制系统,其核心设计理念则是将跨国公司和工商企业在

---

[60] 草案第 15 段。

[61] "每个跨国公司和其他工商业应在与承包商、分包商、供应商、许可证持有者、经销商或与跨国公司和其他工商业签有任何协议的自然人或其他法人订立的合同或达成的其他安排和交易中适用和纳入这些准则,以便确保给予尊重和执行",同上注。

[62] 参见,评注 15(a)—(f)段。

[63] 评注 16(c)—(g)段。

[64] Amnesty International, *The UN Human Rights Norms for Business: Towards Legal Accountability*, 2004, 载于:https://www.amnesty.org/download/Documents/IOR4200022004ENGLISH.PDF(本章所有网址最后检查访问于 2018 年 11 月 20 日)。

人权领域的行为依据、行为方式和行为结果在最大程度内纳入公法体系。

首先,根据《责任准则》的要求,跨国公司和其他工商业需要受到联合国以及其他"已经存在或有待建立的国际和国家机制的定期监督和核查"——虽然实施监督与核查的前提是"出现针对违反准则行为的控告后进行"。⑥⑤ 鉴于既有的国际监督机制的内在限制,小组委员会在评注中指出"应通过扩充和解释与跨国公司和其他工商业行为有关的政府间、区域性、国家和地方规范来得到监督和执行",并着重建议了联合国各人权机构在这一领域可以采取的措施,包括设置有关工商业人权问题的个人来文和申诉程序等。⑥⑥ 可见,与《行为守则》未实际将跨国公司引入国际实施体系不同,《责任准则》明确地使跨国公司和其他工商业实体成为联合国和其他国际、国内的监督与核查机制的监控对象,尤其是,跨国公司可以成为国际人权机构的来文和申诉程序的当事方,这使之具有了赋予工商业国际法上的程序主体资格的意义。当然,工商业实体成为面对监督与核查机制的"主体",也能倒逼它们采取避免争端的行动,这就产生了跨国公司和其他工商业的另外两重责任:第一,为了保证国际监督的有效性,跨国公司和其他工商业须尽到配合和便利监督的责任⑥⑦;第二,作为监督和核查的预防性措施,跨国公司和工商企业必须对其人权影响进行评估。⑥⑧ 其次,《责任准则》要求国家以其作为有关工商企业的活动方面立法或行政规定的范例,从而确保"跨国公司和其他工商业

---

⑥⑤ 草案第16段。

⑥⑥ 这包括:各人权条约机构应为缔约国规定额外的报告要求和要求缔约国批准解释条约义务的一般性意见与建议;联合国及其专门机构应以准则作为就需要购买的产品和服务作出采购决定的依据;联合国人权委员会的国家报告员和主题程序应通过准则和其他有关国际标准来引起对跨国公司和其他工商业在其各自权限范围内的行动的关注;此外,小组委员会还建议联合国人权委员会设立专家小组或工作组,负责接收信息并在企业未能遵守准则时采取有效行动,参见评注16(b)段;另有工作组成员认为还可以设置针对政府的就其失于有效回应工商业人权问题的个人来文和申诉程序,前注㉖,David Weissbrodt,第917页;另参见另一工作组成员就国际监督机制所做的研究:Asbjorn Eide, Corporations, "States and Human Rights: A Note on Responsibilities and Procedures for Implementation and Compliance", E/CN. 4/Sub. 2/WG. 2/WP. 2, 2001。

⑥⑦ 根据小组委员会的评注,这包括它们应确保监督过程的透明性,提供合法和保密的途径以使针对违反准则的行为提出申诉以及在收到有关违反准则的指控时做出记录,接受独立调查或诉诸其他适当部门以及对调查情况给予彻底解决,并采取行动防止再度发生,评注16(d)—(f)段。

⑥⑧ 这一责任首先要求每个跨国公司或其他工商业应对其遵守准则的情况进行年度或定期评估,并将评估结果提供给利益相关方;其次,跨国公司或其他工商业在进行一项重要行动或项目之前,应在其资源和能力所及范围内,根据这些准则研究项目的人权影响,向有关的利益相关方提供研究结果,并在下一步行动中考虑它们的所有反应和期望,评注16(g)—(i)段。

执行本准则和其他有关的国家和国际法律",这似乎期望《责任准则》具有国际公约的性质。最后,《责任准则》要求跨国公司和其他工商业须对由于其未能遵从准则而受到不利影响的"个人、实体和社区提供立即、有效和充足的赔偿",包括对财产等损失给予赔偿、复原、补偿和修复。这里,《责任准则》规定在确定损失方、刑事处罚等方面,应根据国家法律和国际法由国家法院和/或国际法庭加以执行。[69]虽然有学者建议《责任准则》应构建更为有力的制裁体系[70],但实际上,上述规定的激进程度已远远超越了之前包括《行为守则》在内的所有尝试。

所以,无论是从其理论基础,还是适用范围和实施机制上来看,《责任准则》所构建的都是一种更加完整、纯粹而严格的"私体公法化"规制系统,它使工商业与人权紧密地联系在一起,同时也给国际法和国际人权法带来了理论和实践上的巨大突破和严重挑战。

第三节 《责任准则》的突破及其在理论和实践上的挑战

一、《责任准则》在理论和实践上的突破

如前文所述,《责任准则》规划了一个在规范结构和制度建构上相对完善、相对系统化的规制工商业人权影响的"私体公法化"机制,这一机制构想有其完整的内在逻辑和长远的战略诉求,在很大程度上突破和超越了《行为守则》的局限,对其时的工商业系统以及联合国的人权系统都带来了全新的突破。

1. 对国际人权体系的突破

《责任准则》对国际人权法律体系在实体上的最大突破就是它将整个国际人权规范体系适用于工商业组织,而不再囿于国家主体。《责任准则》将其正当性与合法性建基于现实需求和《世界人权宣言》以及来源于联合国、

---

[69] 草案,第 18 段。

[70] Surya Deva, "UN's Human Rights Norms for Transnational Corporations and Other Business Enterprises: An Imperfect Step in the Right Direction?", *ILSA Journal of International and Comparative Law*, vol. 10, 2004, 第 493—523 页, 见第 518—520 页。

国际劳工组织等制定的人权和劳工公约的实体规范,并延伸至国内立法、国家间的协定和国际性准则,在此基础上整合出了系统化的工商业的具体人权义务和责任,提出了一套工商业应该遵守的人权标准,"为公司提供了一个如何遵照国际规范行为的有用的清单"。⑦ 按照联合国人权事务高级专员的评价,它是"一种填补如何理解企业人权责任空白的尝试",是"最综合性的、最清楚和最全面的工商企业与人权问题的倡议或标准,超过了单纯的劳工标准"。⑫

在此方面,《责任准则》的明智之处——当然也是"私体公法化"的本质要求和特点——在于它没有创制任何关于实体问题的新的要求和标准,而是引用了包括联合国人权公约在内的相关公法要求和标准,这一方面避免了制定新规则所必须面对的权威性和解释问题,另一方面也可以向各方表明,如果私主体的影响未得到解决,这些公法规范的目的和价值也无法真正全面实现。可见,《责任准则》在充分利用国际人权法此前三十年发展成果的同时,实际上也对这一公法体系在适用性和实施上的局限性和有效性提出了严肃的挑战。⑬

2. 对商业实践和趋势的突破

《责任准则》的"私体公法化"规划所界定的广泛的主体范围、义务范围、客体范围和空间范围也正面突破了发展中的工商企业以跨国存在、国际分包以及影响外部化等方式转化、转嫁或分散其人权影响等渐趋普遍的实践和可能的规则真空。《责任准则》所倡议的广泛适用性的根本意义还在于它同时对工商业的发展模式和全球性趋势作出了突破,并弥补经济活动不断一体化和国际化的情况下国家对工商业管控能力的削弱。例如,联合国人权事务高级专员总结的对《责任准则》表示欢迎的观点之一就是它"可以解决企业经营地所在国不愿意或没有能力保护人权的情况……有助于解决国

---

⑦ 超过 500 家非政府组织联合发表的关于欢迎《责任准则》草案的公开声明,2003 年 8 月 13 日,载于: https://www.fidh.org/en/issues/globalisation-human-rights/NGOs-welcome-the-UN-Norms-on。

⑫ 联合国人权事务高级专员,《关于跨国公司和有关工商业在人权方面的责任的报告》,E/CN.4/2005/91,2005 年 2 月 15 日,第 19、21 段。

⑬ 因而,小组委员会提出《责任准则》的监督和执行"应通过扩充和解释跨国公司和其他工商业行为方面的政府间、区域、国家和地方标准"来讲行,见评注 16(a)段。

家不愿意或在特殊情况下没有能力保护人权的问题"。[74] 对于国际投资向"虚弱治理地区"(weak governance zone)转移的趋势,或者对于处于冲突之中或无政府状态的地区而言,这种普遍适用性实质上意在消除工商业损害人权的"避难港",对人权保护而言具有相当的必要性。

3. 对国际规范实施观念的突破

虽然《责任准则》本质上是一种"私体公法化"的规划,且它最终严重依赖于其所构建的公法实施机制,但它同时认可了工商企业内部的私体机制及其与外部利益相关方之间的私体关系在落实工商业的人权义务与责任方面的重要作用,这实际上突破了在此问题上倚重公法机制尤其是国家管辖的传统观念。《责任准则》注意到了在促进人权方面工商企业自身可以利用的各种措施及其可能发挥的自主能动作用,并创造性地将公法规范中的人权义务和责任与工商企业的内部业务规则、合同关系、业绩报告、利益相关方沟通以及管理改进规划等结合[75],为工商业采取保护人权的行动提供了一种工具,使之在有限的意义上具有了《行为守则》所不具备的"商业操作性"(operationality)。

二、《责任准则》产生的理论和实践挑战

撇开《责任准则》所引入的诸多界定不清的概念及其大幅拓展人权义务和责任的内涵所带来的逻辑混乱不谈[76],尽管《责任准则》作出了有意义的突破,但结合它未作回答的很多基本法律障碍和现实条件的困境,它也对自身的合法性、必要性、适用性提出了许多挑战,这些挑战则在很大程度上预示了它的命运。

---

[74] 同前注[69],第21段。
[75] 评注15(a)—(f)段。
[76] 例如,"影响范围""共谋"(complicity)等概念缺乏严格的法律界定;此外,《责任准则》对人权义务和责任的拓展也带来了逻辑上的混乱:根据其名称和宗旨,《责任准则》意在规范工商企业"在人权方面的责任",但在"一般义务"(A)之后具体列举相关责任时,《责任准则》实际上按照工商业的"影响范围"列出了平等机会和非歧视待遇权(B)、人身安全权(C)、工人的权利(D)、尊重国家主权和人权(E)、保护消费者的义务(F)和保护环境的义务(G)共六类与个人权利和工商业责任或义务相关的主题。这产生了两种概念上的混乱:一方面,将人权(E)与其他方面并列从而似乎暗示其他方面并非人权义务——至少"尊重国家主权"确非人权义务;另一方面,"在人权方面的责任"涵盖了保护消费者和保护环境的义务,因而似乎又希望将工商业的人权义务和责任拓展至这两个领域——但它们并没有被联合国人权文件认可为人权。

1. 工商业的人权义务与责任

《责任准则》"私体公法化"规划的最重要创举是将原存于国际人权公约和文件中的人权义务直接施加于工商企业，将私主体纳入公法规范的实施范畴，但是这种利用创制国际文件施加人权义务于私主体的做法本身存在很多理论和实践上的争议和挑战。

首先，工商企业的人权义务和责任缺乏国际法上的坚实依据。一方面，《责任准则》本身无法被划归于国际法渊源的任何一类[77]，因而它本身无法为其中的规范提供效力依据；另一方面，虽然《责任准则》的起草者认为它的法律权威来自其所整合的"作为重述适用于公司的法律原则"的条约和习惯法[78]，但是，《责任准则》在序言和定义中提到的国际条约和其他文书均明确地以国家为义务和责任的承担者（且部分文件仅具有建议和宣示性质，甚至不为国家设定义务），工商企业无疑应当承认并接受这些规范所体现的社会价值和法律原则，但它们并不因此即适用于工商企业，小组委员会对这些规范的"重释"和"重述"显然超越了绝大多数《责任准则》所引用的国际条约和文件的本源和适用边际[79]，尤其是，《责任准则》是否可以适用于个人而使得个人成为国际法上人权义务的主体，这是一个极具争议的问题。虽然《责任准则》的起草者认为也可以经由人权委员会、经社理事会或者大会的认可而使《责任准则》中的规范具有其意想中适用于工商业的类似"软法"的权威和效力[80]，但这同时也意味着这些机关对所有相关国际法律文件在效力范围上的修正或否定——而这将直接挑战《宪章》的基础。此外，还有学者认为，《责任准则》建立于许多未被所有国家批准的国际文件，它将跨国公司作为

---

[77] 根据《国际法院规约》，公认的国际法渊源一般包括：国际条约、国际习惯、一般法律原则以及"作为确定法律原则之补助资料"的"司法判例及各国权威最高之公法学家学说"，《规约》第38条。

[78] 前注㉖，David Weissbrodt，第913页。

[79] 例如，有学者指出，《责任准则》中"百科全书式的文件引用使得理解更加复杂，产生了新式的对人权的无知"，参见：Upendra Baxi, "Market Fundamentalisms: Business Ethics at the Altar of Human Rights", *Human Rights Law Review*, vol. 5, no. 1, 2005, 第1—26页，见第6页。

[80] 前注㉖，David Weissbrodt，第915页。

绕过国家的方式,有可能在这一过程中反过来为国家创设习惯国际法义务。㉛

其次,退一步说,即使这些国际条约和文件中的规范可以在国际法层面上适用于工商企业,在"从全从严"的原则之下,《责任准则》所确立的义务和责任的范围和层次也存在适用逻辑上的严重问题。例如,它使工商企业承担了比任何国家都更为广泛的人权义务和责任㉜,要求企业履行其经营所在地国可能没有批准的人权条约要求,如何区分工商企业作为"法人"所应承担的人权责任以及作为"法人意志"执行者的企业管理者个人的人权责任,以及要求工商业对于增进国家保护人权的行动和能力负有责任从而可能将保护人权的义务从政府转移到私营部门,为国家逃避自身责任提供借口等。

再次,固然《责任准则》中关于国家对于人权负有"首要责任"的规定可以在一定程度上回答上述适用逻辑上的问题,但是这种"首要责任"和《责任准则》之间则存在着更为尖锐的矛盾。正如一位学者所指出的,"如果我们选择对国家责任作出'硬性'解读,这当即意味着国家负有毫不商量地将准则要求转化为国内立法的义务。而'软性'解读则充其量仅仅意味着国家负有为跨国公司和其他工商业发展一个'有效的人权文化的义务'"。㉝ 然而,如果国家能够实现"硬性"义务,《责任准则》则根本没有存在的必要性;而如果要求国家仅仅按照"软性"义务行为,《责任准则》则没有多少实际意义。此外,在"首要责任"的要求之下,工商企业是受到国家人权法律和政策规制的客体,而在《责任准则》的要求之下,工商企业则又是与国家一起平行承担人权义务和责任的主体——这两种角色的重合将使得工商业在人权问题面

㉛ Larry Catá Backer,"Multinational Corporations,Transnational Law—The United Nation's Norms on the Responsibilities of Transnational Corporations as Harbinger of Corporate Responsibility in International Law",*Columbia Human Rights Law Review*,vol. 37,2005,第287—389页,见第289页。

㉜ 事实上,《责任准则》各个草案不断增加并强化了工商业的人权义务和责任,从第一稿的"在各自的活动和影响范围内尊重、确保尊重和促进国际人权",见联合国文件 E/CN. 4/Sub. 2/2000/WG. 2/WP. 1,第6段,到终稿前一稿的"尊重、确保尊重、防止侵犯以及促进国际法和国内法所认可的人权",参见:E/CN. 4/Sub. 2/2002/WG. 2/WP. 1/Add. 2,第1条。

㉝ 前注㉙,第9页。

前永远处于劣势地位。㉞

最后,从对经济和贸易的宏观影响来看,《责任准则》要求工商业在其对人权的影响范围(对事范围)之内及其从事活动的任何空间范围内均依照《责任准则》履行其人权义务和责任,这使得工商业的人权义务和责任具有了国家的人权义务所没有的绝对性,可能阻碍企业在全球化条件下对国家间比较优势的利用,也即国际分工使得资本和技术相对缺乏的国家依赖其社会和自然资源进行国际贸易或承接国际性生产的转移,这部分地造成了后殖民时代在发展中国家普遍存在的以较低标准的劳工权利、自然资源权利、土著居民权利等代价换取投资和国际贸易的现象。㉟《责任准则》的制定者显然意识到了这一问题,因而为其界定了广泛的适用范围,但这可能阻断跨国公司和其他工商企业在国际范围内进行合理的资源配置,通过促进发展而对基本人权的实现作出积极贡献。

不难想象,《责任准则》不会受到企业团体和雇主团体的欢迎。国际商会(International Chamber of Commerce,ICC)和国际雇主组织(International Organisation of Employers,IOE)在其关于《责任准则》的联合声明中认为《责任准则》是"人权私体化的一个极端案例",并认为小组委员会滥用了自己的职能,错误地解释了人权法,"《责任准则》中的义务极其模糊,如果付诸实施,将会导致武断的实施行动以及对人权的侵犯"。据此,两个组织要求人权委员会否决小组委员会的草案,通过拨乱反正廓清混沌。㊱

2.《责任准则》的执行挑战

实施与执行机制是《责任准则》作出的最大突破,同时也是其面临的最

㉞ 例如,在国家立法保护罢工权的情况下,工商业应遵从该法律要求;而在国家未就此立法的情况下或国家对罢工权存在限制的情况下,工商企业则须按照《责任准则》的要求承担尊重罢工权的责任。

㉟ 大卫·李嘉图提出了比较成本贸易理论,即后世所称的"比较优势贸易理论"。该理论认为,国际贸易的基础是生产技术的相对差别(而非绝对差别),以及由此产生的相对成本的差别。每个国家都应在国际分工中权利衡利弊,集中生产并出口其具有"比较优势"的产品,进口其具有"比较劣势"的产品,比较优势贸易理论在更普遍的基础上解释了贸易产生的基础和贸易利得的结构,同时也是国际供应链产生和存在的理论基础。参见:〔英〕大卫·李嘉图:《政治经济学及赋税原理》,郭大力、王亚南译,译林出版社 2011 年版,第七章。

㊱ Joint views of the IOE and ICC on the draft "Norms on the responsibilities of transnational corporations and other business enterprises with regard to human rights",载于:https://www.business-humanrights.org/sites/default/files/reports-and-materials/IOE-ICC-views-UN-norms-March-2004.doc,第 40 页;另参见,E/CN.4/Sub.2/2003/NGO/44,2003 年 7 月 29 日。

大挑战,《责任准则》的起草者也承认"实施仍然是这些标准未来发展中的关键问题"。㊧ 而这一挑战的根源则在于《责任准则》未能、也不可能完满地解决上文总结的规制条件下必须面对的第二个理论问题:"私体公法化"情况下国际人权法的国际实施与国家管辖权的协调。

首先,将跨国公司等工商企业置于联合国等国际机构的监督与核查之下可能会导致国内司法管辖与有关国际机制的冲突,包括如何选择并衔接两种机制以及国际国内两种机制适用规则的冲突等。一个非常明显却又根本的问题就是,国际人权法律体系中的"用尽当地救济"原则在跨国公司的人权义务或责任条件下可能会失去其意义:一方面,受其影响的个人或群体可能无法在实际控制跨国公司的"当地国家"寻求救济,另一方面,在有些情况下,他们则可能无法确定跨国公司真正的"当地国家"。㊨

其次,联合国等国际机构对跨国公司等工商企业的监督与核查也将极大地考验这些机构的能力——虽然这种监督与核查基于"出现针对违反准则行为的控告"的事实,但是一旦国际监督与核查机制付诸实施,可以预计,相关控告的数量和复杂程度将会大大超过这些机构可能承受的水平㊩,最终必将挑战这一实施机制的有效性与相关机构的权威性。㊪

㊧ 前注㉖,David Weissbrodt,第 922 页。

㊨ 虽然国际人权条约允许在某些条件下无须满足"用尽当地救济"的要求,但是这两种情况都不属于排除条件,通常"用尽当地救济"的例外为当地救济的不合理拖延。例如,《公民权利和政治权利国际公约第一任择议定书》第 5 条规定了委员会审查个人来文的条件,规定"该个人对可以运用的国内补救办法悉已援用无遗"。但存在例外:"但如补救办法的实施有不合理的拖延,则不在此限。"同样,《消除一切形式种族歧视国际公约》第 14 条第 7 款规定了"非经查实请愿人确已用尽所有可用的国内补救办法,委员会不得审议请愿人的任何来文。但补救办法之实施拖延过久时,不在此例。"

㊩ 例如,联合国人权机构以及地区性人权机构都面临的严重问题之一就是申诉的急速增长和处理能力的有限性之间的矛盾。例如,截至 2016 年 3 月,人权事务委员会共处理 2756 件登记在册的案例,其中 547 件尚未结案,参见:Statistical survey of individual complaints considered,载于:https://www.ohchr.org/Documents/HRBodies/CCPR/StatisticalSurvey.xls;而欧洲人权法院虽然在 2017 年审结了历史性的 85951 个案件,但截至 2018 年 1 月 1 日,其待审案件仍有 56350 件,参见 Statistics of the ECHR,载于:https://www.echr.coe.int/Documents/Stats_annual_2017_ENG.pdf。

㊪ 例如,挪威政府指明了这个问题"一个不能充分回应可预见的报告数量的监督机制的存在将带来危及人权委员会合法性和职责的风险",Letter from Kingdom of Norway, Royal Ministry of Foreign Affairs, Decision 2004/116-Responsibilities of Transnational Corporations and Other Business Enterprises With Regard to Human Rights, Ref. 2000/00046-17,2004 年 11 月 4 日,转引自前注㉛,Larry Catá Backe,第 189 页。

再次,《责任准则》要求国家以其作为有关工商企业的活动方面立法或行政规定的范例,这存在两个机制性的问题。一方面,它可能要求国家实施其未予签署或批准的国际法律文件;另一方面,它也要求国家在国内法层面认可工商企业的人权义务和责任,而这可能与很多国家的宪法原则和公共政策相违背。人权高专对此种反对意见的总结是:《责任准则》"要求企业作出更适合政府作用的平衡决定。有些人权要求政府决定最适合的实施形式,对相互冲突的利益加以权衡。民主国家比公司更有能力作出这样的决定"。[91]

最后,虽然《责任准则》注意到了利用工商企业内外部的私体关系管理工商业的人权影响的理念和操作模式,但是,这种强制性的依据《责任准则》的行为模式一方面会限制企业控制其人权影响的自主性和能动性,使其有效性在很大程度上取决于工商企业决策者的意愿及其在商业关系以及利益相关方关系中的谈判能力和影响力;另一方面,这可能削弱甚或架空国家法律和政策在私法领域的影响和实施的风险。因此,许多商界代表和多数国家都对此均持反对意见,例如,美国国际商业理事会指出,《责任准则》以为"通过绕开国家的政治和法律框架,为跨国公司建立国内法上不存在或不适用于国内公司的国际法律义务,人权就能够得到最好的推进"[92];人权高专则指出,"许多国家和一些企业对草案提出批评,一些国家和企业……则给予支持"(斜体强调为作者所加)。[93]

3.《责任准则》对人权机构的挑战

实际上,《责任准则》也对小组委员会这一联合国体系内最具专业能力和政治独立性的人权机构提出了挑战。首先,《责任准则》在本质上对工商业界仍持否定甚或敌视的态度,其"风格对企业过于否定,语气不平衡,没有充分考虑到企业对享受人权所作出的重要的积极贡献"[94],这将工商企业和

---

[91] 同前注[72],第 20 段。

[92] United States Council for International Business (USCIB), Talking Points on the Draft "Norms on the Responsibilities of Transnational Corporations and Other Business Enterprises with regard to Human Rights", 载于: http://www.reports-and-materials.org/USCIB-text-Talking-Points.htm.

[93] 同前注[72],第 19 段。

[94] 同上,第 20 段。

团体与人权机构对立起来⑤,也使得它们难以认可后者的工作。其次,小组委员会在工作方法上未能做到高度透明以及实现工商业界的充分参与,这也使其权威深受质疑。⑯ 以上两个方面说明,小组委员会虽然意在使工商企业成为国际人权义务和责任的主体,但它并没有将工商企业视为具有能动性的、可参与治理的主体,而是根本上将其视为《责任准则》规制的主体。最后,相对于工商业的人权影响这一复杂而宏大的主题,小组委员会的权威层级显然与之并不相称,尤其是在缺乏高层级政府间机构(如联大或经社理事会)明确而充分的授权的情况下,小组委员会缺乏感召和说服各国政府与工商企业所必要的权威与影响力,因此,英国工业联合会代表在批评《责任准则》时不无调侃地说,这一倡议来自一个"少为人知的小组委员会"。⑰

第四节 本章小结

应当说,《责任准则》所带来的挑战是根本性的,不仅涉及实体要求的合法性,也涉及它所设计的实施体系的可行性,并且很例外地挑战了联合国人权机构的能力和权威。诚如有论者所指出的:"《责任准则》或许是在正确的方向上迈出的一步,但不过是试探性的一步……它至多可被视为'意图良好的'政治辞令,而不是一个'坚实的'法律工具……《责任准则》确定了目标诉求,但它未能解决途中遇到的很多根本性的法律问题就想直达目的地",因此"它就像一辆车,但缺乏必要的马力"。⑱《责任准则》对于工商业实体国际法地位问题的回答非常直接且不难接受,但它最大的问题在于未能真正解

---

⑮ 例如,IOE 和 ICC 在 Joint Views 中认为,小组委员会的工作基于"工商业组织"与"人权组织"的错误二分法,参见,前注㊱,第 39 页。

⑯ "在一个强调良好治理的重要性的时代里,小组委员会缺乏透明度和责任的做法了开设了一个不幸的先例",见上注,第 41 页;《责任准则》的起草者则认为起草过程是开放而透明的,参见:David Weissbrodt, "Business and Human Rights", *University of Cincinnati Law Review*, vol. 74, 2005,第 55—73 页,见第 67 页。

⑰ David Gow, "CBI cries foul over UN human rights code", *The Guardian*, 2004 年 3 月 8 日,载于:http://www.guardian.co.uk/business/2004/mar/08/globalisation。

⑱ Rebecca M. Wallace、Olga Martin-Ortega, "The UN Norms: A First Step to Universal Regulation of Transnational Corporations' Responsibilities for Human Rights?" *Dublin University Law Journal*, vol. 26,第 304—319 页,见第 318—319 页。

决将工商业实体带入国际法层面后国际法与国内法的关系问题。例如,很多学者对《责任准则》的根本质疑之一就是"国际机构是否应将其规制、监督或实施的职能委派给不负责任的、非民主化的公民社会的私营要素"?[99] 这实际是一个更根本的问题,如果无法解决,类似构想将无可避免地失败。

2003年年底,"商界领袖尊重人权倡议"的组成企业对准则草案开始了一次"路演"[100],该组织在2006年报告了路演结论,它认同《责任准则》在统一认识方面的积极作用,但也认为它缺乏实施上的充分操作性。[101] 2004年,《责任准则》成为人权委员会第60届会议中最受关注的议题,虽然众多非政府组织纷纷要求人权委员会支持《责任准则》获得通过[102],但是,由于工商业界的普遍坚决抵制以及多数国家的冷淡和反对态度,人权委员会最终在2004/116号决定中表示,《责任准则》载有"有用的内容和意见",可供其审议,但作为小组委员会建议的草案文本则没有法律地位,并且"小组委员会不应在这个方面履行任何监督职能"。[103] 人权委员会的这一决定被《责任准则》的批评者们视为一个重要胜利[104],而《责任准则》的起草者也认为《责任准

---

[99]　见前注[51],Larry Catá Backe,第294页;有学者认为《责任准则》在跨国公司履行义务的环境塑造上是有根本缺陷的,《责任准则》的语言清晰地表明了如何遵守和实施人权是每个公司各自的管理问题。参见:Julie Campagna,"United Nations Norms on the Responsibilities of Transnational Corporations and Other Business Enterprises with Regard to Human Rights:The International Community Asserts Binding Law on the Global Rule Makers", *The John Marshall Law Review*, vol. 37,no. 4,2004,第1205—1252,见第1229页。

[100]　Business Leaders Initiative on Human Rights (BLIHR),一个由10家(当时数字,后发展为16家)大型跨国公司组成的人权工具和策略研究组织,关于该路演,参见:BLIHR, Submission to the Office of the UN High Commissioner for Human Rights relating to the "Responsibilities of transnational corporations and related business enterprises with regard to human rights",2004年,载于:https://www2.ohchr.org/english/issues/globalization/business/docs/blihr.doc。

[101]　BLIHR, *Report 3:Towards a Common Framework on Business and Human Rights:Identifying Components*,第19页。

[102]　例如,参见:将近两百个非政府组织联署的Statement of Support for the UN Human Rights Norms for Business,2004年3月8日,载于:https://www.amnesty.org/en/documents/ior42/005/2004/en/;以及ICCR(Interfaith Center on Corporate Responsibility)代表三十余个宗教投资者和社会投资机构向联合国人权高专提交的意见,Submission by ICCR's Human Rights Working Group to the UN High Commission on Human Rights,2004年9月24日,载于:www2.ohchr.org/english/issues/globalization/business/docs/interfaith.doc。

[103]　参见:联合国文件E/CN.4/2004/L.73/Rev.1,2004年4月20日。

[104]　例如,英国工业联合会(CBI)在其向人权高专办的公开信中表示其"大力支持委员会在2004/116(c)号决定中作出的明确声明,即小组委员会的准则草案没有法律地位并不应022实施监督",CBI, Submission on the UN Norms to the Office of the UN High Commissioner for Human Rights,2004年8月4日,载于:http://www.reports-and-materials.org/CBI-submission-to-UN-cover-letter.pdf。

则》在人权委员会取得了成功。[105] 虽然有《责任准则》的支持者认为《责任准则》的支持阵营和反对阵营都存在着"全盘接受或否定"的极端性,未能冷静讨论如何完善之,并且对《责任准则》有种生不逢时的惋惜[106],但这似乎并无法避免《责任准则》的宿命。2006 年,新成立的人权理事会取代了人权委员会,小组委员会的职责也随后终止[107],《责任准则》此后也再未进入人权理事会的审议视野。

但《责任准则》被雪藏的意义绝不仅仅是一个造法文件未能获得权威机构的审议,它实际上同时宣示了整个联合国系统在工商业与人权问题上对工商业直接进行国际规制的努力的完全、彻底的失败。首先,联合国创立之初试图在国际经济体系或人权法律体系中将二者体制化实质融合的努力未获成功;其次,联合国的经济机构借助《行为守则》规制跨国公司的尝试也告失败,现在,联合国人权机构所构想的用以规制跨国公司和其他工商业实体的《责任准则》也无疾而终。至此,联合国已经穷尽了它可以利用的规制机制和规范空间,并且为此付出了高昂的国际法律体制上的成本——对《宪章》基础的冲击、对国家管辖的冲击以及对联合国相关机构公信力和独立性的冲击等。这使得人们不得不产生这样一系列疑问:在工商业与人权之间,对工商业直接的国际规制是否是一种正确(商业上可行,人权上可信)的战略?在国际法律体系的基础未做根本改变的情况下,"私体公法化"理论是否缺乏现实基础?而在迈向《宪章》中人权与工商业协进理想的过程中,联合国是否另有通途可行?

---

[105] "委员会在其历史上第一次认可了企业社会责任和人权属于其议程事项。这本身就是一种成功",见前注[96],David Weissbrodt,第 68 页。

[106] "在一个已被老练、富足而经常是敌对性的参与者所支配的竞争环境里,准则的劣势在于其令人惊惧的新颖",参见:David Kinley, Justine Nolan and Natalie Zerial,"The Politics of Corporate Social Responsibility: Reflections on the United Nations Human Rights Norms for Corporations", *Company and Securities Law Journal*,vol. 25, no. 1, 2007,第 30—42 页,见第 33—34 页。

[107] 联大第 60/251 号决议,2006 年 3 月 15 日;2006 年 8 月 25 日,增进和保护人权小组委员会召开了其最后一次会议,终止了其使命。

第四章 国际人权法的"公法私体化"与全球契约

20世纪80年代开始,在联合国先后议定、起草和发展《行为守则》和《责任准则》的二十余年间,国际经济的全球化为工商业的国际、国内运营环境、发展理念和运作方式带来了根本性的变化。这一方面使得工商业对人权产生了更为严重的影响和更加普遍的挑战,但另一方面也使它们在人权领域拓展出了新的"公法私体化"思路和普遍实践,并自下而上地影响到了联合国在工商业和人权问题上的战略思维,后者则在国际劳工组织经验积累的基础上通过全球契约对这种"公法私体化"思路和实践进行了认可和提升。

第一节 全球化与人权保护的治理需求

一、国际政治经济格局的变化及其影响

1. 宏观层面——急剧深化的经济全球化

20世纪80年代初,作为对国际经济新秩序的结构性回应和解决经济危机的策略,发达国家开始强化相互之间的经济联系,这使得第二次世界大战以来波澜不惊的经济全球化猛然提速。根据联合国跨国公司中心的统计,从1985年开始,新一轮以跨国公司为主要形式的外国直接投资(FDI)的巨大增长首先在发达国家之间掀起。从1985年到1991年间,"G5国家"(美国、英国、西德、法国和日本)的对外直接投资占据了全球总量的将近70%,其余的则主要来自其他发达市场国家,而同时"G5国家"本身则接受了外国直接投资总量中的57%,这个时期仅有不到19%的外国直接投资流

入发展中国家。① 20世纪90年代初,随着苏联的解体和柏林墙的倒塌,经济一体化开始超越发达国家在全球范围内急速深化。一方面,全球范围内的外国直接投资总量以及外资分支机构收入在1990年到2004年间激增两倍多,而各国的外资分支机构总资产则增长了5倍多,接近同期全球国内生产总值的90%,同时全球有超过5700万人受雇于外资分支机构(见表一)②;另一方面,从90年代初开始,发展中国家成为外国直接投资的新兴目的地,世界银行的统计表明,1990年到2000年间,发展中国家接受的外国直接投资增长将近7.5倍。③ 跨国公司的生产国际化和资本全球布局至此已然完成,囊括了发达国家和发展中国家的经济全球化也真正形成。

表一 外国直接投资增长和生产国际化(1990—2004)

指标	以现价计值(十亿美元)		年增长率(%)		
	1990	2004	1986—1990	1991—1995	1996—2000
内向FDI	208	648	22.8	21.2	39.7
外向FDI	239	730	25.4	16.4	36.3
跨界并购	151	381	25.9	24.0	51.5
外资分支机构收入	5727	18677	15.9	10.6	8.7
外资分支机构总资产	5937	36008	18.1	12.2	19.4
外资分支机构出口值	1498	3690	22.1	7.1	4.8
外资分支机构雇员数(千人)	24471	57394	5.4	2.3	9.4
GDP(国内生产总值)	22610	40671	10.1	5.2	1.3

经济全球化使世界各国之间的经济关联度和相互依赖度达到了史无前例的程度,也在很大程度上改变了各国,尤其是发展中国家看待跨国公司等工商业实体的态度。相对于20世纪六七十年代而言,一方面,发达国家相

---

① 参见:Edward M. Graham, Paul R. Krugman, "The Surge in Foreign Direct Investment in the 1980s", in Kenneth A. Froot (ed.), *Foreign Direct Investment*, University of Chicago Press, 1993,第13—14页。
② 数据来源:UNCTAD, *World Investment Report* 2005,第14页。
③ Xiaolun Sun, "Foreign Direct Investment and Economic Development: What Do the States Need To Do? Foreign Investment Advisory Service (IFC)", 2002,第1段,载于:http://unpan1.un.org/intradoc/groups/public/documents/un/unpan006348.pdf(本章所有网址最后检查访问于2018年11月20日)。

互之间的经济联系更为紧密,作为一个利益整体,它们更加反对向全球性的自由市场施加任何规制性约束;另一方面,面临债务危机、融入经济全球化的发展中国家或多或少都开始成为跨国公司和外国直接投资的受益者,因而它们对于跨国公司的态度也由敌视转变为普遍性的友好。④ 这也在国际层面改变了联合国对待工商业界的敌视态度,一些联合国机构,包括联合国贸发会议,开始向发展中国家提供如何吸引外资以及发挥其经济效益的技术支持。⑤ 最终,联合国逐渐失去了在国际层面规制以跨国公司为主的工商业的国家意志基础。

2. 中观层面——普遍放松的国内规制

20世纪80年代末,作为应对债务危机和发展问题的经济改革"药方",广大发展中国家积极采纳了以"华盛顿共识"为基础的新自由主义市场经济模式,推行了一系列包括外国直接投资准入自由化、贸易自由化、私有化以及放松政府规制等政策,其目的是减小政府对经济和工商业的干涉以释放市场的效率。⑥ 一方面,随着这些政策的推行,工商业在发展中国家实现了"自由市场的凯旋",各国政府在不断减弱经济规制的同时,却放松了与工商业的广泛影响相关的各种社会政策——尽管经合组织当时的一项实证研究表明,新兴国家更好的权利保护能够促进贸易、投资和经济发展。⑦ 另一方面,经济全球化和自由化在将发展中国家深刻联系起来的同时也使它们因为经济和社会发展的不均衡而走向分裂。20世纪90年代开始的发展中国

---

④ 因此,有学者将80年代中期至今的这段时期称为对工商业"张开双臂的时代"(open arms era),参见:Tagi Sagafi-nejad, John H. Dunning, *The UN and Transnational Corporations: From Code of Conduct to Global Compact*, Indiana University Press, 2008, 第29页。

⑤ 例如,联合国贸发会议1999年专门成立了投资政策评估项目(Investment Policy Review Programme),其目的就是为发展中国家"吸引和利用外国直接投资"提供政策研究和技术支持,参见:UNCTAD, The Investment Policy Review Programme: A Framework for Attracting and Benefiting From FDI, UNCTAD/ITE/IPC/2008/3, 2008, 载于:https://unctad.org/en/Docs/iteipc20083_en.pdf。

⑥ 关于"华盛顿共识"的产生和异化,参见:John Williamson, "The Washington Consensus as Policy Prescription for Development, Institute for International Economics", 载于:http://www.iie.com/publications/papers/williamson0204.pdf;以及 John Williamson, "A Short History of the Washington Consensus, Institute for International Economics", 载于:http://www.iie.com/publications/papers/williamson0904-2.pdf。

⑦ OECD, *Trade, Employment and Labour Standards*, COM/DEELSA/TD(96)8/FINAL, 1996, 第77—123页。

家外国直接投资的巨大增长主要集中于东亚和拉美地区,非洲、中东和南亚等地则获利甚小(见图一)⑧,实际上,根据贸发会议的统计,五个国家和地区(中国、香港、巴西、墨西哥和新加坡)占据了流入发展中国家的外国直接投资总量的60%强。⑨ 这种发展中国家间的"贫富分化"产生了两种"去规制化"的影响:在国际上,发展中国家的集体意志走向分化,很难继续在包括对工商业人权影响进行国际规制等问题上形成并坚持一致立场;在国内,各国政府为了吸引和争夺外国投资而持续和竞争性地放开对工商业的规制,包括放开劳工、环境、消费者保护等方面对于人权具有直接影响的法律和政策规制。⑩

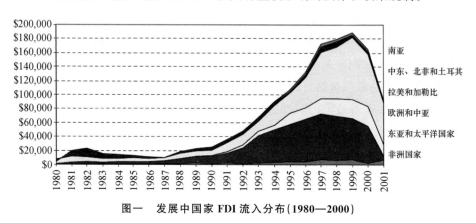

图一　发展中国家 FDI 流入分布(1980—2000)

3. 微观层面——效率导向的工商业结构

对于工商企业,尤其是跨国公司而言,经济全球化和发展中国家的规制放松为其提供了一个史无前例的发展机遇:经济全球化保障它们在全球范围内自由进入各国市场以获取和配置最优资源⑪,而规制放松则可以使它们通过国际分工和"价值链优化"提升运营效率。首先,跨国公司及其分支机

---

⑧　资料来源:前注③,第二段。
⑨　参见:前注②,第7页。
⑩　根据贸发会议的统计,从1991年到2004年,投资体制发生改变的国家从35个增加至102个,规制变化从82项剧增至271项,其中有利于外国直接投资的规制变化则从1991年的80项增加到235项,参见前注②,第26页。
⑪　1990年,全球估计有37000家跨国公司,其中的33500家的母公司位于发达国家,它们在全球共有附属机构约17万家且主要位于发达国家,而到了2004年,全球跨国公司的数目增长至约7万家,国外分支机构则达到69万家,这些分支机构中将近一半位于发展中国家,参见:前注②,第13—14页。

构的全球性存在可以使其充分利用位于不同国家的廉价原材料、人力等资源实现"生产的国际化",同时通过内部贸易和转移定价等方式降低成本,提升效率。[12] 其次,跨国并购使一些公司能够具有最重要的专门能力和效率水平,以确保其在特定地区和特定领域的国际竞争优势[13],同时这也导致了特大企业的出现,使其可以轻易对经济能力较低的国家(尤其是在地方层面)产生巨大影响,"跨国公司可能利用它们相对于一些国家的强势地位在国家或社区的相争中图得最大利益"。[14] 再者,与全球化相辅相生的国际分工使得跨国公司可以将对人权和环境更具直接影响的加工制造等价值环节"外部化",通过供应链关系将人权相关的风险转移给作为"供应商"的发展中国家的工商企业——而供应商和跨国公司的独立法人地位则切断了供应商所造成的人权影响与跨国公司之间的法律联系。最后,在激烈竞争和成本控制的驱使下,跨国公司等工商企业在充分利用国家的松散规制所保障的"自由"的同时,还往往通过不道德和腐败的商业实践进一步侵蚀政府管理工商业的人权影响的意愿和能力。[15]

二、全球化条件下人权保护的治理需求

1. 国际人权法的局限性与合作治理的需求

在人权保护领域,全球化以及上述各种国际政治经济格局变化的一个整体结果就是将发展中国家与它们从前敌视并意图规制的跨国公司等工商业实体结合成为利益共同体,并从而充分暴露了国际人权法及其实施机制的局限性。在国际层面,第三世界国家不再积极推动对工商业人权影响的国际规制——《行为守则》因而流产,而在国内,则是持续放宽劳工和人权标

---

[12] 参见:Intra-Industry and Intra-Firm Trade and the Internationalisation of Production, *OECD Economic Outlook*, No.71, 2002, Chapter 6, 载于:http://www.oecd.org/dataoecd/6/18/2752923.pdf。

[13] 例如,从 1996 到 2000 年间,全球并购的年增长率都超过了 50%,见前注②,表一。

[14] 参见:小组委员会,The Relationship Between the Enjoyment of Human Rights, in Particular, International Labour and Trade Union Rights, and the Working Methods and Activities of Transnational Corporations,联合国文件 E/CN.4/Sub.2/1995/1,1995 年 7 月 24 日,第 53 段。

[15] 根据 UNDP 的结论,"一个腐败的国家会产生一个使其很快失去管治共善的权威和能力的恶性循环……当腐败盛行时,基本人权和自由就受到威胁,社会和经济契约变得不可预期",参见:*UNDP Practice Note:Anti-Corruption*, 2003, 第 4 页。

准以及审查和监督体系,"发展中国家纷纷'向下竞争',陷于恶性竞争……以提供最好的投资环境"。⑯ 一方面,国际人权法及其实施机制建立于国家须承担其国际义务的意志前提,但是在工商业权力和利益面前,发展中国家保护人权的意愿和能力首先在很大程度上被削弱了,本应借以实施国际人权法的国内法律和政策机制则经常让位于经济考虑。另一方面,即使在国家有意愿实施国际人权法和保护人权的情况下,全球化对国家主权施加的巨大限制又使得很多人权问题无法再单纯通过国内管辖取得解决。⑰ 也就是,以国家行为为基础,并试图规范工商企业的国际人权法律实施体系本身也已无法充分应对全球化的冲击。所以,联合国人权机构也不得不承认,"在全球化的威逼之下,发展中国家往往迫于无奈采取了不利措施,对履行人权造成了不良影响。结果,有些国家即使愿意改善本国的人权状况,也无法履行其国际人权义务"——虽然它也指出这种看法"不仅是短视的,而且对于国家过于宽容"。⑱

实际上,对于国家而言,全球化在人权领域的双刃剑作用恰恰又在于,随着工商业的全球化发展,人权价值和规范也得以全球化,人权的普遍性及关联性被大大强化,并因此"成为一个合法的国际关切"⑲,全球化使人民对于人权和国家产生了更高的期望⑳,但也为满足这种期望提供了许多独特的机会,包括更多的行为者、更有效的表达、更积极的对话和参与以及更好的透明度,即合作治理的所有必要条件。正如联合国秘书长所指出的,"全球化的各种进程是由各种国家的规则和政策,特别是自由化、放松规制和私有

---

⑯ Deborah Spar, David Yoffie, "Multinational Enterprises and the Prospects for Justice", *Journal of International Affairs*, vol. 52, no. 2, 1999,第557—581页,见第557页。

⑰ 参见:Robert McCorquodale, Richard Fairbrother, "Globalization and Human Rights", *Human Rights Quarterly*, vol. 21, no. 3, 1999,第735—766页,见第763页。

⑱ 小组委员会,全球化及其对充分享受人权的影响,联合国文件 E/CN. 4/Sub. 2/2000/13, 2000年6月15日,第44,11段。

⑲ 正是这个时代,联合国提出了"一切人权均为普遍、不可分割、相互依存、相互联系"的人权原则,参见:《维也纳宣言和行动纲领》,A/CONF. 157/24,1993年6月25日,第5段。

⑳ 以时任巴西总统卡多佐(Fernando E. Cardoso)的话来说:"国家现在还须满足人们在更大程度的公平和正义、良好的环境以及更尊重人权方面越来越大的需求。在要求更高的社会中,必须有更精妙的国家管理与之相称。组织良好、富有效率的国家较能满足这些需求,其中包括满足全球化带来的许多需求",Fernando E. Cardoso, "Globalization and International Relations: Public Address to the South African Institute of International Affairs",1996年11月26日,转引自前注⑱,第11段。

化等推动的……因此,国家一级的良好治理是一项重要因素,无论是从确保在国家一级尊重人权的方面看来,还是作为切实地纳入和执行国际规范的一种方式,良性治理都非常重要"[21],甚至于世界银行、国际货币基金组织都发布了要求国家实施良性治理的指导文件。[22] 因此,国家开始正视法律规制之外的治理需求,以探索能够兼容全球化的好处并可处理其不利人权影响的路径。亚洲金融危机之后,对于"华盛顿共识"的反思一方面包括在经济领域应强化国家对市场的补充作用[23],另一方面则包括在社会领域内更加重视私营部门参与治理的主体作用。[24]

2. 人权成为工商业的价值目标

对于跨国公司等工商企业来说,全球化的双刃剑效应则更为明显。首先,全球化带来的通讯和信息技术使得各国人民,尤其是发达国家的民众以更为迅速、系统化和更加直接的方式了解到跨国公司等工商企业在世界各地对人权的各种损害,因而产生了另一种包括环境运动、妇女运动和人权运动等"自下而上"的"全球化"。[25] 这种"全球化"人权运动"可使全球化冲破庄严肃穆的大公司的会议室的范围……协助人们挺身而出抵制从上至下式的全球化可能带来的霸权"[26],其代表性事件包括1999年世界贸易组织部长级

---

[21] 科菲·安南,Globalization and Its impact on the Full Enjoyment of All Human rights,联合国文件 A/55/342,第 10—11 段。此外,秘书长在 2000 年提交给千年首脑会议的报告中也阐述了全球化时代重新审视国家治理问题的必要性,指出新的治理理念应考虑到全球化在改善人类生活方面的无限可能性,也应该考虑到人类因此所面临的威胁,参见:秘书长千年报告,联合国文件 A/54/2000,2000 年 4 月 3 日,第二部分"全球化和治理"(尤其是"更好地共同治理"小节)。

[22] 参见:世界银行,Development and Human Rights: The Role of the World Bank,1998 年,载于:http://documents.worldbank.org/curated/en/820031468767358922/pdf/multi0page.pdf,第 11—13 页;以及国际货币基金组织,Good Governance: The IMF's Role,1997 年,载于:http://www.imf.org/external/pubs/ft/exrp/govern/govern.pdf。

[23] Joseph E. Stiglitz, "More Instruments and Broader Goals: Moving towards the Post-Washington Consensus", UNU-WIDER Annual Lecture 1998,载于:https://www.wider.unu.edu/sites/default/files/AL02-1998.pdf,第 24—31 页。

[24] 前注[21],第二部分。

[25] 这也被称为"反全球化运动"。参见:Jeremy Brecher, Tim Costello, Brendan Smith, Globalization from Below: The Power of Solidarity, South End Press, 2000 年;以及 L. David Brown, Sanjeev Khagram, et. al., Globalization, NGOs and Multi-Sectoral Relations, The Hauser Center for Nonprofit Organizations and The Kennedy School of Government Harvard University, Working Paper No. 1, 2000,载于:http://citeseerx.ist.psu.edu/viewdoc/download?doi=10.1.1.199.9912&rep=rep1&type=pdf。

[26] 前注[18],第 9 段。

会议期间的大规模游行和骚乱。㉗ 值得一提的是,这些以人权为根本诉求的反全球化运动自身也是一种影响范围巨大的全球化存在㉘,而且其发起者和参与者是作为劳动者和消费者的普通民众,这最终使得跨国公司等工商企业不得不将人权等议题作为全球化市场中的产品和服务的社会延伸价值来看待,也就是说,人权的全球化使得很多跨国公司渐渐将人权作为全球商业运营中的一种战略考虑和价值目标。

促使跨国公司等工商企业在人权方面作出主动性战略调整的另一个重要因素则是包括联合国在内的国际机构"自上而下"的、密集、严肃而持续的"向善"促动,这个过程包含了对企业主体性和能动性的充分认可以及对其参与和合作的期望。例如,与前任秘书长不同,新任秘书长主张与私营部门的合作,并不支持强化国际规制。在其千年报告中,秘书长就提出了跨国公司应"遵循全球公民的概念和做法",而这种"良好公民的标志"的一个共同特点是"只要可能和适当,公司都愿意采用广大社区所确定的'良好做法'",包括尊重人权。㉙ 虽然这个时期防止歧视及保护少数小组委员会已经开始起草规制性的《责任准则》,但是联合国系统内更高层级的人权机构似乎已经改弦易辙,开始转而主张工商业对合作治理的参与。例如,联合国人权高专屡次呼吁"人权是良好企业公民的核心"㉚;人权条约机构也开始强调私营部门的参与,例如,经济、社会和文化权利委员会从20世纪90年代末起发表的关于食物权、饮水权、健康权等相关的"一般性评论"中都特别强调国家在保护这些权利时应该"与私营部门合作"并确保其积极参与。㉛ 这些都传

㉗ 参见:Miloon Kothari, Peter Prove, "The WTO's Third Ministerial Conference: Negative Impressions Mask Positive Developments in Seattle", *Human Rights Tribune*, vol. 6, no. 4, 1999, 第16—18页。

㉘ 因此有学者认为,这个时代的人权运动与跨国公司之间是两种不同的全球化的冲突,"反全球化活动者和倡议群体他们自身也变成了跨国性的行为者。国际投资者与被电子化网络联系起来的反对者都是全球化的明证"。见:Stephen J. Kobrin, "The MAI and the Clash of Globalizations", *Foreign Policy*, 1998年秋季刊,第97—109页,见第99页。

㉙ 前注㉑,第47段。

㉚ 例如,参见:Preface, Business and Human Rights: A Progress Report, 2000年,载于:http://www.ohchr.org/Documents/Publications/BusinessHRen.pdf。

㉛ 参见:经济、社会和文化权利委员会,第12号一般性意见:取得足够食物的权利(第十一条),1999年,第30段;第14号一般性意见:享有能达到的最高健康标准的权利(第12条),2000年,第56段;第15号一般性意见:水权(《经济、社会、文化权利国际公约》第11和第12条),2002年,第50段。

递给跨国公司等工商业机构一个明确的信息,即在国家和国际层面,自身已被接纳为可在全球治理和地方治理中发挥积极作用的参与者或行为者,而尊重人权是其他相关方对工商业的一个普遍性和基础性期望。

当然,从经济角度来看,跨国公司等工商企业作出转变主动参与人权问题的治理,其决定性因素则是全球化条件下跨国公司的商业结构和运营特点。首先,对于剥离了生产加工功能的跨国公司而言,品牌和声誉的附加值渐渐成为其核心商业利益,这使得跨国公司开始严肃地关注可能对其品牌造成影响的社会问题,包括其自身的人权影响。其次,跨国公司的全球性布局,广泛的供应链和巨大的规模使其人权风险大幅增加,也使其轻易就成为公众指责和"拒买"的对象。耐克(Nike)公司的经历堪称过去20年来上述两点的最佳例证——当其借着全球化的优势快速成长为全球市场份额最大的体育用品公司的同时,耐克的总裁也意识到"耐克产品已经变成了奴役性工资、强迫加班和任意虐待的同义词"以及各种人权和劳工运动首选的工商业目标。[32] 最后,在全球化条件下,跨国公司等工商企业的地方性存在使得当地社会发展和全球的稳定治理也符合其长远商业利益,并因此可能积极地将自身定位为社会的一分子。[33] 正如欧洲委员会副主席向跨国公司指出的,"全球活动的互相依存和全球治理的不稳定性一并带给跨国公司的各种挑战不可能仅仅通过追求商业抱负而不考虑周边条件来求得解决"。[34] 因此,工商业开始将"利益相关方"(stakeholder)理念纳入其企业发展战略[35],人权则是雇员、周边居民以及消费者等相关方的重要利益。

---

[32] 参见:Richard M. Locke, The Promise and Perils of Globalization: The Case of Nike, MIT Working Paper IPC-02-007, 2002, 第9页(该文对全球化带给Nike公司的机会和挑战做了细致的量化研究),载于:https://ipc.mit.edu/sites/default/files/documents/02-007.pdf。

[33] 例如,英国石油公司BP集团的首席执行官未时曾声明"我们是社会的一部分,因此我们负有责任支持它的积极发展。这包括人权、员工等问题",Sir John Browne, "Green light for Partnership", *The Shield Magazine*: *The international magazine of the BP Group*, Issue One, 1998, 第34—35页。

[34] Neil Kinnock, "Challenges for Multinational Companies: the European Perspective", SPEECH/03/482, 2003年10月23日,载于:http://europa.eu/rapid/press-release_SPEECH-03-482_en.htm?locale=en。

[35] 关于利益相关方理论,参见:Edward Freeman, *Strategic Management*: *A Stakeholder Approach*, Pitman, 1984; 以及:Robert Phillips, *Stakeholder Theory and Organizational Ethics*, Berrett-Koehler Publishers, 2003。

第二节 工商业对国际人权法的"公法私体化"

一、工商业"公法私体化"的理论基础

1. "刺破国家的面纱"

工商业对国际人权法的"公法私体化"有两个非常重要的理论基础。㊱首先,与之前"私体公法化"尝试强制施加人权义务或责任的理念不同,"公法私体化"的作用机制是工商业实体对国际人权价值和规范的主动认可和能动接纳,也即国际人权法虽然由各个国家议定,但它可以成为所有组织的共同价值和行为准则,因而也可用以直接指导工商企业的组织战略,并可通过其运营行为来实现国际人权法的本质要求。"公法私体化"不依赖公共权力和规制措施适用和遵行人权规范,而是利用各种私体关系中的机制来实现对人权价值和准则的落实,因而在"公法私体化"条件下,国家不再是国际人权规范和其他第三方之间的作用媒介。也就是说,工商业通过"公法私体化"刺破了蒙蔽在国际人权法之上的国家批准的"面纱"或"坚壳",使之超越国家直接应用于工商业可能对人权产生影响的领域之中。㊲在全球化条件下,国际人权法"公法私体化"具有非常独特的优势,它首先能够在一定程度上补救国家"不能或不愿"保护人权的状况,也能在一定程度地"驯化"在全球市场自由驰骋的工商企业㊳,这些超越国家管辖的实践已经在一定程度上

㊱ 需要指出的是,被"私体化"的"公法"是国际人权法的实体规范,即权利本身,而不包括实施和程序规范,即国家实施和保护人权的国际义务。

㊲ 关于这种机制刺破国家(主权)面纱或坚壳的效应,参见:Dinah Shelton (ed.), *Commitment and Compliance: the Role of Non-binding Norms in the International Legal System*, Oxford University Press, 2000;以及 Charlotte Ku and Paul F. Diehl, *International Law: Classic and Contemporary Readings* (2nd ed.), Lynne Rienner Publishers, 2003,第 16 章。

㊳ 参见:August Reinisch, "The Changing International Legal Framework for Dealing with Non-State Actors",见:Philip Alston (ed.), *Non-State Actors and Human Rights*, Oxford University Press, 2005,第 42—43 页;以及 David Coleman, "The United Nations and Transnational Corporations: From an Inter-nation to A 'Beyond-state' Model of Engagement", *Global Society*, 17:4, 2003,第 339—357 页,见第 341 页。

证实了"用经济力量来制裁对人权的侵害可能更为有效"。㊴ 此外,它还能直接回避掉前文述及的工商业的国际法地位等理论问题。

2. 自愿主义

"公法私体化"发挥超越国家效力的意志基础则是工商企业的"自愿主义"(voluntarism),这意味着工商企业主动将人权价值和规范引入工商业机制,在其商业框架中融入人权内涵。㊵"自愿主义"的真实性建立在它必须能够在实际效用中保障并体现人权和工商业两个层面的价值相关性。联合国全球契约委托一家律所完成的研究似乎完美地证实了这种相关性。该研究认为,自愿倡议首先能够培育出追求负责任的企业行为的领导力和创新文化,有助于人权等普世原则植入市场和经济活动,可以驱策企业之间的向善竞争并塑造企业的内驱力;其次,自愿行动可以使企业责任从概念走向实践,能够提供适合于企业实际的责任行为的灵活性,并且有助于利益相关方形成共识,以降低企业在人权等责任领域的风险和成本;最后,自愿主义能够让人们表达他们的关切,可以便利企业培养与周边社区的关系,也能为企业提供激励员工的平台。㊶

当然,"自愿主义"并不意味着参与自愿倡议的所有各方都能认识到这种价值相关性从而没有任何压迫感,而是在强调这些倡议和实践的产生并非外部规范的强制要求,将人权引入相关工商业机制的特定工商业实体(如上游买家)出于自愿选择将人权公法规范纳入私体机制(如采购合同),但这种机制很可能是将已然"私体化"的人权要求"强加"给了不一定"自愿"的相关方(如供应商)——当然,后者的自愿可能在于他可以选择不接受与这种机制紧密相连的商业利益。例如,国际劳工组织认为供应商"行为守则完全

㊴ Dinah Shelton,"Protecting Human Rights in A Globalized World",*Boston College International & Comparative Law Review*,vol. 25,2002,第 273—322 页,见第 292 页。

㊵ 参见:Christopher L. Avery,*Business and Human Rights in A Time of Change*,Amnesty International,2000,第三章(Steps towards change);以及:The United Nations Non-Governmental Liaison Service (UN-NGLS),*Voluntary Approaches to Corporate Responsibility*:*Readings and A Resource Guide*,2009,载于:http://www. unrisd. org/80256B3C005BCCF9/(httpAuxPages)/35F2BD0379CB6647C1256CE6002B70AA? OpenDocument,第 67—68 页。

㊶ 参见:Latham & Watkins LLP,*The Importance of Voluntarism*,2009,载于:http://www. unglobalcompact. org/docs/about_the_gc/Voluntarism_Importance. pdf。

是自愿性的"㊷,这似乎不能理解为这种守则的产生和实施没有外界压力的介入。1991年美国服装制造商Levi-Strauss制定的"全球采购与营运准则"(Global Sourcing and Operating Guidelines)被普遍认为是世界上第一个供应商行为守则㊸,然而同样众所周知的事实还包括该守则是商业丑闻的产物。㊹"自愿主义"意味着工商企业意识到自身的人权影响并主动采取必要行动加以回应和解决,因而这种自愿主义实际上是一种"自我规制"(self-regulation)。㊺

二、"公法私体化"的主要形式和实施机制

从内容上来看,"公法私体化"实践所涵盖的实体规范已经从最初主要针对劳工权利,逐渐拓展到了公民和政治权利、集体权利等其他人权领域。从形式上来看,"公法私体化"的具体模式则取决于保障其效力的工商业关系和治理机制。本书将工商业对国际人权规范的"公法私体化"实施划分为三种形式:"自约式"私体化、"契约式"私体化和"协约式"私体化。

1. "自约式"私体化

"自约式"私体化就是工商企业自我承诺尊重和促进人权,并将国际人权法的原则或者要求引入企业自身的战略、政策、方针和内部治理体系,使

㊷ 国际劳工组织工人活动局报告,*Corporate Codes of Conduct*,载于:http://training.itcilo.it/actrav_cdrom1/english/global/code/main.htm。

㊸ Levi-Strauss也不讳言这一事实:"1991年,我们成为第一个为我们的制造供应商设立完整的工作场所行为守则的跨国服装公司",参见:http://www.levistrauss.com/sustainability/people/worker-rights。

㊹ 20世纪90年代初期,Levi-Strauss因利用"血汗工厂"制度制造产品被《华盛顿邮报》曝光后,于1991年制定了第一个行为守则,参见:Karl Schoenberger, *Levi's Children: Coming to Terms with Human Rights in the Global Marketplace*, Grove Press, New York, 2000,第60—65页;以及International Labor Rights Fund, *A Short History of the Ethical Consumer/Anti-Sweatshop Movement in the USA*,载于:http://www.organicconsumers.org/articles/article_4515.cfm。关于这一守则的比较详尽的历史和法律分析,参见:Lance Compa, Tashia Hinchliffe-Darricarrere, "Enforcing International Labor Rights through Corporate Codes of Conduct", *Columbia Journal of Transnational Law*, vol. 33, 1995,第663—689页,见第674—679页。

㊺ 参见:Rhys Jenkins, "Corporate Codes of Conduct: Self-Regulation in A Global Economy", United Nations Research Institute for Social Development (UNRISD) Programme On Technology, Business And Society, Paper Number 2, 2001,载于:http://www.unrisd.org/unrisd/website/document.nsf/240da49ca467a53f80256b4f005ef245/e3b3e78bab9a886f80256b5e00344278/$FILE/jenkins.pdf。

之成为约束工商业自身的内部规范,在企业内部以管理措施保障人权价值的落实。自约式私体化一般采用企业"人权政策(声明)"或"行为准则"的形式,由企业的最高管理机构制定或通过㊻,其内容一般包括三个维度:对人权作出界定,承诺尊重(和/或支持)人权,声明适用范围和实施方式。就人权的定义和范围而言,最被频繁援引的是《世界人权宣言》,其次则是国际劳工组织《工作中的基本原则和权利宣言》和有关公约以及"全球契约",但也有少数企业对人权自行作出定义㊼,或对特定人权问题提出自身的见解。㊽ 作为企业的整体政策,"自约式"私体化所产生的人权政策一般贯彻于企业的所有活动,即"人权问题的管理基于我们的总体努力而不是单个活动。我们的企业政策、管理流程、社区投资项目以及参与自愿倡议都是互补的,都意在通过协作强化我们尊重人权的承诺"。㊾

㊻ 例如,参见:惠普公司(HP)的"Global Human Rights Policy",载于:http://www8.hp.com/us/en/hp-Information/global-citizenship/governance/humanrights.html;摩根大通集团(JP Morgan Chase & Co.)的"Human Rights",载于:http://www.jpmorganchase.com/corporate/Corporate-Responsibility/human-rights.htm;万豪国际集团(Marriott International Inc.)的"Human Rights Policy Statement",载于:http://www.marriott.com/Multimedia/PDF/Corporate/Human-RightsStatement.pdf;安赛乐米塔尔公司(ArcelorMittal)的"Human Rights Policy",载于:https://corporate.arcelormittal.com/~/media/Files/A/ArcelorMittal/corporate-responsibility/Human-rights-policy-2017.pdf(由总裁和CEO签署)。需要注意的是,这些人权政策(声明)在2011年后几乎都进行了更新以反映联合国层面的最新发展。

㊼ 例如,百事公司(Pepsico)的"工作场所人权政策"(2009年2月版)没有引用任何国际人权文件,而是声明"人权包含三个当面:(1)尊重……(2)平等……(3)劳动尊严",文件由作者存档;而在其2017年版本中,则系统地引用参考了一系列国际人权文件,载于:http://www.pepsico.com/docs/album/policies-doc/pepsico-global-human-rights-and-salient-issues-statement-(6-29-17).pdf。

㊽ 例如,2005年版本的诺基亚(NOKIA)行为准则讨论了人权的普遍性和基本人权的内涵,指出"诺基亚尊重并提倡人权。诺基亚和国际社会一样认为,基于被接受的国际法规和惯例……某些人权应被视为基本的和普遍的。诺基亚认为基本的和普遍的人权有:不因人种、信仰、肤色、国籍、种族、年龄、宗教、性别、性别改换、性倾向、婚姻状况、少数民族联系、残疾或其他状况而受歧视,不受任意监禁、行刑或残害;拥有和平集会结社自由,思想、意识和宗教自由,舆论和表达自由",文件由作者存档,而其2018年最新版行为准则主要强调了如何识别和防范人权风险,载于:https://www.nokia.com/sites/default/files/en_nokia_coc_booklet.pdf;而英美烟草公司(British American Tobacco)在"全球化与人权"的政策声明中则论述了人权的相对性:"我们支持普遍认同的基本人权,及高标准的道德行为,我们也存在顾虑,即盲目追求全球化标准,也可能会因其基于'西方的就是最好的'的假设,导致一种道德和文化上的'帝国主义'",载于:http://www.batchina.com/group/sites/BAT_6TTCQ2.nsf/vwPagesWebLive/DO52AQH8?opendocument&SKN=1。

㊾ 雪佛龙公司(Chevron)"About Our Human Rights Policy"(2010年4月),载于:https://www.chevron.com/-/media/shared-media/documents/AboutOurHumanRightsPolicy.pdf。

2. "契约式"私体化

"契约式"私体化则是指处于供应链上游的品牌商和零售商通过制定包含人权要求的生产守则(或行为守则)或合同条款,利用供应链地位和订单权力、采用工厂查验和能力提升等方法确保为其制造、提供产品和服务的下游供应商或分包商符合尊重人权的要求。因而,这种私体化的介质是商业合同关系,与内向型的"自约式"私体化不同,"契约式"私体化是一种"外向型"的针对供应商的机制,其实施措施主要是对供应商的劳工权利的保护等状况进行查验。[50] 虽然所有企业都必然有其供应商,但制定供应商行为守则,或在商业合同中向其供应商提出人权要求的则绝大部分是发达国家的跨国公司[51],这是因为供应链上的势能落差才是"契约式"私体化能得以实现的效力保障。[52] 当然,"契约式"私体化给传统的平等双方之间的商业交易带来了类似公法审查性质的不对等因素,但它已经成为工商企业利用商业机制促进人权的一种普遍途径,"供应商行为守则的作用就是市场利用自身的力量在一定的范围内重构其赖以存在的、却又被其侵蚀的法律环境与公共秩序"。[53]

3. "协约式"私体化

"协约式"私体化是指同一行业、同一地区或存在其他共同联系的众多工商企业采用协同治理的方法,协议制定或共同遵行和实施包含人权要求

---

[50] 因而在中国社会和商界流行着"人权验厂"这一说法,例如参见:什么是人权验厂,载于:http://www.iqsachina.com/renquan/815.html;以及:人权验厂在过去一年的事件大盘点,载于:http://www.bsci365.com/Audit-index-id-292.html。

[51] 世界银行 2003 年的一份报告称"世界银行估计现如今存在大约 1000 个守则,由各个跨国公司自愿制定",*Company Codes of Conduct and International Standards: An Analytical Comparison, Part I of II: Apparel, Footwear and Light Manufacturing, Agribusiness, Tourism*,载于:*http://www-wds.worldbank.org/external/default/WDSContentServer/WDSP/IB/2005/12/14/000160016_20051214170210/Rendered/PDF/346620v10CompanyCodesofConduct.pdf*,第 2 页。

[52] 例如,很多供应商行为守则的措辞就体现出了这种供应链上的强势地位,如"我们选择……合作伙伴",或"我们只与……伙伴做生意";又例如,迪士尼(Disney)的制造行为守则和可口可乐(Coca Cola)公司的供应商指导原则都同时使用了"至少"这一措辞,即"我们要求迪士尼公司商品的所有制造商至少达到下列标准",迪士尼《制造行为准则》,载于:https://www.thewaltdisneycompany.com/wp-content/uploads/Manufacturer-Code-of-Conduct-Translations.pdf;"可口可乐公司的供应商和可口可乐公司的授权供应商在作为整体运营时至少需满足以下标准:……",《可口可乐供应商指导原则》,载于:https://www.coca-cola.com.cn/stories/kkklgyszdyz。

[53] 参见:梁晓晖:《供应商行为守则的特性分析及其对权益保护的法律意义》,载《清华法律评论》(第二卷第一辑),清华大学出版社 2007 年版,第 55—67 页,见第 58—59 页。

的商业准则。与前两种形式都仅由单一企业制定和运作不同,"协约式"私体化一般由行业组织、商会或某种形式的企业联合体作出,形成了以人权规范为联系的"托拉斯",这有助于形成工商业界在人权领域的整合观念和群体意志,消除认知差异,提升行动效率,并增强人权在某个行业或地区的普遍性和规模效应。㊾ 当然,"协约式"私体化最终在单个企业层面都转化为人权政策或人权承诺的"自约"或被应用为针对供应商和承包商的"契约"。例如,作为最早的"协约式"私体化实践之一,"考克斯圆桌商业原则"即是1994年由"商业领袖为商业领袖提出的"包括尊重人权的商业政策和实践指南,其主要目的是对工商企业自身行为提出要求㊿;另外一些由行业组织或企业联合体实践的"协约式"私体化则是集体形式的"契约式"私体化,即众多企业制定或接受针对其供应商或商业伙伴的包含劳工权利和其他人权要求的行为守则,其实施措施则包括工厂绩效审核和符合性认证等方法。㊻

三、"公法私体化"的普遍性与效力延伸

1. "公法私体化"的普遍性与"工商业习惯法"

工商业"公法私体化"实践对人权保护和促进的最重要意义在于其普遍性。这种普遍性首先体现在以某种形式对人权规范"公法私体化"已经成为众多工商企业的普遍实践。横向来看,越来越多的工商企业制定了"人权政

㊾ 例如,截至2018年11月1日,由前欧洲外贸协会(Free Trade Association,2018年1月起更名为 amfori,"全球贸易协会")为其会员制定的"商界遵守社会责任倡议"(Business Social Compliance Initiative,BSCI)被主要来自欧洲的2100多家品牌商和采购商所接受和适用,其会员目录可见:https://www.amfori.org/members;截至2017年年底,BSCI的会员已经代表了超过1万亿欧元的营业收入,BSCI平台上的制造商为52934家,按照BSCI的要求(主要是劳工权利状况)进行的工厂查验将近21220次,见于:amfori Annual Report 2017-2018,载于:https://www.amfori.org/sites/default/files/55473_amfori_AR2018_AW1_V7_online_HM.pdf,第11页。

㊿ 该商业原则(Caux Round Table Principles for Business,1994年版)原则2要求"企业还应当对东道国的人权、教育、福利和国家的繁荣昌盛等事业作出贡献",此外,在社区部分则要求企业"尊重人权和民主机构,并在实践中推进其发展",载于:http://www.cauxroundtable.org/index.cfm?&menuid=125&parentid=8(该套商业原则于2009年进行了修订)。

㊻ 除了前注㊾中的BSCI以外,目前比较有影响的还包括EICC(电子行业行为准则,由多家从事电子产品生产的公司在2004年联合起草,2018年1月起更名为"责任商业联盟"Responsible Business Alliance 以适用于与电子产品相关联的所有其他行业),其新版行为准则载于:http://www.responsiblebusiness.org/standards/code-of-conduct/;以及ICTI(International Council of Toy Industries,国际玩具行业理事会)制定的"Code of Business Practices"等,载于:http://www.toy-icti.org/info/codeofbusinesspractices.html。

策"或在其行为准则中承诺尊重人权[57];纵向来看,在采购商不断推出供应商行为守则或发起和参与相关的"协约式"守则的同时,很多此类行为守则还要求供应商以相同或类似的规则要求它们自身的分包商和供应商。[58] 其次,这种普遍性还体现在各种"公法私体化"实践的适用范围上:企业的"人权政策"或其行为准则中的人权承诺适用于全球所有分支机构、部门和层级及所有员工,而同一份行为守则则一体适用于所有供应商,无论其所在地、规模、社会环境或者所有制形式。再次,"公法私体化"的普遍性还在于它所涉及的工商业行为范围上,"人权政策"或有关准则既可能针对人力资源、生产组织等内部管理,也涉及投资[59]、采购以及消费者、社区等外部关系。最后,"公法私体化"的普遍性还在于它已经成为一种能够在各种工商业和社会关系间产生普遍联系的、超越国家规制的自我治理模式,治理作用是"公法私体化"实践的正当性基础。[60]

各种"公法私体化"实践在工商业主体的涵盖面、价值链的纵深度和人权主题的广泛性等维度上普遍性的重叠就产生了一个立体型的"人权矩阵",能够使得人权成为所有工商业主体在所有工商业行为和与所有其他相关方关系中须加以考虑和处理的问题,也即,人权渗透进了所有工商业私法机制和私法关系并成为其价值导向,这对私法体系具有深刻的影响。本文

---

[57] 例如,Business and Human Rights Resource Center 收集和更新已经制定了人权政策的公司,企业名单及其政策文件参见:https://www.business-humanrights.org/en/company-policy-statements-on-human-rights.

[58] 例如,国际商用机器有限公司(IBM)的《供应商行为准则》温和地要求"我们希望我们的一级供应商使用本文档作为指南与他们相应的分包商和供应商(包括合同雇员的提供商)一起履行他们自己的准则——这些准则与 IBM 的准则相同或与之相当",载于:https://www-03.ibm.com/procurement/proweb.nsf/objectdocswebview/fileibm＋supplier＋conduct＋principles＋-＋chinese/$file/scp_chinese_v2.0.pdf;丹佛斯(Danfoss)的《供应商行为准则(2018 年 1 月 7.3 版本)》则规定"如果供应商为向丹佛斯供货而使用分包商,和/或作为丹佛斯的分销商或批发商,那么该供应商应努力确保其分包商也遵循本准则",载于:http://files.danfoss.com/download/CorporateCommunication/Procurement/Danfoss-Code-of-Conduct-version-7.3-EN.pdf.

[59] 例如,最早由十家银行发起的"赤道原则"(Equator Principles)是一套确定、评估和管理投资过程中涉及社会和环境风险的金融原则,其评估清单中包括对人权的保护,参见:https://equator-principles.com/wp-content/uploads/2018/01/equator_principles_chinese_2013.pdf.

[60] Helen Keller, "Corporate Codes of Conduct and their Implementation: The Question of Legitimacy", in Rüdiger Wolfrum, Volker Röben (ed.), *Legitimacy in International Law*, Springer, 2008, 第 219—298 页;以及 Armin von Bogdandy, Codes of Conduct and the Legitimacy of International Law, 同书, 第 299—308 页。

认为,"公法私体化"使得尊重人权正在发展为工商业私法体系的一项一般原则,而一些具体的、具有高度普遍性的人权规范,主要是与劳工保护相关的不歧视、禁止童工和强迫劳动等规则,则正在从国际人权规范转变为所有工商业实体都认可并表达遵循确念的"工商业习惯法"(law merchant)。[61] 正如有论者也指出的,"虽然尊重人权的责任并非强制法,但其原则具有重要的法律影响潜力。作为关于工商业行为的全球性社会共识,它是动态性的跨国习惯和习惯框架矩阵,汇同于一种形成中的人权工商业习惯法(lex mercatoria)"。[62]

2. 合作治理中的"软法"

"公法私体化"实践向工商业之外的其他私主体的延伸进一步强化了国际人权规范向商业习惯法的转变,也即合作治理向工商业之外其他私主体的拓展。这些私主体主要是非政府组织和其他公民社会组织,它们与工商业实体共同构建"公法私体化"的"多利益相关方"治理体系(multi-stakeholder initiatives),其中包含针对工商业的人权期望,形成公民社会对工商业在人权领域的"软法"环境。[63] "多利益相关方"人权治理体系可分为两种,一种针对工商业的供应链管理,而另一种则针对工商业的自我管理。就前一种而言,最具代表性的是包括社会责任8000(SA8000)、道德贸易倡议(ETI)、公平劳工协会(FLA)等在内的认证体系,它们由非政府组织制定和

---

[61] 参见:Ralph Steinhardt,"Corporate Responsibility and the International Law of Human Rights: The New Lex Mercatoria", in Philip Alston (ed.), *Non-State Actors and Human Rights*, Oxford University Press,2005,第221—226页;以及Filip de Ly,"Lex Mercatoria (New Law Merchant): Globalisation and International Self-Regulation", in Richard Appelbaum, William L. F. Felstiner, Volkmar Gessner (ed.), *Rules and Networks: The Legal Culture of Global Business Transactions*, Hart Publishing,2001,第159—188页。

[62] John Sherman, Amy Lehr.,"Human Rights Due Diligence: Is It Too Risky?" Corporate Social Responsibility Initiative Working Paper No. 55,2010,John F. Kennedy School of Government, Harvard University,载于:http://www.hks.harvard.edu/m-rcbg/CSRI/publications/workingpaper_55_shermanlehr.pdf,第15页。

[63] 参见:John F. Sherman, Chip Pitts,"Human Rights Corporate Accountability Guide: from Law to Norms to Values", Corporate Social Responsibility Initiative Working Paper No. 49,John F. Kennedy School of Government, Harvard University,载于:http://www.hks.harvard.edu/m-rcbg/CSRI/publications/workingpaper_51_sherman_pitts.pdf,第12—14页;以及:Peter Utting,"Regulating Business Via Multistakeholder Initiatives: A Preliminary Assessment",载于:http://www.unrisd.org/80256B3C005BCCF9/(httpAuxPages)/35F2BD0379CB6647C1256CE6002B70AA/$file/uttngls.pdf,第67—75页。

运作,企业以会员制形式进行认可并将其作为维持和发展商业关系的前置要求适用于供应商,在它们达到一定劳工保护和人权保护标准后颁发证书。[64] 这些体系中的人权和劳工要求一般都参照国际人权公约和国际劳工组织的公约制定,由非政府组织指导和/或监督企业在其供应链中施行。[65] 而较有代表性的针对工商业自我管理的"多利益相关方"人权治理体系则包括指导企业就其尊重人权的绩效等内容进行公开报告的全球报告倡议(GRI)[66],以及国际标准化组织于2010年年底发布的《ISO 26000社会责任指南》。该指南意在向包括工商企业在内的各种组织提供一套履行包含"尊重人权"的责任的行动指南。[67] 在ISO 26000中,"尊重人权"既是组织履行其社会责任时的一项基本原则[68],也是组织应予履行的社会责任的七项核心议题之一。[69]

上述所有"软法"实践不仅成功地使国际人权规范通过"公法私体化"路径在全球各个行业、各个组织内得到广泛了解和实施[70]——这强化了尊重人权的"工商业习惯法性质",而且更重要的是它们超越了封闭性的工商业关系,在工商业与人权之间引入了其他社会组织,因而实现了在此问题上更加多元化的合作治理,使工商业逐渐超越了合规导向的人权实践,进而追求以

---

[64] 关于最新(2014版本的)SA8000(Social Accountability 8000)认证标准,参见:http://sa-intl.org/_data/n_0001/resources/live/SA8000%20Standard%202014.pdf;关于ETI(Ethical Trade Initiative)体系,参见:https://www.ethicaltrade.org/resources/eti-base-code;关于FLA(Fair Labor Association,其参加者包括大学等非商业机构),参见:http://www.fairlabor.org/our-work/labor-standards。

[65] 一个相关的例证是2011—2012年FLA受苹果公司(Apple)委托对其供应商富士康公司(Foxconn)的劳工状况开展调查,经过将近一个月的调查,FLA"发现了严重而紧迫的违反FLA工作场所行为准则和中国劳动法的情况",FLA, *Foxconn Investigation Report*, 2012年3月,载于:http://www.fairlabor.org/report/foxconn-investigation-report。

[66] 参见:GRI, Social Standards (The 400 series),载于:https://www.globalreporting.org/standards/gri-standards-download-center/。

[67] https://www.iso.org/news/2011/03/Ref1558.html。

[68] 尊重人权的原则是指"组织宜尊重人权,并承认人权的重要性和普遍性",具体而言,这要求组织尊重并在可能的情况下促进《国际人权宪章》所规定的权利;尊重这些权利的普遍性,即它们不可分割地适用于所有国家、文化和情况;在人权无法得到保护的情况下,采取措施以尊重人权并避免利用这些情况;在法律或其执行不能对人权提供充分保护的情况下,坚持尊重国际行为规范的原则。参见:《ISO 26000社会责任指南》(中译本,4.8),中国标准出版社2010年版,第13—14页。

[69] 同上注,6.3,第23—33页。

[70] 例如,截至2018年12月17日,来自64个国家和56个行业的3996家工厂获得了SA8000的认证,涉及204万余工人,其中,641家中国工厂(含港台地区)获得认证,参见:http://www.saasaccreditation.org/certfacilitieslist.htm;而ISO26000的制定则有"来自99个国家和42个联系组织的450名专家和210名观察员"的参与,包括工商业、政府、劳工、消费者以及非政府组织和研究机构等六类相关方的代表,前注[67]。

“价值和诚信为基础的人权战略”。(71) 这一方面使得相关的“公法私体化”实践更具有公信力和透明度，并且能够提供工商业框架之外的解决方案和救济途径，另一方面，这些实践在某种程度上也使其他社会组织在工商业与人权问题上担负了责任和风险(72)，而这无疑会反过来持续完善并巩固这些组织与工商企业基于“公法私体化”理论而构建的合作治理体系。

四、“公法私体化”对国家和联合国的影响

毫无疑问，“公法私体化”实践的相对性缺陷也非常明显。首先，“公法私体化”实践最易受到质疑的就是工商业的自愿意志，在人权问题面前，“自愿”很容易危及整个“公法私体化”机制的正当性和有效性。(73) 其次，很多“公法私体化”实践，尤其是供应商行为守则缺乏严格的质量控制和外部监督，因而其实施效果难以保证一致的高标准。(74) 最后，虽然“公法私体化”实践具有逻辑完整的普遍性张力，但与工商业的总数相比，“公法私体化”实践的覆盖面却非常有限，且存在严重的交叉与地域性的不均衡，因而实际上大部分发展中国家的企业，尤其是中小企业并不被任何一种“公法私体化”实践所覆盖。(75)

---

(71) 参见：Michael A. Santoro, “Beyond Codes of Conduct and Monitoring: An Organizational Integrity Approach to Global Labor Practices”, *Human Rights Quarterly*, vol. 25, no. 2, 2003, 第407—424页，见第411—417页。

(72) 例如，参见：对于FLA在苹果供应商劳工问题上的批评，SACOM, FLA waters down rights violations at Apple suppliers, 2012年2月，载于：https://goodelectronics.org/fla-waters-down-rights-violations-at-apple-suppliers/；另参见：Dara O'Rourke, “Outsourcing Regulation: Analyzing Nongovernmental Systems of Labor Standards and Monitoring”, *The Policy Studies Journal*, vol. 31, no. 1, 2003, 第1—29页，见第21—25页。

(73) 参见：International Council on Human Rights Policy (ICHRP), *Beyond Voluntarism: Human rights and the developing international legal obligations of companies*, 2002，载于：http://www.ichrp.org/files/reports/7/107_report_en.pdf，第7—9页。

(74) 参见：Penelope Simons, “Corporate Voluntarism and Human Rights: The Adequacy and Effectiveness of Voluntary Self-Regulation Regimes”, *Industrial Relations*, vol. 59, no. 1, 2004, 第101—141页，见129—131页；以及前注(63)，Peter Utting，第82—100页。

(75) 例如，作为全球最大的体育用品公司之一和最早公布其全球供应商名单的企业，阿迪达斯公司(Adidas)截至2018年7月1日在全球范围内约有800家主要的供应商与分包商(且与耐克、李宁等供应商存在较多重合)，供应商和分包商名单参见：https://www.adidas-group.com/en/sustainability/compliance/supply-chain-structure/；另参见：Nazia Mintz-Habib, “Multinational Corporations' Role in Improving Labour Standards in Developing Countries”, *Journal of International Business and Economy*, vol. 10, no. 2, 2009, 第39—58页，见第43—50页。

尽管如此，工商业对人权价值和规范的“公法私体化”的更重要意义在于它们能够“展现规制的局限以及政府、企业和公民社会的角色”(76)，而此类实践的社会化和国际化最终使得工商业在人权问题上获得了具有治理机制支撑的主动地位，这对作为公共权力机构的国家和联合国在这一问题上的立场和相关决策产生了深刻的影响。很多国家认识到了“公法私体化”实践在工商业与人权问题上的潜力，并对其规制者的角色作出了适当调整以引导和便利这种实践。因此，一方面，在一些国家，这种治理形式似乎正逐渐上升成为法律要求。例如，早在 2000 年，在美国国会和澳大利亚议会就同时提出了企业行为守则法案，要求在国外雇用超过 20 名员工的本国企业遵守劳工、环境和人权方面的一系列行为准则。(77) 2003 年，类似的法案也提交给了英国众议院。(78) 另一方面，各国政府也尝试在特定领域或为特定企业设定非强制性的行为准则(79)，政府本身也因此成为“公法私体化”治理体系的参与者。(80) 这样，在各种规制尝试均告失败而会员国逐渐转向成为“公法私体化”治理体系的参与者的情况下，联合国在工商业与人权问题上的定位选择无非二者之一：或者坚持扮演顽固却已失去权威的规制者，或者转变成为国际治理体系的创新者和参与者。

---

(76) Ans Kolk，Rob van Tulder，Carlijn Welters，“International Codes of Conduct and Corporate Social Responsibility：can Transnational Corporations Regulate Themselves?”，in UNCTAD，*Transnational Corporations*，vol. 8，no. 1，1999，第 143—180 页，见第 171 页。

(77) 美国的 Corporate Code of Conduct Act 首次提出于 2000 年，直到 2006 年，这一法案仍被屡次提出但至今仍未通过(2006 年法案号 H. R. 5377)，参见：https://www.congress.gov/bill/109th-congress/house-bill/5377；澳大利亚法案全文载于：http://www.comlaw.gov.au/Details/C2004B01333。

(78) Corporate Responsibility Bill，参见：https://publications.parliament.uk/pa/cm200203/cmbills/129/2003129.pdf。

(79) 例如，早在 1998 年加拿大政府就特别编制了帮助企业制定和使用自愿性守则的指导守则，Government of Canada，*Voluntary Code：A Guide for Their Development and Use*，载于：http://www.ic.gc.ca/eic/site/oca-bc.nsf/vwapj/volcodes.pdf/$FILE/volcodes.pdf；2000 年，英国和美国政府发布了面向本国企业的“安全与人权自愿原则”(The Voluntary Principles on Security and Human Rights)，此后，荷兰、挪威、加拿大、哥伦比亚、瑞士、澳大利亚和加纳等国政府也加入此倡议，参见：http://www.voluntaryprinciples.org/for-governments/；2008 年，中国国务院国有资产监督管理委员会也发布了《关于中央企业履行社会责任的指导意见》，参见：http://www.sasac.gov.cn/n2588030/n2588939/c4297490/content.html。

(80) 例如，在“安全与人权自愿原则”体系中，政府与企业、非政府组织一起称为该原则体系的参与者(participants)，参见：http://www.voluntaryprinciples.org/what-are-the-voluntary-principles/。

第三节　联合国体系内"公法私体化"治理的先声

一、国际劳工组织的治理结构与《多国企业宣言》的产生

虽然工商业界的"公法私体化"实践似乎正在演变为"工商业习惯法"且对国家和联合国产生了路线和方向上的深刻影响,但是从历史的角度来看,无论是供应商行为守则,还是各种"软法"机制,都不是体制性"公法私体化"治理路径的先驱。实际上,首先尝试"公法私体化治理"的恰恰是联合国体系内的专门机构:国际劳工组织。1977年,当跨国公司委员会制定《行为守则》规制跨国公司的努力刚刚开始,国际劳工局理事会就通过了自愿性的《关于多国企业和社会政策的三方原则宣言》(下称《多国企业宣言》)[81],旨在为跨国公司的社会影响这一既敏感又复杂的领域提供政策指导路线[82],同时,国际劳工组织可能没有预料到的是,它也在联合国体系内开创了工商业与人权问题的新思维。

1. 对跨国公司的客观认知

《多国企业宣言》是国际劳工组织关于企业应对其社会影响的主要指导文件,是其在私营部门推动良好劳工实践的主要依据,同时,在很长时期内,它还是联合国体系内唯一获得政府、雇主组织和工人组织共同支持的有关工商业与其社会影响(包括人权影响)的国际文件,而《多国企业宣言》的地位和影响与其产生渊源直接相关。实际上,国际劳工组织之所以能够借助《多国企业宣言》开创一种对待工商业与人权和社会问题的新思维,这与其注重对话与合作的治理理念和三方合作的治理结构有很大关系。如上文所论及的,20世纪六七十年代,联合国开始尝试制定法律文件规制跨国公司,包括为其施加直接的人权责任,而劳工和社会政策问题便是焦点之一。然

---

[81] 国际劳工组织:《关于多国企业和社会政策的三方原则宣言》(第5版),2017年,文件参见:http://www.ilo.org/empent/Publications/WCMS_094386/lang--en/index.htm,国际劳工局理事会第204届会议(1977年11月)批准,并经其第279届(2000年11月)、第295届(2006年3月)和第329届(2017年3月)修订。

[82] 上注,导言。

而，与国际社会当时敌视跨国公司的多数意见不同，国际劳工组织首先对于跨国公司的作用给出了正反兼顾的客观评价：

> 多国企业在大多数国家的经济和国际经济关系中发挥着重要作用，政府以及雇主和工人及其各自的组织对此越来越感兴趣。通过国际直接投资、贸易和其他手段，这些企业可推动对资金、技术和劳动力更加有效的使用，为母国和东道国带来实质性的利益。在政府建立的可持续发展政策框架内，它们也可以在世界范围内为促进经济和社会福利，提高生活水平和满足基本需求，直接和间接地创造就业机会，以及享有包括结社自由在内的人权做出重要贡献。另一方面，多国企业在国家框架之外组织经营活动所取得的进展，可能会导致对经济实力集中的滥用，并引起与国家政策目标和工人利益的冲突。此外，多国企业的复杂性以及对其繁杂的结构、运作和政策的清晰认识的困难，有时会引起母国或东道国或两国的关切。[83]

根据国际人权政策理事会的评价，《宣言》是国际上仅有的在设计时充分考虑到工商业的两个机制之一，这一机制"虽然由国家制定，但依赖于跨国公司的自愿合作……单个公司未被公开点名或加以评判"。[84] 虽然《宣言》也没有讳言跨国公司对各个国家、社会和人权的消极影响，但是这种以更大篇幅强调其积极作用的现象在当时的普遍性国际组织中并不多见，然而，正是这种认识基调构成了《多国企业宣言》规划的各种多方治理行动的基础，没有这一基础，《多国企业宣言》就不可能存在。因此，《多国企业宣言》指出其目的是"鼓励多国企业为经济和社会进步及实现人人享有体面劳动作出积极贡献；并尽量减少和解决其各种经营活动可能造成的困难。"[85]

2. 三方治理结构

国际劳工组织是一个三方机构，其决策由政府、工人和雇主代表共同商定[86]，《多国企业宣言》的出台及其体现的合作治理思路也是三方协商和协作的结果。1971年，国际劳工组织理事会通过了有关多国企业及其社会问题

---

[83] 前注 [81]，第1段。
[84] 前注 [73]，第117页。
[85] 前注 [81]，第2段。
[86] 参见：《国际劳工组织章程》，第7条。

的决议,并在工会的协调下与诸多跨国公司召开了一系列相关问题的技术性研讨会。⑰ 1972 年,国际劳工大会针对多国企业活动引起的相关社会问题通过了一项决议,要求理事会考虑在此领域内国际劳工组织应当采取的行动。随后,国际劳工组织两次召开"多国企业和社会政策关系"三方会议召开,讨论在此领域的路线问题。1976 年国际劳工组织世界就业三方大会讨论了多国企业问题,工人团体以及 77 国集团建议就多国企业问题通过公约加以规范约束,但遭到了雇主团体的反对,他们主张通过自愿性质的三方宣言渐进性地解决问题。1977 年,三方咨询会议就方法和基调问题进行了深入讨论,并就一个小规模工作组起草的《多国企业宣言》文本进行了磋商,随后产生了向 1977 年 11 月理事会提交的文本并获批准。⑱ 可见,国际劳工组织通过《多国企业宣言》有其组织治理结构所保障的历史必然性,这在《多国企业宣言》中也得到了确认,即"国际劳工组织(ILO)在社会领域拥有独特的三方结构、职权及长期经验,在不断完善指导各国政府、雇主组织和工人组织以及多国企业本身的原则上发挥着至关重要的作用。"⑲

因此,国际劳工组织之所以能够在国际上就工商业的社会影响问题发出减少规制而促进良性治理的先声,很大程度上是因为国际劳工组织确信社会对话是解决与工商业相关的社会问题的关键。⑳ 而国际劳工组织的三方治理结构更使其在促进利益相关方对话和共同行动方面独具优势。2007 年,在庆祝《多国企业宣言》诞生三十周年之际,国际劳工组织总干事称赞了《多国企业宣言》在诞生之初的创新性和前瞻性,并强调对话是实现社会责任的根本。㉑

---

⑰ ILO, *Multinational Enterprises and Social Policy*, 1973, 第 175—176 页;以及 Hans Gunter (ed.), *Transnational Industrial Relations: The Impact of Multinational Corporations and Economic Regionalism on Industrial Relations*, St. Martin's Press, 1972。

⑱ 关于起草历史,参见: https://www.ilo.org/empent/areas/mne-declaration/WCMS_570332/lang--en/index.htm。

⑲ 前注㉑,正文序言。

⑳ International Instruments and Corporate Social Responsibility: A Booklet to Accompany Training The Labour Dimension of CSR: from Principles to Practice, ILO/MULTI, 2007, chapter 2.1.2。

㉑ ILO, *Multinational Enterprises and Corporate Social Responsibility*,载于: http://www.ilo.org/actrav/areas/WCMS_DOC_ATR_ARE_MNE_EN/lang cn/index.htm。

二、《多国企业宣言》与"公法私体化"

作为反映了对各方都有利的良好实践[32]，《多国企业宣言》的价值在于在全球层面设定了体现劳工世界普遍价值的"基线"，因此，《多国企业宣言》的"公法私体化"实践有其坚实的价值基础保障。

1. 适用主体和宗旨

《多国企业宣言》关于适用主体和宗旨的声明体现了其"公法私体化"的理论设计。首先，适用并遵守《多国企业宣言》中原则的主体包括"国际劳工组织成员国、相关雇主组织和工人组织以及在其领土上经营的多国企业"[33]；其次，《多国企业宣言》的宗旨是指导"母国和东道国的政府、雇主组织和工人组织以及多国企业，采取措施和行动并通过社会政策，包括那些基于《章程》及国际劳工组织相关公约和建议书规定的原则的社会政策"[34]（斜体强调均为作者所加）。国际劳工组织作为政府间国际组织，其参与主体的构成本身就很独特，包括政府、雇主和工人代表，但即使在这种参与模式下，企业本身并不能直接参与其制法和决策活动[35]，而且实际上，在这种独特的参与模式下所产生的国际劳工标准——体现于国际劳工组织各项公约和建议书之中——其义务主体仍然只是国家，并不针对雇主组织或企业，所以《多国企业宣言》将多国企业直接纳入适用主体的做法本身就是一种突破。此外，《多国企业宣言》系经国际劳工组织的立法程序产生，多国企业本身并未参与制定，因而属于"公法"范畴，但是《多国企业宣言》"建议政府、雇主组织和工人组织以及多国企业自愿予以遵守"[36]，这表明它并不希望将《多国企业宣言》中的公法原则直接施加于工商业从而成就规制，而是在向包括各国政府

---

[32] 前注[31]，第12段。

[33] 《多国企业宣言》，第4段；《多国企业宣言》对"那些拥有或控制其所在国家以外的生产、分销、服务或其他设施的企业，无论其是全部还是部分国有或私有"。

[34] 上注，第5段。

[35] 关于国际劳工组织的制法程序，参见《国际劳工组织章程》第19条；以及 *Rules of the Game: A brief introduction to International Labour Standards*, Revised Edition 2009，第16—17页，载于：http://www.ilo.org/wcmsp5/groups/public/---ed_norm/---normes/documents/publication/wcms_108393.pdf.

[36] 前注[31]，第7段；另外，《多国企业宣言》还在该段声明"其原则不得限制或以其他方式影响因批准任何国际劳工组织公约而产生的义务"。

和多国企业在内的相关各方指明与《行为守则》和《责任准则》完全不同的另外一种思路：工商业可以自愿、主动地（包括经由公共机构的推荐）将这些公法原则和要求"私化"为自身的"措施、行动和社会政策"，也即，在联合国体系内，工商业也可以主动实施"公法私体化"。

2. 国际人权与劳工标准的"私体化"

在此基础上，《多国企业宣言》在"一般政策"中将"公法私体化"从一般性的人权要求和特殊性的劳工标准两个维度上引向深入。《多国企业宣言》首先倡导"有关各方应尊重国家主权……适当考虑当地做法并遵守有关国际标准。它们也应履行其根据国家法律和公认的国际法规所自由订立的承诺……尊重联合国大会通过的《世界人权宣言》（1948年）和相应的《国际公约》（1966年），以及《国际劳工组织章程》及其原则"。⑰ 这意味着对多国企业提出了遵循国际人权法的期望，在多国企业认可或接受《多国企业宣言》的情况下，它需要在其战略、组织和行动上将一系列与人权有关的国际文件内化为行动指导，而且这种尊重国际人权法的期望似乎并行于国家的人权义务。当然与"私体公法化"规制要求的措辞不同，"尊重"本身并不构成义务，但也具有在理念和行动两个方面的指导意义。此外，就劳工标准而言，《多国企业宣言》首先明确要求各国尽快批准包括全部国际劳工核心公约在内的九项公约⑱，并特别规定，"所有各方应为实现1998年通过的《国际劳工组织关于工作中基本原则和权利宣言及其后续措施》作出贡献"，加之企业如此行为的前提条件是"这些原则反映了不同行为者具有特定作用的事实"⑲，这似乎又表明《多国企业宣言》无意要求工商企业取代国家的角色或与国家平行地对公约和建议书负责，也即企业对国际劳工标准的"私体化"属于"国家履行国际义务"的补充性质。这种"公法私体化"思路在一般人权要求和国际劳工标准之间的区别可能表明国际劳工组织也并不希望《多国

---

⑰ 上注，第8段。

⑱ 上注，第9段，这些公约包括：关于强迫和强制劳动公约（第29号）、关于结社自由和保护组织权利公约（第87号）、关于实施组织权利和集体谈判权利原则公约（第98号）、关于男女同工同酬公约（第100号）、关于废除强迫劳动公约（第105号）、关于就业和职业歧视公约（第111号）、最低年龄公约（第138号）；消除最恶劣形式的童工劳动公约（第182号），以及关于就业政策的公约（第122号）。

⑲ 前注㉛，第10段。

企业宣言》在此问题上表现过于极端,从而挑战其组织本身的基础和多国企业的接受程度。

但无论如何,《多国企业宣言》所体现出的"公法私体化"思路已不是萌芽阶段,当然,这种思路能否成功则还取决于如何在实施机制上建立保障各方充分参与、主体地位明确且公开、透明的治理结构。

三、《多国企业宣言》中的合作治理观

除了在规范和要求上比较成熟的"公法私体化"思路之外,《多国企业宣言》最重要的特点则是比较完善的关于合作治理机制的规划,这与《行为守则》和《责任准则》实现人权这一社会价值的方法论完全不同,当然,这也与国际劳工组织的三方合作的组织架构密切相关。

1. 多方参与

虽然《多国企业宣言》的名称给人以主要针对多国企业的印象,但是纵观《多国企业宣言》,会发现它涉及的行为主体包括五个:多国企业、企业所在国政府、企业本国政府、全国性雇主组织以及工人组织。同时,《多国企业宣言》提供了涉及五个主题方面的指引:一般政策、就业、培训、工作和生活条件以及劳资关系。在每个主题方面,《多国企业宣言》都指明了相关两方或多方的职责和作用,而在很多细节要求中,都涉及三方以上的权能和责任,而不仅仅指出多国企业的责任。这与《多国企业宣言》本身不具拘束力,而由各方自愿遵守有关,但实际上更是其实体问题的内在要求。例如,《多国企业宣言》建议多国企业在适当的情况下为它们的企业所在国的各级雇员提供有关的培训,这看似企业及其雇员之间的关系,但是出于合作治理角度的考虑,《多国企业宣言》进而建议这种培训"应在该国当局、雇主组织和工人组织以及地方主管当局、国家机构和国际机构的合作下进行"[60],这是因为惟其如此,才能使企业层面的员工培训既满足企业业务的特性,又适应员工个人发展的需要,还在更长远的意义上符合国家社会政策的目标。又比如,《多国企业宣言》建议多国企业"向所有它们开展活动的国家的主管当局和工人组织与雇主组织,提供有关它们在其他国家所遵守的适用于其当地

---

[60] 前注[51],第38段。

活动的安全与卫生标准的情况"⑩,这种做法则有助于推动各方达到和保持最高水准的安全卫生标准。

2. 协商与合作

多方参与的基础是积极协商,而多方参与的目的则是促进合作,《多国企业宣言》将多国企业和本地政府、雇主和工人的利益与责任联系在一起,这使得各方都需要注重协商与合作。作为一般政策,《多国企业宣言》鼓励多国企业充分考虑所在国家的既定政策目标并使自身的活动与之协调,而实现的方法则应当是多国企业、政府以及有关的全国性雇主组织和工人组织之间进行协商⑫,而且企业所在国政府和本国政府也应该随时准备彼此展开协商⑬,这实际上确立了在社会政策领域双方或多方协商的原则。就具体问题而言,除了传统性的雇主与工人及其代表就"共同关心的问题进行定期协商"外⑭,《多国企业宣言》还鼓励多国企业在就业计划领域与主管当局以及全国性雇主组织和工人组织协商。⑮

共同意志的形成有赖于协商,而共同行动的落实则依靠合作。《多国企业宣言》同样重视合作对于实现其目的的意义,因此开篇就规定其目的也应"通过所有各国政府和各国雇主组织与工人组织之间的合作……得到进一步加强"。⑯ 在一系列具体问题上,《多国企业宣言》明确鼓励多国企业与各方合作,达致目标,这些领域至少包括:在就业和职业发展领域与它们所雇用的工人或这些工人的组织的代表和政府当局合作⑰,与政府合作为被解雇的工人提供某种形式的收入保障⑱,与政府合作制定与就业有关职业培训和发展的国家政策⑲,与政府合作扩大地方管理部门的经验⑳,以及就工作条件问题与主管的安全卫生当局、工人及其组织的代表和公认的安全卫生组

---

⑩ 前注㉛,第 44 段。
⑫ 上注,第 11 段。
⑬ 上注,第 12 段。
⑭ 上注,第 63 段。
⑮ 上注,第 17 段,"以尽可能在符合国家社会发展政策下保持就业计划"。
⑯ 上注,第 3 段。
⑰ 上注,第 18 段。
⑱ 前注㉛,第 36 段。
⑲ 上注,第 37 段,注意:"这是多国企业执行其培训政策的框架"。
⑳ 上注,第 40 段。

织合作等。⑪ 对于多国企业而言，采用这些价值形成战略和做法不仅可以增加其经营的正当性，同时也是其控制风险，维护品牌声誉的有效途径。⑫

四、《多国企业宣言》的方向性影响

《多国企业宣言》产生于对跨国公司的社会和人权影响缺乏指引，而对其进行规制的呼声日渐高涨的时代，因此其诞生本身就具有深远的历史意义。首先，它是第一个在联合国系统内获得通过的涉及工商业与人权问题的指导性文件；其次，它在规制思维甚嚣尘上的时代预告了工商业与人权问题的另类思维，即在工商业与社会（包括人权）问题上非规制的自愿立场。这一立场被国际劳工组织后来确认为官方的方法论。20 世纪 90 年代末，当联合国人权机构开始正式考虑《责任准则》的制定，国际劳工组织理事会进一步将国际劳工组织在社会责任（包括人权）方面的任务界定为开展研究和传播信息，并尊重相关领域实践的自愿性。⑬ 2006 年，国际劳工组织开始实施了名为企业社会责任焦点倡议(InFocus Initiative on CSR)的计划，旨在推进《多国企业宣言》中的原则成为良好的社会责任政策和治理实践的基础。⑭ 作为联合国体系的一部分，国际劳工组织在商业与人权领域的战略从《多国企业宣言》推出开始就与联合国自身的思路不相一致，但《多国企业宣言》中构建的思维在二十余年后却渐渐成为联合国的主流意识。

《多国企业宣言》对于这一意识的推动还在于它深刻影响了后来在这一领域内发展出的其他指导性文件和合作治理倡议。例如，《责任准则》考虑到了《多国企业宣言》中载明的标准⑮，它也是许多跨国公司行为守则

---

⑪ 上注，第 46 段。

⑫ ILO Multinational Enterprises Programme, *A Guide to the Tripartite Declaration of Principles concerning Multinational Enterprises and Social Policy*, 2002, 第 3 页。

⑬ 参见 1998 及 1999 年理事会国际贸易自由化的社会维度工作组(Working party on the social dimension of liberalization of international trade)的相关讨论，例如 GB. 273/WP/SDL/1(Rev. 1), GB. 274/WP/SDL/1 等。

⑭ ILO, *The Labour Dimension of CSR: from Principles to Practice*, ILO/MULTI, 2007, 第 2.1.2 部分。

⑮ 参见：《责任准则》草案序言，联合国文件 E/CN. 4/Sub. 2/2003/12/Rev. 2, 2003 年 8 月 26 日。

的制定依据或参考文件⑯,不少"软法"机制也将其列为参考标准。⑰ 尤其重要的是,一些与跨国公司关系紧密的政府间机构将其作为在工商业和人权领域推行合作治理的重要行动参考。例如,2000年修订的《经合组织多国企业指导方针》在其2011年版本中指出,其方针条款体现了《多国企业宣言》所倡导的原则,指出《多国企业宣言》在其所规定的范围内提供了有助于理解《指导方针》的更细致的阐述。⑱ 欧盟在2011—2014年企业社会责任战略中指出,企业,特别是大型企业,在寻求企业社会责任战略的过程中,应当参考国际公认的原则与标准,其中就包括《多国企业宣言》,而且欧盟委员会还倡导所有欧洲跨国企业于2014年前承诺遵循《多国企业宣言》。⑲

诚如一位长期在国际劳工组织开展与《多国企业宣言》相关工作的论者所指出的,《多国企业宣言》的主要目的是平衡跨国公司与国家之间的利益关系,"因此,最小化负面社会后果本身即满足了《多国企业宣言》的总体目标的观点是不正确的"⑳,但国际劳工组织对《多国企业宣言》的实际影响却并不满意,它在最近的一次关于《多国企业宣言》实施情况的报告中指出,跨国公司面对层出不穷的社会挑战在不断地调整战略,采纳的大多是具有规范意义的国际劳工标准,而《多国企业宣言》所倡导的自愿性良好实践在现实中仍然普遍欠缺。㉑ 然而,就工商业与人权问题而言,这只是问题的一部分,因为《多国企业宣言》的局限性还在于一方面它仅仅关注工商业对劳工

---

⑯ 一家对企业社会责任绩效表现进行评估和评级的欧洲机构Vigeo在2008年开展了一项针对欧洲最大的上市公司的调查,调查这些公司如何运用国际劳工组织多国企业宣言以及联合国全球契约等情况。调查结果显示,89个被访企业中的64%称其采用的企业社会责任方法基于多国企业宣言或受其启发。同时,281个企业中的53%在其年度企业社会责任报告或可持续发展报告中援引了多国企业宣言。参见 OECD MNE Guidelines: A responsible business choice,载于:http://www.oecdobserver.org/news/fullstory.php/aid/2772/OECD_MNE_Guidelines.html。

⑰ 例如,前一节所举的软法机制,包括SA8000、GRI以及《ISO26000社会责任指南》都将《宣言》列为劳工领域最具权威性的实践指引。

⑱ OECD, Guidelines for Multinational Enterprises, 2011版,载于:https://www.oecd.org/daf/inv/mne/48004323.pdf,第48段。

⑲ European Commission, A renewed EU strategy 2011—14 for Corporate Social Responsibility, COM(2011) 681/2,第4.8.1部分。

⑳ Jill Murray, "Corporate Social Responsibility: An Overview of Principles and Practices", International Labour Office Working Paper No. 34, 2004,第15页。

㉑ ILO, Eighth Survey on the Effect Given to the Tripartite Declaration of Principles Concerning Multinational Enterprises and Social Policy, GB. 294/MNE/1/2, 294th Session, 2005年,载于:https://www.ilo.org/public/english/standards/relm/gb/docs/gb294/pdf/mne-1-2.pdf。

权利的影响,另一方面也只针对跨国公司这一类企业,所以《多国企业宣言》虽然具有方法论上"公法私体化"合作治理的先导性,但实际上则在工商业和人权两个领域内都缺乏普遍性。《多国企业宣言》中方法和精神的发扬光大,需要联合国在更普遍的层面上展开行动。

第四节 联合国的"私体化"与全球契约

一、国际人权法的困境与全球契约的产生

1. 人权规范的实施困境与全球治理的体制依托

如上文所述,20世纪90年代开始的深度全球化带给国际政治经济秩序的一个突出的新特点就是人权问题的全球化,而第二次世界大战后以国家意志和国家管辖为基础发展起来的国际人权法已经无法在实施机制上保证人权规范的落实和人权价值的实现。但是,另一方面,在全球化条件下运作工商业时,各方又必然需要一个稳定的体制框架,也就是说,全球化对原有规范体系带来的破坏只有在为全球经济设计出新的"制度性均衡"的情况下才能求得解决。[12] 而全球化条件下工商业发展的高效率决定了它们"既没有时间也没有必要等到各国政府解决了这些问题且国际法为此设定了拘束性规则"[13],所以,工商业界不得不探寻自行解决相关问题的方法——因此才会有各种自愿性守则和倡议的产生和流行。

然而,碎片化的自愿行动并不能在全球层面普遍解决工商业面临的人权挑战这一宏大的新问题。[14] 在没有国际法律规范体系的情况下,这一问题的解决只能依靠建立和完善一个多方合作治理的框架,这就产生了两个层面的挑战:宏观层面需要便利一系列利益相关方的合作与交流,以探讨、寻求对这种全球问题的集体解决方案,微观层面则需要使合作治理的参与者,尤其是工商企业在其战略和日程运营中内化包括尊重人权在内的共享原

---

[12] Georg Kell, John Ruggie, "Global Markets and Social Legitimacy: The Case for the 'Global Compact'", *Transnational Corporations*, vol. 8, 1999, 第101—120页,见第103页。

[13] Andreas Rasche, "'A Necessary Supplement'—What the United Nations Global Compact Is and Is Not", *Business and Society*, vol. 48, no. 4, 2009, 第511—537页,见第517页。

[14] 参见:前文,本章第二节。

则,以促发其主动行动。[125] 所以,除非存在"基于新形式的、联结所有相关社会行为者的社会参与体系"[126],否则以工商业与人权的冲突为代表的全球治理问题就不可能获得解决。虽然国际劳工组织在这个领域内做了有益的先期尝试,但是其局限性则使其在工商业和人权领域内都只发挥出了有限的作用。作为唯一真正全球性的、负有全面使命的政府间组织,联合国似乎难以避免地会成为解决这一挑战的最合适的体制依托。[127]

2. 联合国的开放与全球契约的产生

1997年出任联合国秘书长的科菲·安南(Kofi Annan)认识到了联合国必须保持一个开放的姿态才可能与其他国际行为者一起建立解决包括工商业的全球化人权挑战等问题的治理体系。他在1998年年初就指出:"现在我们知道,没有政府、国际组织、工商业界和公民社会的参与,和平与繁荣就不可能达致……联合国的事务涉及全世界的工商业(The business of the United Nations involves the businesses of the world)。"[128]此外,当他在鼓动工商业界探寻解决全球化时代的可持续问题时也直陈了落后于全球化发展的规范之弊:"你们不必等到政府通过新的法律……现在,你们能够而且应该为了你们自己的利益开始行动。全球化的可持续性正受到考验。"[129]这一方面表明作为联合国的行政首脑,安南已经意识到新的可应对全球化挑战的国际法律规范——即使可能的话——不会在短时期内被各国所采纳;另一方面,他也意识到工商业界实际上具有超越国家边界和规范行动的能力和意愿,因为工商业界将是持续的全球化的最大受益者,问题只在于:如何

---

[125] 前注[123],第516页。

[126] John Ruggie, "Trade, Sustainability and Global Governance", *Columbia Journal of Environmental Law*, vol. 27, 2002, 第297—307页,见第298页。

[127] Jonathan Cohen, "The World's of Business: The United Nations and the Globalization of Corporate Citizenship", in Andriof J., M. Macintosh (eds.), *Perspectives on Corporate Citizenship*, Greenleaf Publishing, 2001, 第185—197页,见第185页。

[128] 联合国, *Unite Power of Markets With Authority of Universal Values*, Secretary-General Urges at World Economic Forum, Secretary-General Address to the World Economic Forum, SG/SM/6448, Press Release, 1998年1月30日,第1—2页。

[129] 参见: John Ruggie, "The Theory and Practice of Learning Networks: Corporate Social Responsibility and the Global Compact", in Malcolm McIntosh, Sandra Waddock, Georg Kell (eds.), *Learning to Talk: Corporate Citizenship and the Development of the UN Global Compact*, Greenleaf Publishing, 2004, 第32—42页,见第32页。

为工商业界参与全球治理缔造一个开放性的、共享性的、全球性的价值体系和行动平台。

1999年1月在达沃斯世界经济论坛年会上,安南正式提出了他的"全球契约"倡议:"我建议,你们,齐聚达沃斯的商界领袖,和我们,联合国,发起一项关于共有价值和原则的全球契约,以给予全球市场一张人类面孔。"[130]借此,他呼吁全世界工商业领袖"接受、支持并实施"人权、劳工和环境领域里的一套核心价值,这些价值原则即构成"全球契约"(以下或称"契约")。这一倡议不久就得到了联合国人权高专的响应和支持。[131] 2000年7月,安南代表联合国与四十余家跨国公司的高级管理者,以及国际雇主组织和国际自由工会联盟等机构的代表在联合国总部正式启动这一倡议,安南表示"我们必须确保全球市场根植于反映全球社会需求的广泛共享的价值和实践,并使世界所有人民共享全球化的利益"。[132] 由此可见,全球契约通过开放联合国体系在人权原则的普遍实施和全球治理的需求之间建立起了一个有机联系,借此它将联合国过去五十余年发展出的人权等法律原则和规范直接转化为工商业在全球化运营中的内在价值[133],从而超越国家的意愿和现有的国际规范体制而在国际治理层面和工商业的自身实践层面实现这些价值,正如安南所说:

> 你们可以通过自己业务中的自己的行为来直接支持人权、体面劳工和环境标准。你们真的可以将这些普世价值用作联结你们的全球企业的黏合剂,因为它们是全世界人民都认作自有的价值。你们可以确保在自身的企业实践中支持并尊重人权,并且不共谋对人权的侵害。[134]

---

[130] 联合国,Secretary-General Address to the World Economic Forum in Davos,SG/SM/6881,Press Release,1999年2月1日,第1页。

[131] Mary Robinson, Business and Human Rights: A Progress Report,载于:https://www.ohchr.org/Documents/Publications/BusinessHRen.pdf,第13—14页。

[132] Kofi Annan, A new coalition for universal values, *International Herald Tribune*,2000年7月26日,载于:https://www.un.org/sg/en/content/sg/articles/2000-07-26/new-coalition-universal-values。

[133] 安南在其《千年报告》中又强调了开放联合国的意义,指出"包括联合国在内的国际公共场所必须进一步开放,让更多行为者参与,他们的贡献对于校准全球化路线至关重要……这可以包括民间社会各组织、私营部门……和许多其他实体",前注㉑,第46段。

[134] 前注[130],第2页。

二、全球契约的"公法私体化"治理路径

1. 人权的私体化:从国际法律规范到工商业价值原则

人权和作为人权延伸的劳工标准,构成了全球契约十项原则的前六项。在人权领域,全球契约首先要求企业界应支持并尊重国际公认的人权(原则1),其次应保证不与践踏人权者同流合污(原则2);劳工标准则定位于国际劳工组织的四项核心原则,即支持结社自由及切实承认集体谈判权,消除一切形式的强迫和强制劳动,切实废除童工以及消除就业和职业方面的歧视。可见,这些原则全部源于已有的国际公约或宣言,因而全球契约本身并没有发展任何新的规范[135],但是,通过从原本针对国家的"国际公约或宣言"中提炼出这些有关人权的普遍性原则,契约就既可以在更高的价值层面上包容工商企业,也能被其所理解和接受。正如人权高专后来所指出的,全球契约的基本前提之一就是,如果没有私营部门的积极参与,人权的普遍性原则可能是一句空话。[136]

作为一项完全自愿的网络系统,全球契约有两个互补性的实现愿景的举措:支持企业使其战略和运营与十项原则相符合以及采取战略举措推进更广泛的社会目标,如联合国可持续发展目标。[137] 所以,根据全球契约的构建者之一所述,契约的理念是作为对其参与者的"道德指南针"而存在,以通过学习网络使企业将一般性的原则作为核心价值融入特定的商业环境之中。[138] 这当然是因为如果企业希望它们被视为社会和国际秩序中合法的一员,企业就必须重视而不是忽视其道德宗旨[139],但全球契约的审慎之处在于它虽然"私体化"了人权和劳工领域的法律原则,但是并没有将它们作为行

---

[135] 全球契约明确指出,其十项原则来源于《世界人权宣言》《国际劳工组织关于工作中的基本原则和权利宣言》《关于环境与发展的里约宣言》和《联合国反腐败公约》;参见:https://www.unglobalcompact.org/what-is-gc/mission/principles。

[136] 联合国人权事务高级专员关于《跨国公司和有关工商业在人权方面的责任》的报告,联合国文件 E/CN.4/2005/91,第15段。

[137] 《全球契约》,Our Mission,参见:https://www.unglobalcompact.org/what-is-gc/mission。

[138] Georg Kell, "The Global Compact: Origins, Operations, Progress, Challenges", *Journal of Corporate Citizenship*, vol. 11, 2003, 第35—49页,见第47页。

[139] Oliver F. Williams, "The UN Global Compact: The Challenge and the Promise", *Business Ethics Quarterly*, vol. 14, 2004, 第755—774页,见第760页。

为准则提出,而是将其标签化为工商业和整个国际治理系统应予内化的"价值",这一方面提高了这些原则的效力等级,另一方面也使其具有非常普遍的包容性。也就是说,"契约试图为全球经济编织一个基于十项原则的共有价值的网络"⑩,以确保工商业和非工商业行为者在全球市场内创设、讨论、修正以及拓展包括尊重人权在内的共享价值,而企业则可以在其运营中通过分享理念和最佳实践落实这些价值。

正因为契约想要表达的是一种简洁的原则性价值,所以它本质上不具备法律规范的精确性,也不能提供对预期行为的指引,这使得有些论者担心"契约原则的语言太过笼统,不诚恳的企业能够轻易地规避它们或者不做任何事情就与之相符合"⑪,有人更因此认为契约顶多是一个"极简派的企业行为守则"。⑫ 但是,这些论点显然都没有理解契约的本质意图,也就是这些价值原则是各个参与者交流和学习的基准,如何落实这些原则正是契约希望通过交流和学习加以探讨的问题。此外,契约参与者的多元化也不允许界定清晰的行为规则⑬,因为各个企业实施原则的实际方法可能大不相同。以人权为例,虽然我们可以大致列出一个"国际公认的人权"清单,但不同企业在不同情境下可能影响的人权及其解决方法则千差万别,"这凸显了契约的灵活性,它有相当的空间使这一倡议适应于每个参加者的特定需求和实际情况"。⑭

2. 全球契约的参与机制:从人权价值到人权实践

作为世界上普遍性最强、网络最广泛、参与企业最多的"自愿性企业公民倡议",工商业签约加入全球契约就意味着接受包括尊重人权在内的价值

---

⑩ 前注⑬,第 514 页。

⑪ Surya Deva, "Global Compact: A Critique of the UN's 'Public-Private' Partnership for Promoting Corporate Citizenship", *Syracuse Journal of International Law and Communication*, vol. 34, 2006,第 107—151 页,见第 129 页;以及:D. M. Bigge, "Bring on the Bluewash: A Social Constructivist Argument against Using Nike v. Kasky to Attack the UN Global Compact", *International Legal Perspectives*, vol. 14, 2004,第 6—21 页,见第 11 页。

⑫ Sean D. Murphy, "Taking Multinational Corporate Codes of Conduct to the Next Level", *Columbia Journal of Transnational Law*, vol. 43, 2005,第 388—433 页,见第 389 页。

⑬ 截至 2018 年 12 月中,全球契约有来自 160 个国家和地区的 9933 个企业参与者,且在企业规模、所有制等因素上也存在巨大差别,参见:https://www.unglobalcompact.org/。

⑭ United Nations Development Program (UNDP), *Implementing the Global Compact: A Booklet for Inspiration*, 2005,第 8 页。

原则和根本理念,而契约的参与机制则又在于促进工商企业通过学习和交流将人权价值转化为不断提升的人权实践。

（1）学习与参与

全球契约的参与理念是:通过对话与合作可以培养负责任的企业行为,同时通过互相学习可以促进包括尊重人权在内的相关实践的交流和传播,为此,全球契约使私营部门和劳工、公民社会组织以及学界等各方与联合国合作,识别并传播在人权、劳工等领域内的良好企业实践。⑮ 一方面,"通过向其他参与者学习,企业可以避免其同侪所犯的代价巨大的错误"⑯,而在全球化竞争条件下,这种"学习的压力"的确会形成工商企业参与契约的动力⑰;另一方面,联合国作为国际人权法的发展机构,可以为企业提供有关人权问题的最专业和最直接的支持,为此,下设于秘书长办公室下的全球契约办公室与包括联合国人权高专办公室、国际劳工组织、联合国妇女署等在内的联合国机关和专门机构建立了严密的治理层面的联系⑱,为在联合国体系内实施契约原则提供一致的支持。公民社会组织和劳工组织的参与既能提供专家和资源支持,也能够监督参与契约的企业——在这个意义上,它们也增强了全球契约的可信度。为了在地方层面促进人权等原则的落实,全球契约一方面在世界各国和各地区成立了近百个地区网络⑲,另一方面还鼓励企业与其利益相关方合作开展各种促进人权的项目,并推动联合国可持续发展目标的实现。⑳

---

⑮ John Ruggie, "Global_governance.net: The Global Compact as Learning Network", *Global Governance*, vol. 7, 2001, 第371—378页,见第371页。

⑯ John Ruggie, "Trade, Sustainability and Global Governance", *Columbia Journal of Environmental Law*, vol. 27, 2002, 第297—307页,见第302页。

⑰ 参见:Gunther Teubner, "Self-Constitutionalizing TNCs? On the Linkage of 'Private' and 'Public' Corporate Codes of Conduct", *Indiana Journal of Global Legal Studies*, vol. 18, no. 2, 2011, 第617—638页,见第635—637页。

⑱ 2017年,全球契约根据其新近制定的"2020全球战略"以及联合国2030议程开展了长达一年的治理评审,这促进了其治理框架的演进,以使全球契约"更适于完成其使命",参见:https://www.unglobalcompact.org/about/governance#Inter-Agency。

⑲ 地方网络是在地方层面的特殊性问题与全球层面发展出来的抽象观念和承诺之间建立密切联系的平台,包括通过与参与者的磋商来贡献于可持续发展目标,关于地方网络,参见:https://www.unglobalcompact.org/engage-locally/about-local-networks。

⑳ 关于企业在人权领域与相关方合作的实践,参见:https://www.unglobalcompact.org/what-is-gc/our-work/social/human-rights。

（2）沟通与交流

全球契约对于工商企业唯一的强制性义务是其必须每年公开通报其落实全球契约及其原则的努力和进展情况，并为此设计了严格的进展通报制度。进展通报既是企业参加者对全球契约及其各项原则所作承诺的重要证明，同时也是保障全球契约的学习和对话方法论的重要手段。[151] 因此，在内容上，全球契约要求企业的通报必须反映其在包括人权在内的所有四个问题领域内已采取的实际行动和取得的量化成果，而怠于通报则可能导致将被从全球契约除名。[152] 虽然企业通报的义务并不必然产生尊重人权的实际行动，但是这种通报制度的最大意义在于它能够向所有人展示全球范围内各种规模、各种行业、各种所有制形式的几千家企业在其人权影响领域的作为，并从而在宏观上为人权价值的实现发掘出实践方向和具体挑战。例如，全球契约早在 2010 年的调研就显示，"无论规模和所有制，仅有一少部分企业制定了明确的人权规范；上市公司最可能制定此种规范——与整体 26% 的比例相比，40% 的上市公司制定了人权规范；是否通过整个企业层面的守则处理人权问题的决定受到了企业规模的严重影响，89% 的最大型公司选择了这种方式；工作场所健康与安全以及非歧视是企业的人权政策最经常被涉及的方面"等等[153]，而这是国际人权法律体系过去几十年间都未能做到的。

3. 作为"人权商学院"的联合国

全球契约的另一个巨大成就是它整合了联合国及其各个与人权相关的机构的能力和资源，对学习和交流中积累的最佳实践进行了总结和提升，通过成功地将人权原则和规范与商业运营和规律相结合，为工商业界研究并开发出了一系列处理人权问题的管理工具和指导性商业原则，从而便利了工商企业在商业实践中尊重和实现人权，在这个意义上，全球契约相当于将

---

[151] 参见，联合国全球契约进展通报政策（2013 年 3 月 1 日更新），载于：https://www.unglobalcompact.org/docs/communication_on_progress/translations/COP_Policy_ZH.pdf。

[152] 2008 年 1 月，联合国全球企业办公室首次宣布除名 394 家公司，截至 2018 年 12 月 20 日，全球契约已先后除名 11349 家参加者，且多数为中小企业，已除名参加者（包括企业）的名单参见：https://www.unglobalcompact.org/participation/report/cop/create-and-submit/expelled?page=3。

[153] 参见：*United Nations Global Compact Annual Review 2010*，载于：http://www.unglobalcompact.org/docs/news_events/8.1/UN_Global_Compact_Annual_Review_2010.pdf，第 22—23 页。

联合国及其与人权相关的机构"私体化"成为工商业的"人权商学院"。

全球契约在这个领域的贡献可分为两个方面：工商业与人权的一般性管理工具以及工商业与人权具体问题的指导原则。一般性管理工具涵盖了企业管理的所有环节和所有方法，包括：商业与人权学习工具[154]、人权管理框架[155]、将人权嵌入工商业实践指南[156]、将人权融入商业管理指南[157]、人权政策发展指南[158]以及人权影响评价和管理指南等等[159]。工商业与人权具体问题的指导原则体系则包括：赋权予妇女原则[160]、在受冲突影响与高风险地区负责任商业实践指南[161]和儿童权利与企业原则等[162]。2006年，全球契约专门成立了由各利益相关方组成的"人权工作组"，协助全球契约研究和开发这些管理工具和指导原则[163]。2015年，全球契约更是开发了"人权与工商业困境

---

[154] *Business and Human Rights Learning Tool*，由全球契约与人权高专办联合开发，2011，参见：http://human-rights-and-business-learning-tool. unglobalcompact. org/。

[155] *A Human Rights Management Framework*，由全球契约与人权高专办等机构联合开发，2010年修订，参见：http://www. unglobalcompact. org/docs/issues_doc/human_rights/Resources/HR_C_Framework_Poster_A2. pdf。

[156] *Embedding Human Rights in Business Practice III*，全球契约开发，2009第三版修订，参见：http://www. unglobalcompact. org/docs/issues_doc/human_rights/Resources/EHRBIII. pdf。

[157] *A Guide for Integrating Human Rights into Business Management（2nd Edition）*，由全球契约与人权高专办等机构联合开发，2009，参见：https://www. ohchr. org/Documents/Publications/GuideHRbusinessen. pdf。

[158] *A Guide for Business：How to Develop a Human Rights Policy*，由全球契约与人权高专办联合开发，2015年第2版，参见：https://www. unglobalcompact. org/docs/issues_doc/human_rights/Resources/HR_Policy_Guide. pdf。

[159] *Guide to Human Rights Impact Assessment and Management*，全球契约与国际金融公司联合开发，2010修订，参见：https://www. unglobalcompact. org/docs/issues_doc/human_rights/GuidetoHRIAM. pdf。

[160] *Women's Empowerment Principles*，全球契约与联合国妇女署联合开发，2009，参见：https://www. empowerwomen. org/en/weps/about。

[161] *Guidance on Responsible Business in Conflict-Affected and High-Risk Areas：A Resource for Companies and Investors*，全球契约与负责任投资原则（PRI）联合开发，2010，参见：http://www. unglobalcompact. org/docs/issues_doc/Peace_and_Business/Guidance_RB_CHS. pdf。

[162] *Children's Rights and Business Principles*，全球契约与联合国儿童基金会等联合开发，2012，参见：http://www. unglobalcompact. org/docs/issues_doc/human_rights/CRBP/Principles_ZH. pdf。

[163] 人权工作组（Human Rights Working Group）从2013年开始重组为人权与劳工工作组（Human Rights and Labour Working Group），关于其职能和工作，参见：https://www. unglobalcompact. org/take-action/action/human-rights-labour-working-group。

论坛",帮助企业识别和应对不同地区和领域的具体的人权风险。⑭ 这些管理工具和指导原则首先都以全球契约的两个人权原则为基础,并融合了国际人权法律体系的其他原则和规范要求,但其最终目的是为工商企业提供具有商业可行性和操作性的人权管理工具,帮助企业将人权问题当作日常经营的主题融入管理。

三、在争论中凸显的"公法私体化"治理意义

与国际劳工组织的《多国企业宣言》相比,全球契约的"公法私体化"治理路径取得了更为普遍的成功。早在 2007 年,麦肯锡对大约 400 个全球契约参与企业的高管的调研表明,90%的参与者在契约原则各个领域内都比 5 年前做得更多⑮,安南则指出,"许多企业第一次开始解决包括人权在内的各种问题"。⑯ 然而,随着越来越多的工商企业在全球契约的框架下主动在人权领域采取行动,关于全球契约的争论也越来越激烈。争论主要集中在两个方面:全球契约平台上工商业与联合国的关系,以及全球契约体系中的问责制度。

1. 被工商业"捕获"的联合国

许多论者认为全球契约促成了联合国"支持市场的转变",导致联合国与其在经济问题上"非商业化"的传统立场决裂并被"悄悄地私有化",而这在长期来看会损及联合国的合法性。⑰ 另有论者认为,契约为"机会主义者公司提供了一个发表有关企业公民的庄严声明的场所,而无须担

---

⑭ Human Rights and Business Dilemmas Forum,2015 年,参见:https://www.unglobalcompact.org/library/9。

⑮ McKinsey & Company, *Shaping the New Rules of Competition*: *UN Global Compact Participant Mirror*,2007,载于:http://www.unglobalcompact.org/docs/summit2007/mckinsey_embargoed_until020707.pdf,第 5 页。

⑯ 参见:前注⑫,*Learning to Talk*,第 9 页。

⑰ Jean-Philippe Thérien, Vincent Pouliot, "The Global Compact: Shifting the Politics of International Development", *Global Governance*, vol. 12, 2006,第 55—75 页,见第 67 页;以及:Transnational Resource and Action Center (TRAC), Tangled Up in Blue: Corporate Partnerships at the United Nations, 2000,载于:https://corpwatch.org/article/tangled-blue,第 5 页。

忧被要求为其行为负责"[168],同时,契约打开了一个工商业"捕获"联合国的机会窗口[169],大公司通过参与全球契约可以更加直接地在联合国系统内寻求它们自己的政策目标,"联合国和大公司之间的密切关系提供了巨大的'捕获'余地,这样,本应是规则制定者的联合国会有意地不通过讨论或真正的民主程序开始接受工商业伙伴的议程"。[170] 此外,全球契约后来成立了全球契约基金会以从私营部门集资支持其开展活动[171],虽然根据全球契约基金会与联合国签署的备忘录,该基金会的"所有融资努力应以尊重联合国的尊严、国际人格和地位的方式开展"[172],但是这无疑也增加了联合国被企业"捕获"的担忧。

关于这个问题,一方面需要指出的是,联合国与企业的合作关系并非全球契约的创新也不是它所独有,实际上,在全球契约之前,包括联合国发展规划署(UNDP)以及联合国儿童基金会(UNICEF)等在内的很多联合国机构已经与企业建立了合作关系——这些合作关系的最终目的也是保护和促进人权。[173] 另一方面,无论是否存在全球契约,工商企业已然是很多全球问题的参与者,而人权问题的解决需要政治机构认可它们的角色。进入21世纪,工商业与联合国合作关系的强化正说明了联合国机构已经完成了从对抗走向合作的意识形态的转变——这是对全球化市场中国际和地方层面不断增大的治理缺陷的有效回应。一个已经得到联合国确认的基本观念就是:如果没有工商业界的参与,包括人权在内的联合国的目标将很难实现。[174] 实际上,关于"捕获"的担忧恰恰反映出各方的两种期望:人权应该成为国际

---

[168] S. Prakash Sethi, Global Compact is Another Exercise in Futility, *Financial Express*, 2003年9月7日,载于:http://www.financialexpress.com/news/global-compact-is-another-exercise-in-futility/91447/0。

[169] 参见:Ann Zammit, *Development at Risk: Rethinking UN-Business Partnerships*, The South Centre and United Nations Research Institute for Social Development,2003,第xxi,227页。

[170] 参见:Justine Nolan, "The United Nations Global Compact with Business: Hindering or Helping the Protection of Human Rights?" *The University of Queensland Law Journal*, vol. 24, 2005,第445—466页,见第465页。

[171] 关于该基金会,参见:http://www.globalcompactfoundation.org/about.php。

[172] 同上注。

[173] 参见:前注[169],第189—191页。

[174] 参见:Guidelines on Cooperation between the United Nations and the Business Sector,参见:http://www.un.org/ar/business/pdf/Guidelines_on_UN_Business_Cooperation.pdf,第1—5段。

社会行为者共同的价值和行动指南,且国际社会应该有一种更为透明、包容而权责清晰的治理系统——这些正是全球契约的"公法私体化"实践为之努力的目标。

2. 规制与问责

对全球契约的另一种比较频繁的批评是它没有问责机制,认为它不独立验证参与企业对契约原则的符合性,因而会沦为缺乏实质内容的公关工具,而且"缺乏问责会导致'逆向选择',那些最希望加入的企业正是那些最缺乏良好公众形象的企业"。[15] 显然,对究责的诉求表达了有些人仍然寄望于主要通过国际规制来保护人权。这里必须指出的是:根据《宪章》的规定,联合国层面任何涉及问责的制度都必须经由其决策机构——经社理事会、安理会甚或大会产生,而《行为守则》和《责任准则》已经证明:过去三十年来,在工商业与人权问题上此路一直不通。这正是契约未被设计为规制工具和制裁系统的初衷所在,也即它本质上无关规制与合规,而是期望其参与者采取主动行动落实人权价值和国际人权规范。当然,全球契约既绝非国内或国际规制体系的替代品,也不是一个无所不包的全球治理框架,但它"至少是对政府治理失败的第一个务实的回应,而且确定了讨论全球治理问题的议程"。[16] 此外,从现实性角度来看,全球契约也缺乏对参与者及其供应链进行有效而充分监控的资源和能力——这也是联合国不得不放弃之前的所有规制尝试的一个重要原因。

实际上,全球契约不仅可能产生一定的问责效果,而且它也能强化已有的规制机制。一方面,进展通报制度能在一定程度上确保问责,因为这些报告不仅需要在企业的重要文件(如年报)中加以公布,而且通常经过了企业董事会等决策机构的批准——这也是为什么全球契约的参与者中美国公司

---

[15] Oliver F. Williams, "The UN Global Compact: The Challenge and the Promise", *Business Ethics Quarterly*, vol. 14, 2004, 第755—774页, 见第762页。

[16] Georg Kell, "The Global Compact: Selected Experiences and Reflections", *Journal of Business Ethics*, vol. 59, 2005, 第69—79页, 见第78页。

很少的原因:它们担心由于未能遵循自我约束的原则而受到国内法上的控诉。[117]另一方面,通过利用一系列参与和对话机制,参与者还可以通过分享最佳实践和创新方法来理解和实施现有的规制规范。因此,国际商会认为"全球契约最大的力量在于其自愿性质,使其成为政府维护和促进契约原则的必要行动的强大补充"[118],而联合国大会在"鼓励私营部门接受并实施良好企业公民的原则"的同时,"请会员国注意多利益相关方倡议,尤其是秘书长的全球契约倡议"[119],这都表明了商界和联合国的政治机构确认了全球契约的自愿性质可以补益国家和国际层面的规范规制。全球契约当然需要持续完善和发展,但努力的方向应该是考虑如何强化其作为最普遍性的、且实际运作中的"公法私体化"治理体系的潜力。

第五节 本章小结

第二次世界大战之后发展至今的国际人权法及其实施体系,是"为了一个国家间世界建造的"[120],虽然实体性国际法规范(如禁止奴隶制和酷刑)可能已然确立了国家及其人民的集体意志和共同价值,但在包括人权在内的很多领域内,这些意志和价值的实现仍然必须依托国家的公法体系方可实

---

[117] 例如,耐克公司曾因宣传其生产商都遵行行为守则等言论而在1998年被劳工权益运动者Marc Kasky以虚假广告等原因告上法庭(*Nike, Inc. v. Kasky*, 539 U. S. 654 (2003)),并从而引发了有关美国宪法第一修正案所保护的言论自由与商业言论的限度的讨论。参见:Michele Sutton, "Between a Rock and a Judicial Hard Place: Corporate Social Responsibility Reporting and Potential Legal Liability Under Kasky v. Nike", *UMKC Law Review*, vol. 72, 2004,第1159—1185页;以及:Thomas A. Hemphill, "The United Nations Global Compact", *International Journal of Business Governance and Ethics*, vol. 1, 2005,第303—316,见第312页。

[118] International Chamber of Commerce, *The Global Compact: A Business Perspective*, Official Press Release, 2004年6月24日,转引自:Johan Viklund, Corporate Responses to the Global Compact and the UN norms: A Difference in Preference? 载于:http://www.diva-portal.org/smash/get/diva2:15543/FULLTEXT01.pdf.

[119] International Chamber of Commerce, *The Global Compact: A Business Perspective*, Official Press Release, 2004年6月24日,转引自:Johan Viklund, Corporate Responses to the Global Compact and the UN norms: A Difference in Preference? 载于:http://www.diva-portal.org/smash/get/diva2:15543/FULLTEXT01.pdf.

[120] 前注㉑,《秘书长千年报告》,第30段。

现——这一确立于《宪章》的基础至今未显出根本性变化。就工商业与人权问题而言,20世纪90年代以来,一方面,所有国家在促进人权方面或多或少都获益于全球化带动的工商业发展,另一方面,所有国家也都在人权领域面临全球化带来的或轻或重的挑战。[18] 这种复杂的利益与问题的结合使得国家很难在工商业与人权问题上形成构建国际规制体系的共识——如前文所述,各国从20世纪80年代初到90年代中期都未能赋予《跨国公司行为守则》以国际法效力,而《保护所有移徙工人及其家庭成员权利国际公约》成为从通过到生效耗时最长的国际人权核心公约[182]——都说明全球化条件下以国家意志为基础的国际人权法体系在针对工商业发展实施体制时,尴尬地遭遇到了价值和利益之间的冲突。因此,在这种条件下即使可以继续利用规制,也绝非对工商业主体直接进行国际规制,仅有的可能只有对国家行为进行国际法规范,强化国家在工商业领域内的人权义务。

另外,虽然全球化给国际人权法和人权保护本身带来了巨大的挑战,但它却也使人权成为工商业的战略价值,在规制之外强化治理以容纳工商业尊重人权的主体作用成为国家和工商业的共同需求。在内外部治理需求的驱动下,从20世纪80年代末开始,以跨国公司为主的工商企业开始"刺破国家的面纱",自愿地在内外部的私营关系中纳入人权价值和人权要求,使得原本作为公法存在的国际人权规范成为私营关系的内在价值和私体机制的运作准则,此所谓国际人权规范的"公法私体化"。虽然国际人权规范的"公法私体化"存在多种形式,但都使尊重人权的要求成功地融入了各种私体关系中,并且不断强化其作为"工商业习惯法"的性质。同时,这些实践对于国家和联合国产生了深刻的倒逼作用。

而实际上,国际劳工组织因其特别的治理体系早在这种倒逼作用产生之前就通过《多国企业宣言》,以此在联合国体系内"私体化"了国际劳工保护标准和人权原则。国际劳工组织的实践表明,全球化时代,在更高层面开

---

[18] 同上注,第33—37段。
[182] 该《公约》于1990年12月18日由联大通过,将近13年后的2003年7月1日方始生效,而该《公约》的生效仅要求有20个国家的批准或加入(相对于《经济、社会、文化权利国际公约》和《公民权利和政治权利国际公约》公约都要求有35份批准或加入,该公约与《消除对妇女一切形式歧视公约》和《儿童权利公约》等一样,都采用了核心公约中的最低要求,即20份批准或加入书),参见第87条。

展人权问题的"公法私体化"治理,不仅必要而且可行。2000年启动的全球契约则是在这一更高层面上开展的更为普遍化的"公法私体化"治理倡议。考虑到多数公司在管理人权和劳工等问题时仍有很多需要学习,全球契约将国际人权原则"私体化"地确立为工商业的根本价值,并为其提供了一个以这些价值为基础的交流网络和"增值平台"。这样,当国际人权法律体系在工商业问题上缓慢发展或踟蹰不前的时候,全球契约能够在国际人权法律体系之外,联合国平台之上为工商业在全球化条件下应对人权问题提供基本的价值保障和高效的行动指南。

当然,"公法私体化"合作治理的一个根本性担忧是联合国在这种合作关系中的定位问题。本文认为,如前文第一章所述,《宪章》不仅没有明文禁止国家与其他组织开展合作,而且实际上鼓励它们与"专门机构"进行经济和人权问题的合作治理,而这应该被理解为一种开放性的指示。此外,为了确保联合国在与私营部门合作中的独立性、透明度、公正与公平,联合国专门制定了选择工商业合作伙伴的规范性文件《联合国与工商业部门合作导则》,其主要针对的工作领域就是全球契约。[13] 最后,尤其重要的是,联合国大会在过去十年多来的很多决议中都确认了与工商业合作对联合国实现其目标的重要意义,这无疑是对《宪章》鼓励合作精神的确认和重申。[14]

---

[13] 参见:前注[12],第9—12段。
[14] 例如,参见大会决议:A/RES/56/76(2002年1月24日)、A/RES/58/129(2004年1月19日)、A/RES/60/215(2006年3月29日)、A/RES/62/211(2008年3月11日)以及A/RES/66/447(2011年12月7日)等。

第五章　回归《宪章》的"保护、尊重与补救"框架

进入 21 世纪,围绕《责任准则》草案及全球契约倡议的强烈分歧和广泛争议说明了两个重要的事实:一个是工商业的人权影响问题已经成为国际层面各方的重要关切;另一个则是作为调整二者关系的中枢,联合国至此已有的所有尝试并未能完全解决所有各方的关切。这意味着联合国必须继续就此问题探寻解决思路,同时,任何新的思路都必须具有能够获得普遍共识的成熟战略和可行方法。

第一节　"有原则的实用主义"

一、特别代表的产生与联合国的治理基调

由于联合国经济机构在工商业与人权问题上的有限影响力和失败尝试,也由于各方似乎已经习惯于将工商业的人权影响当作一个人权问题来看待,而联合国的人权决策机构——人权委员会实际上从未在这个领域采取过实质行动[①],因此人权委员会终被认为是解决这一困局的必然选择,但是这一政治性机构对工商业与人权领域的实体问题明显缺乏充分认识和采取行动所必需的共识基础。因此,它建议经社理事会促请人权事务高级专员办事处开展研究,说明在跨国公司和其他工商业人权责任领域现有标准和倡议的范围及法律地位,"以便委员会能够找出用于加强与跨国公司和其

[①] 《责任准则》草案在很大程度上只是增进和保护人权小组委员会的自我授权行动,见第三章第一节第三部分;另外,在就《责任准则》表明态度时,人权委员会特意确认,《责任准则》"未得到本委员会的请求",人权委员会决议第 2004/116 号决议,2004 年 4 月 20 日。

他工商业在人权方面责任有关的标准的方案以及可能的实施办法"。②

2005年2月,人权高专办在经过与利益相关方,包括所有成员国以及全球契约办公室磋商后向人权委员会提交了研究报告。③ 然而,该报告的结论之一是在工商业与人权问题上,还存在着各方认识差异巨大的"悬而未决的问题"④,因此在建议部分,高级专员虽然强调"需要委员会迅速行动,保持界定和阐明商业实体人权责任的现有势头",但同时又建议"本报告提出的许多问题需要另行研究"。⑤ 以此建议为基础,人权委员会提请联合国秘书长任命一名人权与跨国公司和其他工商业问题的特别代表(下称"特别代表"),阐述有关意见和建议,供人权委员会审议。⑥ 2005年7月,经社理事会通过了关于批准委员会请求的决定。⑦ 7月28日,联合国秘书长任命哈佛大学肯尼迪政府学院教授、秘书长前战略规划顾问约翰·鲁格(John G. Ruggie)为其特别代表。⑧

特别代表的任命以及对其工作方法的要求实际上已经在很大程度上体现了联合国(具体而言,人权委员会)在工商业与人权问题上倾向治理而非规制的战略基调。首先,人权委员会在相关决议中醒目地"确认跨国公司和其他工商企业……可通过投资、创造就业机会和刺激经济增长对人权的享受作出贡献"⑨,也即人权委员会没有沿袭《行为守则》和《责任准则》中对工商业"性本恶"的心理预设;其次,特别代表的职责没有落脚于为开展规制而

---

② 前注①,2004/116号决议。
③ "联合国人权事务高级专员关于《跨国公司和有关工商业在人权方面的责任的报告》",E/CN.4/2005/91,2005年2月15日。
④ 这些问题主要有关企业的人权责任的界限和标准,见上注,第23—51段。
⑤ 这些问题包括:"影响范围"和"共谋"的概念、企业"支持"人权的积极责任的性质、企业在与子公司和供应链关系中应负的人权责任、在国家不愿意或没有能力保护人权情况下的司法管辖和保护人权问题、具体行业面临的不同挑战以及对具体情况的研究,包括在冲突地区保护人权的问题等,上注,第52段。
⑥ 人权委员会第2005/69号决议,2004年4月20日;关于联合国秘书长的特别代表制度,参见:Volker Lehmann, "Special Representatives of the United Nations Secretary-General", 2007,载于:http://library.fes.de/pdf-files/bueros/usa/04703.pdf(本章所有网址最后检查访问于2018年12月20日)。
⑦ 经社理事会决定第2005/273号,2005年7月25日。
⑧ 在人权委员会第六十一届会议上提议任命特别代表的决议草案由阿根廷、奥地利等国提出,决议草案最终以49票赞成对3票反对(澳大利亚、南非和美国),1票弃权(布基纳法索)获得通过,联合国文件E/CN.4/2005/L.87,2005年4月15日。
⑨ 前注⑥,人权委员会第2005/69号决议,序言。

进行研究,反而其中心职责突出了为合作治理进行准备的思路,因此,特别代表不仅要研究跨国公司和其他工商企业在人权方面的责任和问责标准,以及澄清"共谋"和"影响范围"等概念的意义,而且还需要"开发用以评估跨国公司和其他工商企业活动对人权的影响的资料和方法"和"汇编国家、跨国公司和其他工商企业的各种最佳实践"。[10] 再次,人权委员会还对特别代表提出了基于治理思路的工作方法的要求,除了要求他"持续不断地与所有利益相关方进行磋商"之外,还特别要求他"每年都须与某一行业的公司的高级执行人员和专家举行会议……以提高认识并分享最佳实践"。[11] 最后,获任的特别代表自身的背景和经历也表明了联合国在工商业与人权问题上的治理思路倾向。[12]

二、治理思路成为战略选择

特别代表其后两年的研究工作为联合国在工商业与人权问题上探讨了战略方向和具体方法。首先,其 2006 年提交给人权委员会的报告为联合国探明了多方治理的战略方向。[13] 这一战略方向基于实证研究以及价值上的权衡,目的是建立下一步工作的意志基础。

1. 人权应是全球市场的共享价值

特别代表认为,当今世界是"一个国家领土不再构成主要组织原则,各种行为者发挥着重要公共作用的全球化世界",而这一特点在经济领域中表现得尤为突出。[14] 例如,各方最近关注跨国公司人权问题的一个重要原因是跨国公司已具有通达全球的能力,能够以政府或国际机构无法比拟的速度和规模采取行动,因而社会各方也越来越希望借助这一平台应对亟须解决的社会问题——尤其是当政府无力或不愿意有效地履行其职能的时候。在解决对人权的损害方面,"公民社会和决策者已越来越认识到公司的积极参

---

[10] 前注⑥,第 1 段。
[11] 上注,第 3、5 段。
[12] 首先,约翰·鲁格不是一位律师或法学院教授,而是政治学教授,此外,他也是全球契约的主要缔造者之一以及"千年发展目标"(Millennium Development Goals)等治理规划的倡导者,参见:Press Release of the UN Secretary-General SG/A/934,载于:https://www.un.org/press/en/2005/sga934.doc.htm,以及:https://www.hks.harvard.edu/faculty/john-ruggie。
[13] 参见:E/CN.4/2006/97,2006 年 2 月 22 日。
[14] 前注⑬,第 10 段。

与是一个重要的成功因素"。⑮ 这一切使得人们意识到,市场和商业组织涵盖的巨大范围与社会保护和促进其核心价值观的能力之间的严重失衡是一种不可持续的状态。也就是说,全球市场和社会管理其后果的能力之间差距不断扩大。因而,将全球市场内置于共享价值观念和体制之中是一种好得多的选择,而"人权应该位于所有关切的中心"。⑯

2."有原则的实用主义"

在作为共享价值的人权和全球化的市场之间,特别代表认为企业不仅受到法律的制约,还受到社会规范和道德义务的约束——尤其是在缺少或完全没有实施法律的能力或意愿的情况下,"社会规范和社会期待的作用就可能十分重要"。⑰ 因此,他指出必须区分不同的责任所对应的不同的社会组织基础、运作模式和激励机制,"利用这些区别勾画企业的责任对于企业、政府和社会都具有很高的实用性"。⑱ 同时,无论针对何种责任,如果要评估商业的人权影响这种本身处于不断变化中的情况,就必然需要作出规范判断(normative judgment),或者说基于价值的应然判断。特别代表提出,判断的最好基础就是所谓的"有原则的实用主义"(principled pragmatism):坚持敦促企业促进和保护人权的原则,同时应该务实地看待在最重要的问题,即人民的日常生活上,最能够作出改变的方面。⑲ 这意味着与跨国公司委员会和保护和促进人权小组委员会不同,特别代表希望抛弃通过借助规范规制而一劳永逸地解决工商业的人权问题的理想化思路,而是需要探寻新的路径,使之既能坚持保护人权的原则,又能兼顾工商业对人民生活这一根本问题的积极贡献。事实证明,这种有原则的实用主义是特别代表的建议框架能够获得工商业界和国家的普遍支持的重要原因。

3."公法私体化"

"有原则的实用主义"对于特别代表的指导意义在于探寻、提升并规模化那些既能够在实质上促进和保护人权,又具有实际适用性的解决方案。首先,通过对65起企业影响人权的案件的研究,特别代表得出了两个基本

---

⑮ 前注⑬,第17段。
⑯ 上注,第19段。
⑰ 上注,第75段。
⑱ 上注,第70段。
⑲ 上注,第81段。

结论:第一,各种行业在人权挑战的种类和规模上存在很大差异;第二,最严重的公司损害人权的行为与东道国较低的国民收入、目前或近期的冲突以及治理的薄弱以及腐败等问题共存共生。[20] 这两个结论的言下之意非常明显,一方面,解决工商业与人权冲突的思路必须符合各种行业的特点,因而需要具有商业上的必要性及合理性;另一方面,对人权最重要的影响来源于有效治理的缺位。

在此基础上,特别代表审查了这一领域内的现有对策,包括单个企业的做法和企业与其他利益相关方的合作安排。就前者而言,他认为"许多甚至多数世界级大企业意识到它们负有人权责任,已采取了某种形式的人权政策和做法,系统地思考过人权问题,并建立了至少初步的内部和外部报告制度"[21],这响应了他之前的结论:"公司的自愿倡议反映了社会的期待如何影响公司的行为"——表明在工商业内外部推行自治治理与合作治理不仅是可能的,而且是必须的。就合作治理安排而言,特别代表研究了诸如全球契约、《关于多国企业和社会政策的三方原则宣言》、供应链审核以及《安全与人权自愿原则》等倡议,认为这些方案是各行业正不断出现的"一些适合不同情况的零散的合作治理措施"。但是,"即使把这些零散的措施统一起来,也有许多人权涉及不到,许多地区的人权也得不到很好保护",因此,特别代表的结论是:人权界面临的最重要的挑战就是如何将促进和保护人权的要求变成更加标准化且一致性的企业行为。[22] 根据本书的理论,这意味着在特别代表看来,工商业与人权问题的核心之一仍然是如何普遍地在企业层面系统化地落实自主性的"公法私体化"思路。

4. 超越规制和《责任准则》

这样,在合作治理成为新的战略选择而"公法私体化"成为政策进路的情况下,《责任准则》就成为特别代表无法绕过的关卡。特别代表也明确指出,当以前的各种讨论由于对《责任准则》的分歧意见而陷入僵局,"各国政府认为特别代表的任务是打破僵局的手段"。[23]

---

[20] 前注⑬,第29、30段。
[21] 上注,第38段。
[22] 上注,第53段。
[23] 前注⑬,第55段。

而特别代表打破僵局的手段则是对《责任准则》提出了直接而尖锐的批评,他的批评也立论于前文提出的两个基本问题。首先,《责任准则》建立在"国际法已发生根本的变化可以使公司直接承担对国际人权的法律义务",即本书所谓"私体公法化"路径这个"引起人们的极度怀疑和震惊的主张"之上。㉔《责任准则》的第二个问题则是其对国家和企业人权责任的分配不准确,没有说明根据国家和公司的各自社会角度分配人权责任的实际原则。㉕这样,特别代表就《责任准则》及相关的规范规制思路给出了否定性结论:虽然"规范的制定和倡导是与商业相关的人权制度不断发展的必要内容",但是由于《责任准则》的缺陷,"这方面的努力将成为推进特别代表的任务的负面因素而非基础"。因此,特别代表表示"关于《责任准则》的分歧将混淆而不能厘清企业、公民社会、政府和国际机构在人权方面的共识和合作"㉖,这实际上就明确抛弃了《责任准则》及其所代表的"私体公法化"规制路径。

三、"公法私体化"治理进路的构建挑战

特别代表2007年向人权理事会㉗提交的研究报告深入分析了有关工商业"责任"(关于企业的法律、社会或道德义务)和"问责制"(要求其履行这些义务的机制)的各种既有标准的现状和问题,这实际上提出了构筑更加完善的国际治理体系需要解决的各种问题,虽然解决方案仍有待探究。㉘

1. 作为基础的国家保护义务

如前文所述,合作治理进路的理论前提是:除了代表公共利益的各国政

㉔ "《准则》可以说只是'反映'和'重述'了对企业适用的国际人权法律原则。同时也可以说是在国际层面第一次提出的'非自愿性'的、在某种意义上对企业具有约束力的倡议。但是,从语义上来看,这两个说法不可能全对。如果《准则》仅仅重述现有国际法律原则,它们不可能直接对企业具有约束力,因为,除了某些战争罪和妨害人类罪外,这方面还没有普遍公认的国际法律原则;如果《准则》对企业具有直接约束力,它们就不可能只是重述国际法律原则,还需要以某种方式发现或创立新的原则。《准则》所做的恰恰是采用了现有的以国家为基础的人权文书,只是主张多数规定现在也对公司适用了,但这一主张在国际法中没有权威基础——硬性的、软性的或其他的权威基础";上注,第60段。

㉕ 上注,第66段。
㉖ 上注,第69段。
㉗ 人权委员会已于2006年改组为人权理事会,联大第60/251号决议,2006年3月15日。
㉘ 由于时间关系,特别代表认为他无法按照第2005/69号决议的要求就"国家及其他社会行为者可以采取哪些重要的法律和政策措施"向人权理事会提出意见和建议,所以,特别代表希望理事会延长其使命一年,人权理事会在其2007年3月份的会议上批准了这一请求。

府必须发挥关键性作用之外,还需要其他社会行为者的配合,并需要利用其他社会机构,包括市场机制本身来实现社会关系的调整和社会体制的构建,这也得到了特别代表的确认,"国家提供保护以防止非国家主体的侵权行为的义务是国际人权制度赖以建立的基础的一部分"。㉙ 特别代表的研究表明,各项国际人权文书至今并未对企业规定直接的法律义务㉚,反而是国家的保护义务被普遍认为是一种国际习惯法规范,也不断在人权公约中被重申为条约义务,并且国际人权机构的指导方针也表明,国家的保护义务不仅适用于私人当事方可能侵害的所有权利,也适用于所有类型的企业。㉛ 但是,特别代表与各人权机构的共同发现就是:各国未能提供保护以制止企业损害人权的行为,"没有几个国家制定了各项政策方案或手段,专门具体应对公司人权方面的挑战……没有几个国家确定在其出口信贷和投资促进政策中,或在双边贸易和投资条约中,考虑人权标准"。㉜ 因而,在工商业与人权的关系中,国际社会必须首先强化国家的保护义务这一基础。

2. 有待完善的软法倡议和自律机制

特别代表指出,在合作治理的各种机制中,软法机制仍然十分重要,工商业界直接参与相关倡议的制定和执行,表明它们越来越承认社会发展的期望。㉝ 尤其是,一些工商业与人权的挑战需要多方利益相关方采取对策,因此这些倡议确立了共同责任和多利益相关方合作的治理思路,并在复杂的合作网络中建立起问责机制。㉞ 特别代表指出,虽然这些倡议仍属于试验性质,但它们反映了工商业界新近出现的自愿参与制定全球治理规则并加以实施的意愿,而且这些做法存在于许多"政府间制度没有跟上社会期望方面快速变化的领域","试图堵塞那些助长侵犯人权行为的法规缺陷"。㉟ 所

㉙ 特别代表,《商业活动与人权:梳理有关公司行为的责任和问责的国际标准》,A/HRC/4/35,2007年2月19日,第18段。
㉚ 上注,第44段。
㉛ 上注,第10—13段;另参见,特别代表,《联合国核心人权条约所规定的国家在规制和评判公司活动方面的责任:各条约机构所作评论的综述》,A/HRC/4/35/Add.1,2007年2月13日。
㉜ 上注,第17段;另参见,特别代表,《人权政策与管理作法:对政府和〈财富〉杂志所列全球500强公司进行的问卷调查结果》,A/HRC/4/35/Add.3,2007年2月28日。
㉝ 上注,第45段。
㉞ 前注㉙,第45段。
㉟ 上注,第53、56段。

以,它们应当被具体化为"国际社会的新型准则"。㊱ 但是,这些倡议产生于具体的业务背景,没有达到足够规模,可对市场产生真正影响,它们的存在也是零散的,没有形成一致或互补的体系,此外,这些倡议的治理结构是否可信也取决于三个因素:参与、透明以及不断进行现状检查。㊲ 就工商企业的自律机制而言,特别代表的研究表明,虽然很多企业都承认人权,并采取措施确保一定的问责机制㊳,但是,即使在这些企业中,也明显存在一些积极性不高的问题,有些公司对其可能发挥最大影响力的权利未必加以承认。㊴ 同时,自我规制的普遍化也对其问责制的内涵和建立方法提出了严肃的技术问题,主要是人权影响的评估、绩效报告的实质性和可靠性等。㊵

3. 调整公私主体的关系

特别代表在结论中指出,与企业相关的损害人权的行为之所以得以发生,是因为经济力量与政府能力之间的错误结合为其创造了条件,"治理上的缺陷,让处境最不利的人和社区付出最为沉重的代价",因此只有重新调整这两方面的关系才能解决这一问题。㊶ 然而,特别代表指出,"没有任何一种单一的万能办法可以迎击企业与人权的挑战;需要采取广泛的措施,而且需要所有相关的行为者参与"。㊷ 这里,他再次强调基于合作治理思路的软法机制,认为其独特贡献在于确认了为实现某些目的,最明智的解决办法是让各项建议建立在"共有责任"概念基础上。虽然它们存在明显缺点,但仍具有很大的潜力,而"最大的挑战是如何在这些努力真正成为系统的干预行动时,使之形成规模"。㊸

㊱ 前注㉙,第 62 段。
㊲ 上注,第 57 段。
㊳ 上注,第 65—72 段。
㊴ 上注,第 45 段;另参见,特别代表,《企业对人权的承认:全球趋势及区域和部门的不同情况》,A/HRC/4/35/Add.4,2007 年 2 月 8 日。
㊵ 上注,第 76 段;另参见,特别代表,《人权影响评估——解决关键的方法问题》,A/HRC/4/74,2007 年 2 月 5 日。
㊶ 上注,第 82 段。
㊷ 上注,第 88 段。
㊸ 前注㉙,第 85、87 段。

第二节 "保护、尊重和补救"框架中的治理战略

一、"保护、尊重和补救"框架:治理战略

经过一年的研究和磋商,特别代表在2008年4月向人权理事会正式提出了关于这一主题的概念和政策建议的框架,也即"保护、尊重和补救"框架(下称"框架")。㊹ 2008年,人权理事会对该框架表示欢迎,并将特别代表的任务再延长3年,请他落实该框架㊺,也即对其实施提出具体而切实的建议。又经过将近三年的研究和论证,特别代表将这一框架具体落实为《工商业与人权:实施联合国"保护、尊重和补救"框架指导原则》(下称《指导原则》)㊻,并最终获得了人权理事会的一致支持与核可。㊼ 正如特别代表所言,"理事会的核可将《指导原则》确立为了工商业与人权领域内全球性的权威参照点"。㊽

在工商业与人权问题上,框架提出的是一个由三项核心原则构成的合作治理方案:国家有义务提供保护以防止第三方包括工商业侵犯人权;企业有责任尊重人权;此外,必须为人权侵害提供有效的补救机会。㊾ 框架清晰而完整地贯彻了合作治理的战略,而框架的每项原则都构成这种治理战略的一个支柱。正如《指导原则》开篇就强调的,框架和《指导原则》的贡献不在于创造新的规范,而在于"阐明现有标准和实践的意义",并且从合作治理的角度"确定现有体制的缺陷以及如何改进"。㊿

㊹ 特别代表,《保护、尊重和救济:工商业与人权框架》,A/HRC/8/5,2008年4月7日。
㊺ 人权理事会第8/7号决议,2008年6月18日。
㊻ 联合国文件,A/HRC/17/31,2011年3月21日。
㊼ 人权理事会决议,第17/4号,2011年6月16日。
㊽ UN Human Rights Council endorses principles to ensure businesses respect human rights,载于:https://news.un.org/en/story/2011/06/378662。
㊾ 关于这一框架的阐释,参见:John Ruggie, "Protect, Respect And Remedy: A United Nations Policy Framework For Business And Human Rights", *Proceedings of the Annual Meeting (American Society of International Law)*, vol. 103, 2009, 第282—287页。
㊿ 《指导原则》,导论第14段。

1. 客观界定工商业的人权影响

与《责任准则》不同,框架不是建立在对业界的怀疑和否定之上,而是首先肯定了工商业对社会发展及人权保护的积极作用:"工商业是主要的投资和创造就业的来源,市场可以成为分配稀缺资源的高度有效方式。它们具有强大的力量,能够实现经济增长,减少贫困,扩大对法治的需求,从而推动更广泛人权的实现。"[51]这就否定了"市场本恶"的有罪推定,将工商业的本性之一定义为一种实现人权的积极因素。

同时,框架没有将市场中工商业对人权造成的负面影响单纯归咎于工商业,而是将这一问题置于工商业与其他相关方的关系和力量对比之中,确认"治理缺陷"是使工商业负面影响人权的根本原因。[52] 也即,工商业对人权的负面影响很多时候并非工商业有意为之,而是"当市场的规模和力量远远超出使其顺利运作并确保其政治延续性的体制基础可以支撑的范围时,市场就会对社会和工商业本身造成最大的风险"。[53] 这一判断的重要性在于:虽然工商业对人权造成负面影响的原因包括国家规制意愿或能力的缺乏,但更重要的原因则是国家为了投资和贸易等目的使工商业界的权力扩张造成损及人权的不平衡状况,以及跨国公司的治理结构和供应链结构使其人权影响不断外部化等治理因素。因而,框架确定的工商业与人权困境的根源在于全球化带来的治理差距,即"经济力量和行为人的范围和影响与社会管理其不良后果的能力之间存在的差距"。[54] 这实际从根本上"开脱"了工商业的完全责任,而是确立了共同责任的基调,所以,特别代表认为,各方的工作重点"应当放在缩小或弥合全球化带来的治理差距的方式上"。[55]

2. 否定理想化规制并强调多方参与

在这个基本认识之上,框架否定了理想化的规制思路,也即类似《责任准则》一样,"制定一个有限的企业应负责任的人权清单,同时在公司影响所及范围的内将基本上与国家同样的责任扩大到公司身上"。[56] 这种绝对或主

---

[51] 前注㊹,第 2 段。
[52] 上注,第 3 段。
[53] 上注,第 2 段。
[54] 上注,第 3 段。
[55] 上注,第 11 段。
[56] 前注㊹,第 6 段。

要依赖规制的思路的错误不仅在于技术上，因为工商业能够影响到几乎所有国际公认的权利，任何有限的清单都可能“挂一漏万”。而且，从治理角度来看，这种思路“没有以充分反映全球化复杂性和动态并向各国政府和其他社会行为人提供有效指导的方式构想相关议程”。(57) 因而，框架提出的更有前途的办法是“讨论企业对于其可能影响的各项权利的具体责任”。(58)

一方面，在不强调规制的前提下，框架认为解决工商业与人权领域的体制偏差，“没有单一的万灵丹”(59)，而是所有社会行为者，包括国家、工商业和民间社会，必须学会以不同方式做很多事情。这实际上是对治理战略从主体角度的确认，也即多方参与，各尽其责，同时也正当化了框架本身的意志渊源，也即“每个利益相关方集团都表示迫切地需要制定共同的概念和政策框架，作为进行思考和采取行动的基础”。(60) 正如欧盟在支持框架和《指导原则》的声明中所指出的，“无疑这一成功来自包容性的方法，这一进程将国家、工商业行为者和公民社会都充分地联系在一起”。(61) 另一方面，框架本身显然并非第一个在工商业与人权领域的多方治理方案，因此它还必须回答为什么既有方案(如全球契约、《关于多国企业和社会政策的三方原则宣言》等)未能解决工商业与人权的关系问题。框架认为这些方案的“碎片化”不能使之成为权威性的中心，可以在公共治理中“统一所有有关利益相关方的期望和行动”(62)，而框架本身则由于获得了联合国人权理事会的支持，因而促成了以往缺失的权威性的协调中心，也即，框架因此被确立为合作治理的中心点。

3. 清晰界定公私主体的责任界限

治理意味着合作和共同责任，但同时，治理的基础还包括必须清晰界定相关各方的责任界限。这里，框架以《责任准则》为鉴，避免将作为经济行为

---

(57) 前注㊹，第 10 段。

(58) 上注，第 6 段。

(59) 上注，第 7 段。

(60) 上注，第 8 段。

(61) 欧盟委员会，*EU Comments on the Draft Guiding Principles for the Implementation of the UN "Protect, Respect and Remedy" Framework*，2011 年 1 月 31 日，载于：https://www.business-humanrights.org/sites/default/files/media/documents/ruggie/eu-comments-on-draft-guiding-principles-31-jan-2011.pdf。

(62) 《指导原则》，导论第 5 段。

人的工商业实体的独特责任与国家的义务纠缠在一起,虽然不否定它与国家的人权义务之间的密切联系,但基础是框架对二者的责任与义务作出了清晰的界定。

具体来看,框架提出国家负有保护人权的义务,是因为国家处于国际人权制度的核心,故而国际人权法是其根本义务;而企业负有尊重人权的责任,这是因为社会在人权方面对工商业寄予重望,故而它的责任更在于法律之外;补救机会之所以也是支柱,是因为即使最一致的努力也不能防止所有对权利的损害。[63] 如果用否定性语言并且从治理角度表述的话,这一体系意味着在任何与商业相关的人权问题中,除了权利受到损害并期待补救的个人或群体之外,还存在着另外两个当事方中的至少一个:未尽到保护义务的国家和/或疏于尊重的企业。所以,这三项原则是彼此不同但相互补充的责任,它们构成相辅相成的一个整体,相互支持才能"取得可持续的进展"。[64] 不将某一方的责任绝对化或优先化,且不将其与整个社会系统割裂,是框架的治理结构区别于之前的种种规制规划的战略特征。同时,治理思路意味着在各方权责界限清晰的条件下,对现实问题提供合理而有效的解决,而不仅仅在于为问题找到责任的承担者。

正因为如此,在理事会2010年6月会议的互动对话期间,各国代表团同意框架基础上的有关建议应采取"指导原则"的形式[65],这一方面表明在框架基础上衍生出来的《指导原则》不具有强制性,但另一方面也表明它们是各国意志的集中表达。《指导原则》规定其适用于所有国家和所有工商业,其明确的目标不再单纯是国际人权规范的落实,而且还在于通过强化在工商业与人权方面的各种标准和做法,以实现针对受影响的个人和群体的"具体成果",从而推进"社会意义上可持续的全球化"(socially sustainable globalization)。[66]

---

[63] 框架,第9段。
[64] 同上注。
[65] 参见:联合国视频资料:http://www.un.org/webcast/unhrc/archive.asp?go=100601 及 http://www.un.org/webcast/unhrc/archive.asp?go=100602,2010年6月1日、6月2日。
[66] 《指导原则》,一般原则。

二、国家的保护义务:公共治理

一言以蔽之,国家的保护义务实际上就是要求国家利用法律和政策手段构建有利于促进工商业与人权协调、持续发展的公共治理体系。国家是这种公共治理体系的创立者和必然参与者,因此有效的公共治理体系首先要求国家采取行动弥合各种影响其人权义务的治理挑战(消极保护),同时还应辅之以积极的治理措施确保工商业实体主动促进人权的实现(积极保护)。所以,《指导原则》对治理路径的规划更多地体现在国家的保护义务之中。

1. 治理挑战与消极保护

国家的国际人权法义务是国家在任何人权问题上的出发点,也应构成其在商业与人权问题上的规范基础和行为指针。作为基本原则,《指导原则》要求国家必须保护在其领土和/或管辖范围内的人权不受第三方,包括工商业的损害(abuse),为此,国家就应当通过有效的政策、法律、规章和裁决,来防止、调查、惩治和补救此类损害。[67] 可见,在框架中,国家的保护义务是一种行为义务——国家必须采取适当的措施处理工商业对人权的损害,但其本身并不对私人行为者危害人权的行为负责,即不产生违反国际人权法的国际责任——除非此类侵犯行为可归因于国家(如国企)。

当然,这只是一种事后意义上的消极义务,且以国家的属地管辖权为连结点,在国内法律和管理体系健全的情况下就足以发挥作用。但是,它并不能解决全球化条件下一个严重的治理真空:本国工商业在其领土或管辖范围之外损害人权,而当地国家不能或无意履行其人权义务。为了给这一国际治理问题提供解决思路,《指导原则》进而规定国家应表明期望,"在其领土或管辖范围内的所有工商业应在其整个业务中尊重人权"[68],也即,母国可以采取措施防止其管辖权内的工商企业在域外损害人权。具体操作上,《指导原则》在其评论中建议,母国可以采取两种具体措施表明此种期望:一种是具有域外意义的国内措施,如要求"母"公司报告整个企业群的全球业务;另一种是等同于域外立法和司法的方法,如单纯基于国籍联系的刑事诉讼

---

[67] 前注⑥,原则1。
[68] 上注,原则2。

制度。⁶⁹ 因此，从操作层面来看，国家无论是在国内还是国外履行保护义务，其根本方法在于执行和完善法律。

与国家的人权义务相关的另一个治理上的普遍挑战就是政策协调问题，即政府常常将处理工商业与人权问题的相关机制与其他决定工商业活动的国内外政策领域，包括贸易、投资、证券监管和公司治理等相分离，使得各个部门或国家在不同层面的行动与国家人权义务的目标不相一致。《指导原则》提供了三种递进性的方案解决政策一致性的问题。首先，在国家内部，国家应确保规划企业实践的政府部门、机构和其他国家机构在履行其各自职能时，意识到并遵守国家的人权义务，确保纵向和横向上国内方针的一致性。⁷⁰ 其次，在国家与其他国家或工商业之间，在共同追求与工商业相关的政策目标（如双边投资协定、自由贸易区协定或投资项目合同等）时，国家还应保留适当的国内政策余地，以履行其人权义务⁷¹，特别代表还专门为此目的研究了国家作为投资者签订项目合同时应注意的十项责任原则。⁷² 最后，在国际一级，国家在作为处理工商业相关问题的多边机构的成员时，应一方面致力于确保这些机构既不限制其成员国履行保护义务的能力，也不妨碍工商业尊重人权；另一方面还应鼓励这些机构在其各自职责和能力范围内促使企业尊重人权，帮助各国履行其保护人权免遭工商业损害的义务；以及促进共同理解，并推动在管理工商业与人权的挑战方面开展国际合作。⁷³ 可见，通过上述原则，《指导原则》意在改善影响工商业与人权关系的宏观性的治理结构和治理方式，包括国际投资安排、国际贸易和金融体系等。

2. 合作治理与积极保护

上述的国家采取行动履行人权义务做法的总体目的是消弭公共治理体

---

⁶⁹ 前注⑥⑥，原则2评论。
⁷⁰ 上注，原则8，据其评论，"纵向的政策一致性要求国家制定必要的政策、法律和程序，以履行其国际人权法义务。横向的政策一致性意味着支持和完善在国家及其以下各级规范企业实践的部门和机构，包括负责公司法和证券监管、投资、出口信贷和保险、贸易和劳工的部门和机构，以帮助它们掌握信息，并以符合政府的人权义务的方式行事"。
⁷¹ 上注，原则9。
⁷² 参见：特别代表，*Principles for Responsible Contracts: Integrating the Management of Human Rights Risks into State-investor Contract Negotiations: Guidance for Negotiators*，A/HRC/17/31/Add.3,2011年5月25日。
⁷³ 上注，原则10。

系中的各种缺陷,从而消极地限制工商业对人权的不利影响。但是,真正要实现人权与工商业协调性的发展,国家还必须采取一系列"更有创意的"[74]积极治理措施,在与工商业的合作与互动关系中减少其面临的人权风险,促进其对人权的积极影响,也就是实现国家对人权的"积极保护"。可以说,这些与企业运营紧密结合的人权要求是框架和《指导原则》中合作治理思路的最佳体现,它们给予企业人权目标的同时,也提供了利用其惯常商业措施实现目标的具体方法,这也是业界能够支持并积极运用框架和《指导原则》的根本原因。

(1) 指导与报告:一方面,国家应该通过提供关于适当方法的建议,包括实施人权方面的应有注意(due diligence,或称人权尽责)措施,以及向工商业指明预期的结果,并帮助分享最佳实践,以此来指导工商业在其全部经营活动和环节中尊重人权。[75] 另一方面,国家应该鼓励并在适当时候要求工商业通报(communicate)其如何处理其人权影响,也即开展人权领域的信息披露。[76] 为此,国家可以在任何司法或行政程序中包含有关信息披露的激励措施,对此类自我报告给予重视,国家的政策和法律则可以明确信息披露的内容和方式,以帮助确保通报信息的可获得性及准确性。

(2) 利用与企业的商业联系:这是指国家利用其与工商企业的商业性联系提升工商业对人权的积极影响。具体而言,这些商业联系包括:投资和商业支持关系——国家可以股东或信贷、担保提供者的身份确保其所有或控股的工商业,或受其支持和服务的企业遵行与人权保护相关的政策和法规[77];授权委托关系——国家如与工商业订立合同,或通过立法允许工商业提供可能影响人权的公共服务,则国家应当充分监督此类服务的提供,以确保实现国家自身的国际人权义务[78];以及商业合同关系——国家应该通过其采购活动,促进与其有商业交易的工商业尊重人权。[79]

---

[74] 框架,第21段。
[75] 《指导原则》,原则3;此外,《指导原则》在该原则的评论中指出,国家还应该指导工商业在经营中"如何切实考虑性别、弱势和/或边缘化问题,承认土著人民、妇女、民族或种族少数者、宗教和语言少数者、儿童、残疾人以及移民工人和其家人所面临的特殊挑战"。
[76] 同上注。
[77] 上注,原则4。
[78] 上注,原则5。
[79] 上注,原则6。

（3）减少在受冲突影响地区的人权风险：受冲突影响地区（conflict-affected areas）是公共治理危机最为严重的区域⃝30，其风险是可能出现"严重损害人权"的状况。在这种消极的情势下，国家应该从积极保护的角度采取行动，确保在这些地区经营的工商企业不牵涉对人权的损害。《指导原则》首先要求国家在尽可能早的阶段与工商企业接触，帮助它们确认、防止和缓解其商业活动和商业关系中的人权风险，并向工商企业提供适当援助，以评估和处理与人权损害相关的风险；其次，对涉及严重损害人权又拒绝合作解决问题的工商企业，国家应拒绝提供公共支持和服务；最后，国家要确保其当前的政策、立法、规章和执行措施能有效应对工商企业涉及严重侵犯人权行为的风险。⃝31 可见，上述要求的基本思路是通过作为母国的国家与其处于受冲突影响的地区的工商企业采取积极的合作治理措施，从而缓解他国国内的治理危机可能对人权造成的巨大侵害。

此外，在关于框架的研究中，特别代表还论及了另外一个合作治理的重要举措：促进尊重人权的企业文化，指出在这个领域"政府具有独一无二的地位"，并提示了一些国家通过强化尊重权利的市场压力，以及使用"公司文化"（公司政策和程序等）决定公司刑事责任来树立"尊重人权的企业文化"的做法。⃝32 实际上，"企业文化"是公共治理向企业治理转变和内化的结果，因此，企业自身的治理机制是实现工商业与人权均衡关系的微观保障。

三、企业的尊重责任：企业治理

《指导原则》对于工商企业在人权问题上的要求包含两个部分，一个是实体要求，即工商业应尊重人权，"这意味着它们应避免损及他人的人权，并应消除自身涉及的负面人权影响"⃝33；另一个是尊重人权的行为要求，也即企

⃝30 参见：世界银行，《世界发展报告 2011：冲突、安全和发展》，载于：https://siteresources.worldbank.org/INTWDRS/Resources/WDR2011_Full_Text.pdf；针对受冲突影响的脆弱地区，联合国全球契约还专门制定了有责任商业的指导准则，参见：UN Global Compact, *Guidance on Responsible Business in Conflict-Affected and High-Risk Areas: A Resource for Companies and Investors*, 载于：http://www.unglobalcompact.org/docs/issues_doc/Peace_and_Business/Guidance_RB.pdf.

⃝31 《指导原则》，原则 7。

⃝32 框架，第 29—31 段。

⃝33 《指导原则》，原则 11。

业治理的具体行动。而这种行动又分为两种,一是企业自身的管理行动(即所谓内部治理或公司治理),"避免通过其本身活动造成或加剧负面人权影响,并消除已经产生的影响"㉞;另一个则是对与自身有商业关系的利益相关方的管理措施,即所谓价值链治理(value chain governance),"努力预防或缓解经由其商业关系与其业务、产品或服务直接关联的负面人权影响,即使并非它们造成了此类影响"。㉟

本章下节将在"公法私体化"的语境下分析工商业尊重人权责任的实体内涵,这里主要在企业治理条件下探讨尊重人权的行为要求的两个基础性的理论问题:影响范围和共谋,前者涉及企业治理行为的范围,而后者则涉及企业的行为与第三方的关系。

1. 影响范围

《责任准则》和《全球契约》都使用了影响范围的概念,但都没有明确界定其涵义。从逻辑上来看,影响包含两个层面的意义:影响的后果——工商业的行为或商业关系造成人权的损害;影响的能力——不涉及自身的行为,但可以或有能力对他人施加影响,从而带来某种改变——包括对人权造成损害。前一种情况当然属于"尊重的责任"的范畴,争议存在于第二种情况下——工商业与损害人权的第三方(如当地政府)之间不存在行为或商业上的联系,但可能对该第三方的行为或政策造成某种程度的影响——工商业是否应该负有某种责任?这里需要注意的是,第二种情况包含了"能够就意味着应该"(can implies ought)的社会道德假定——这种假定的极端就是所有人都应该为其他人损害人权的行为负责,因此,要求企业为它们可能对其可能产生某种影响力的每个实体的人权后果都负责任是不现实的。这种观点被框架认同,指出决定人权影响的并不是相近性(proximity),而是"企业的活动和关系网络",取决于企业的商业活动以及这些活动所涉的关系所造成的潜在的和实际的人权影响。㊱ 所以,《指导原则》没有适用影响范围来界定工商业尊重人权的责任,而是以其自身行动和商业关系可能产生的影响,

---

㉞ 《指导原则》,原则 13。

㉟ 同上注。

㊱ 框架,第 71—72 段;另见:特别代表,《澄清"影响范围"和"共谋"概念》(Clarifying the Concepts of "Sphere of influence" and "Complicity"),A/HRC/8/16,2008 年 5 月 15 日,第 13—15 段。

即工商业的治理联系(内部治理和价值链治理)为基础来界定尊重人权的责任的范围,也就是说,"影响范围"是一个治理概念。

2. 共谋

"共谋"(complicity)经常是指责企业间接参与侵害人权的行为的责任联结,也即实际伤害是由另一当事方包括政府和非政府行为人所为。⑦ 目前,禁止共谋的理念存在于法律和非法律(社会期望等)两个层面,但是无论从法律还是非法律层面来看,目前对共谋的判定都不存在统一的标准且处于演变之中。⑧ 同时,国际、国内法律和实践普遍证实了三个层面的基本结论:首先,企业蓄意促成对人权的侵犯,可能要为此承担法律责任和其他责任;其次,从侵权行为中明显获利,可能会引发其他社会行为者的关注和期望,即便不会因此承担法律责任;再次,置身于侵权环境之中,可能会引发其他社会行为者的关注,但这种行为本身不会招致法律责任。⑧《指导原则》在上述标准的基础上认可企业尊重人权的责任应当包括避免共谋,但同时强调,工商业实施人权领域的应有注意这种管理措施,对于回应有关共谋的风险异常重要,"有助于工商企业应对针对它们提出的法律主张,表明它们采取了一切合理步骤,避免卷入所指称的对人权的损害"。⑨

可见,就企业尊重人权的责任而言,《指导原则》将之归结为在认可人权要求的基础上强化企业内部和价值链治理的责任,所以,强化企业治理实际上是《指导原则》在处理工商业与人权关系上的根本思路。

四、补救措施:治理保障

与倚重规制的《行为守则》和《责任准则》强调疏于国际义务之后的"责

---

⑦ 例如,人权高专办对20起涉及各个地区和行业的有关公司损害人权的指控的调查发现:41%的案件指控公司间接参与各类侵犯人权的行为,A/HRC/8/5/Add.2,第36—37段;另参见:Amnesty International, *Human Rights Principles for Companies*, ACT 70/001/1998, 1998年,第7页,载于:https://www.amnesty.org/en/documents/act70/001/1998/en/;以及 Human Rights Watch, *The Enron Corporation: Company Complicity in Human Rights Violations*, 2002, 载于:http://www.hrw.org/reports/1999/enron/;*Race to the Bottom, Corporate Complicity in Chinese Internet Censorship*, 2006, 载于:http://www.hrw.org/reports/2006/china0806/。

⑧ 前注⑦,A/HRC/8/16,第33—69段。

⑨ 上注,第70段。

⑩ 《指导原则》,原则17,评注。

任"(liability)不同,受"有原则的实用主义"指导,且注重治理思路的框架和《指导原则》在"国家保护义务"和"企业尊重责任"之外,将工商业与人权问题的另一个重心或者说支柱放在了"获得补救"(access to remedy),这不仅仅因为补救本身被承认为一项人权[91],而更在于从治理角度来看,诉诸补救是人权实现的最后方法和根本保障。

1. 公共治理的延伸

值得注意的是,作为一项基本原则,《指导原则》实际上将获得补救定义为国家的保护义务的延伸,规定作为实施保护的义务的一部分,国家必须(must)确保"在此类损害发生在其领土和/或管辖范围内时,通过司法、行政、立法或其他适当手段,使受害者能够利用有效的补救渠道"(have access to effective remedy)。[92] 这一方面是因为,提供对人权损害的补救本来就构成国家的人权义务,"除非国家采取适当步骤,调查、惩治和纠正对人权的损害",国家的保护义务才不会"失之薄弱或流于无形"[93];另一方面也在于国家可以利用公共治理的权力,动员各种国家的、非国家的力量和机制使人权损害获得补救。所以,《指导原则》中的申诉机制(grievance mechanism)不仅包括基于国家的(State-based)司法机制和非司法机制,还包括非基于国家的(non-State-based)申诉机制。[94] 但是,即使就后一种机制的获得性而言,其核心义务仍在于国家而不是其他非国家主体,包括企业。[95] 可见,补救机制的获得性和有效性实际上最终也取决于国家的公共治理能力。

2. 合作治理的要求

虽然公共治理体系中各种机制是"获得补救"的核心,但《指导原则》同样强调了企业以及其他利益相关方的合作治理框架中的申诉机制。这主要包括两类机制:一是业务层面(operational-level)的申诉机制,指企业单独或

---

[91] 例如,《公民权利和政治权利国际公约》第 2 条规定了对权利的有效补救,另参见:人权事务委员会,第 31 号一般性意见,《〈公约〉缔约国的一般法律义务的性质》,2004 年,第 15—16 段。

[92] 《指导原则》,原则 25,斜体强调为作者所加。

[93] 同上。

[94] 同上,原则 26—28。

[95] 因此,原则 28 规定"国家应考虑各种方法,以方便利用处理与工商业相关的人权伤害的、有效的非国家申诉机制"(斜体强调为作者所加)。

与其他相关方合作开展的机制[96];一是行业或多利益相关方建立的合作性机制。[97] 两种机制都非常强调合作治理的思路。例如,框架指出,企业内部的申诉机制为企业提供了一个得到有关问题和争端的预警的经常性渠道,可避免问题升级,其关键优点之一是企业可以直接参与其管理,因此这类机制以直接对话或调解对话为重点的特征,可能避免对纠纷作出裁决[98];而对于行业或多利益相关方机制来说,申诉机制将在强化其合法性的同时,还可以汇集各组织及其成员的力量以解决争端,从而减少相关个别实体,包括相关企业的资源消耗。[99] 特别代表通过一系列试点项目研究和总结了申诉机制应符合的八项原则,其中特别强调了与合作治理相关的两个原则:对话和参与以及持续学习。[100] 可见,《指导原则》在构建补救体系的时候,其基本出发点并非单纯地追究损害人权的责任,而更在于通过强化各方自我治理和参与治理的渠道和能力,在保障人权获得实施的同时不对其他社会价值造成不必要的压力。[101]

第三节 "保护、尊重和补救"框架与"公法私体化"

除了系统地贯彻了治理观念之外,"保护、尊重和补救"框架以及作为其细则的《指导原则》还充分地体现了实现这一战略的重要的方法进路:"公法私体化",也即在私主体关系和私法机制中融入公法规范的要求,一方面使得私主体的行为符合公共治理政策的价值和目标,另一方面也使公共机构,如政府更加重视其法律义务和公共政策的重要性。在工商业和人权的语境下,"公法私体化"意味着工商业在其私法关系中遵循国际人权法所确立的

---

[96] 《指导原则》,原则 29。
[97] 同上,原则 30。
[98] 框架,第 94—95 段。
[99] 《指导原则》,原则 30,评注;以及框架,第 100—101 段。
[100] 另外六项原则包括:合法性、可获得性、可预期性、平等性、与权利的符合性以及透明性,参见:特别代表,Piloting principles for effective company-stakeholder grievance mechanisms: a report of lessons learned, A/HRC/17/31/Add.1,2011 年 5 月 24 日,第 58—75 段。
[101] 因此,《指导原则》对业务层面的申诉机制的额外要求是"以参与和对话为基础……专注于通过对话手段处理和解决申诉",原则 31。

实体规范,并利用其私法机制促进这些规范的实现。

一、国家的保护义务:上帝的归上帝

虽然《指导原则》中体现"公法私体化"思路的并非国家的保护义务这个支柱,但是《指导原则》对国家的保护义务的界定对于在下文中贯彻"公法私体化"思路具有重要的基础性作用。这一作用主要体现在:《指导原则》根本性地否定了"私体公法化"思路,也即利用公法机制为私主体直接施加公法规范,使之在某种程度上成为公法上的义务主体。

首先,《指导原则》开篇即在"一般原则"(general principles)部分肯定地声明:"这些指导原则是基于承认:(a)国家尊重、保护和实现人权和基本自由的现有义务……"(existing obligations,斜体强调为作者所加)[102]由于国家在人权领域"现有义务"来自于传统的、发展中的国际人权法,这个一般原则实际上是从正面指出,对人权的义务由国家所保有,《指导原则》无意对此作出任何改变,国家在人权领域的保护义务受现有国际法的规范。

其次,为了强化这种法律确念,《指导原则》又用否定性语言排除了对国家的人权义务的其他解释,也即"这些指导原则中的任何内容不应被理解为设定了新的国际法义务,或者限制或削弱了国家已承担的或根据有关人权的国际法而接受的任何法律义务"。[103]这意味着在维持国家的人权义务的同时,《指导原则》没有创立(新种类的、或针对其他新主体的)国际法义务。与上文肯定性表述相结合,结论就是"义务"仅针对国家这种法律主体。

再次,《指导原则》下文关于"企业的尊重责任"的界定证明了上述结论并再次强化了"仅国家负有人权义务"的基本理念。《指导原则》指出工商业尊重人权的责任"独立于国家履行其自身人权义务的能力和/或意愿而存在,并且不会减小这些义务"。[104]框架也有针对性地指出,在二者相互独立的情况下,就无须在"首要的"国家义务和"次要的"企业责任之间作出并不可靠的区分。[105]这意味着工商业尊重人权的责任与国家的保护义务是两类渊

---

[102] 《指导原则》,一般原则。
[103] 同上注。
[104] 上注,原则11,评注。
[105] 框架,第55段。

源不同的规范,因此工商业不可能介入国家的义务,而国家也无法取代工商业的尊重责任。

最后,纵观《指导原则》所提出的国家保护人权的义务的八条实施原则,无论是一般性的国家监管和政策职能,还是国家与企业的联系规则,或者在受冲突影响地区保护人权,以及政策协调,其根本作用在于强化国家履行其人权义务的能力,实现人权公约中的各项要求,所以,这些原则关于其目的的表述多落在"以履行国家的国际人权义务"之上。[106]

总而言之,《指导原则》把国际法上的人权义务完全保留给国家,这可以避免"私体公法化"思路下很多重要的理论争议,包括工商业的国际(人权)法地位以及国家的人权义务与所谓的"工商业的人权义务"之间的界限划分,并且不会留给国家任何推诿义务的借口。更重要的,这实际上也维护了扎根于《宪章》的国际法和国际人权法的体制基础。

二、企业的尊重责任:系统性"公法私体化"

《指导原则》体系性地体现"公法私体化"思路的是它对企业尊重人权的责任的界定及其实施方法的规划,这种"公法私体化"路径既体现也提升了工商业界既有的实践,而且也有新的理论贡献和实践突破。

1. 尊重责任的内涵:实体"公法私体化"

一方面,作为一般原则的三个构成部分之一,《指导原则》开宗明义地指出这些原则是"基于承认:……(b)工商业作为履行专门职能的专门性的社会机构的作用,要求遵守所有适用的法律并尊重人权"[107],据此独立地确立了一般原则式的期望:"尊重人权"。值得一提的是,《指导原则》在这里适用了"社会机构"(organs of society)和"尊重"(respect)两个概念,这将其与《世界人权宣言》序言中的相关表述密切地联系起来,即"以期每一个人和社会机构经常铭念本宣言,努力通过教诲和教育促进对权利和自由的尊重"(斜体强调为作者所加),既表明"社会机构尊重人权"的要求由来已久,又说明其有权威性的理念渊源可循(并非规范渊源)。另一方面,虽然对《世界人权宣言》序言的法律效力存在争议,但上述表述作为道义和价值主张及社

---

[106] 框架,尤其参见原则3、5、8、9、10。
[107] 同前注[102]。

期望的意义则是毋庸置疑的,加之《宣言》以及嗣后的国际人权公约中"义务"(obligation)仅用于国家的人权义务,需要将之与对"社会机构"的期望区分开来。所以,本书认为,这诸多因素的结合使得《指导原则》将工商业尊重人权的范畴落于"责任"(responsibility)这一概念,并且将其定性为对工商业的"全球性预期行为标准"(global standard of expected conduct)。[108] 与"国家的保护义务"一样,工商业"尊重的责任"并非框架或《指导原则》的首创,它实际上是对已有实践的总结和重述,是"被几乎所有自愿倡议和软法倡议所认可的预期行为标准"。[109]

在此基础上,工商业尊重人权的责任的第一个重要的"公法私体化"特征是其对"人权"的界定,也即工商业应予尊重的是"是国际公认的人权——在最低限度上,应理解为《国际人权宪章》中载明的人权以及国际劳工组织《工作中基本原则和权利宣言》中所阐明的有关各项基本权利的原则"。[110] 因此,负责任的工商业如需对《世界人权宣言》中的呼吁和普遍性的社会期望和评价作出回应[111],就需要主动地尊重这些确立于公法中的关于人权的规范,并利用自身的力量和机制使之实现,这样,原本存在于公法文件中的人权规范就被"私体化"为工商业的行为规范和价值追求——并且独立并超越于法律要求而存在(over and above compliance)。[112] 实际上,由于工商业实际上可以对所有国际公认的人权产生影响,故而可以"私体化"的权利并不限于最低要求所指的文件,工商业应该视情况不同而需要考虑其他更多的

---

[108] 《指导原则》,原则11;另,框架也指出"尊重责任的更广泛范围则由社会期望来界定,属于人们所称的公司经营的社会许可(social license)的一部分",第54段;此外,特别代表还指出,"企业尊重人权的责任已获得近乎普遍的(near-universal)接受",参见:特别代表,Business and Human Rights: Towards Operationalizing the "Protect, Respect and Remedy" Framework, A/HRC/11/13, 2009年4月22日,第46段。

[109] 国际雇主组织(IOE),*Guiding Principles on Business and Human Rights: Employers' Guide*, 2012,第5页,载于:https://www.ioe-emp.org/index.php?eID=dumpFile&t=f&f=110485&token=93c86715ead79f47ca4a14500db753905186a517。

[110] 上注,原则12。

[111] "这些(规范)是其他社会行为者评估工商业人权影响的依据",同上注,评注。

[112] 《指导原则》,原则11,评注;另,原则12评注中进一步指出,"工商业尊重人权的责任不同于法律责任和执行问题",原则23也规定,"在遇有相互抵触的要求时,设法信守国际公认的人权原则",该原则评注进一步说明,"如果国内情况使工商业不能充分履行其责任,则企业应在最大限度上信守国际公认的人权原则,并能够显示其在这方面的努力"。

要求,例如特殊人群(种族、妇女、儿童、残疾人以及移徙工人等)的权利以及在武装冲突局势下尊重国际人道主义法的相关要求。[13] 此外,《指导原则》还指出,"工商业尊重人权的责任适用于所有工商业,无论其规模、行业、运营环境、所有制和结构"[14],并且,"在所有情况下,工商业均应……尊重国际公认的人权,无论其在何处经营"[15],这样,人权领域最彻底、最普遍性的"公法私体化"就实现了,也即尊重所有人权的责任在任何地方都"充分而平等地适用于所有企业"[16],而这是之前所有类似实践都未能实现的。

当然,《指导原则》也承认工商企业履行尊重责任的方式可能由于各种因素以及企业的负面人权影响的严重程度而有不同,尤其是实践中,在特定行业或特定情况下,某些人权可能比其他人权面临更大风险,须成为高度关注的焦点[17],这种对不同因素、不同情况和不同程度的考量和评价则有赖于如何在管理操作中"私体化"各种人权。

2. 尊重责任融入企业治理:操作"公法私体化"

如上文所述,工商业尊重人权的实体要求是"避免损及他人的人权,并应消除自身涉及的负面人权影响",为此企业应采取两种具体的企业治理行动,一种是企业的内部治理,另一种则是价值链治理。这里,《指导原则》表现出了对工商业运作理论和机制的充分了解。而企业在实施治理行动而制定政策和程序时,一方面,应使其与自身的规模和境况相适应[18],另一方面,根据尊重责任的内在要求,工商业还应在这些政策和程序中"私体化"人权规范。

(1) 政策承诺:工商业需要将尊重人权的责任"私体化"到企业的政策之中,也即成为企业战略、愿景或文化的一部分。"作为内置其尊重人权的责任的基础",《指导原则》要求工商业应通过一项政策声明,表示承诺履行这一责任。同时,该政策声明应:(a) 得到企业最高管理层的批准;(b) 获得

---

[13] 《指导原则》,原则12,评注。
[14] 上注,原则14。
[15] 上注,原则23。
[16] 上注,原则14,评注。
[17] 上注,原则12及14,评注。
[18] 上注,原则15。

有关的内部和/或外部专门知识的支持;(c)明确企业对个人、商业伙伴和与其业务、产品或服务直接关联的其他各方的人权预期;(d)予以公布并传达给内部和外部所有个人、商业伙伴和其他有关方;并且(e)体现在整个工商业的业务政策和程序中。[19] 这种政策声明的要求沿用了包括 ISO 9001、ISO 14001 以及 ISO 45001 等企业管理体系中关于相关政策或方针的要求[20],其作用是将企业尊重人权的公法规范充分地内化到了企业内部的管理关系和业务流程以及与外部各方的商业关系等这些私体机制之中——这非常便于各方在工商业实践中理解和实施人权价值和规范。

(2)人权尽责:尽责程序(due diligence)是商业运作的一个基本原则和程序要求,意在帮助企业确认、防止和缓解各种经营风险。《指导原则》将企业对人权的消极影响定义为一种全新而又严重的经营风险,要求企业将人权风险"私体化"为人权尽责的责任内涵[21],并且根据尽责程序的一般逻辑设计了融入人权公法规范后的人权尽责程序,要求该过程应包括评估实际和可能的人权影响,融入企业职能并采取行动,之后跟踪有关对策,并通报人权影响如何得以处理(见文本框)。[22]

(3)补救:虽然人权存在于公法规范,但《指导原则》承认由私主体运作的"业务层面的非国家申诉机制"可以对消除人权的不利影响具有关键性的作用[23],当这些私主体机制发挥作用时,有关人权的公法规范则可被"私体化"为评判补救可获得性和有效性等的准则。

---

  [19] 《指导原则》,原则 16。
  [20] 例如,参见《ISO 9001 质量管理体系要求》中关于质量方针(5.2)的规定,《中华人民共和国国家标准:质量管理体系 要求》(GB/T 19001-2016/ISO 9001:2015),中国标准出版社,2017 年第 1 版。
  [21] 《指导原则》,原则 17,据此,人权尽责程序"(a)应涵盖工商业通过其自身活动引起或促成的、或因其商业关系而与其业务、产品或服务直接相关的负面人权影响;(b)随工商业的规模、产生严重人权影响的风险以及业务性质和环境的不同而在复杂性上有所不同;(c)应是持续进行的,即应认识到人权风险可能随时会因工商业的业务和经营背景的变化而发生变化。"
  [22] 上注,原则 18—21。
  [23] 上注,原则 29—30。

人权尽责(应有注意)程序的要求

影响评估

为衡量人权风险,工商业应确认和评估由于其自身活动或商业关系的结果而参与造成的任何实际或潜在的负面人权影响。虽然此种评估可能与其他程序有关联,如风险评估或环境和社会影响评估,但其内容应当明确提及国际公认的人权。企业应当基于发现的情况改进自己的计划,以不断解决和避免潜在的负面人权影响,而且此过程应:(a) 借助内部和/或独立的外部人权专家资源;(b) 酌情与可能受影响的群体和其他利益相关方开展切实的磋商。

内部融合

为防止和缓解负面人权影响,工商业应将影响评估的结果融合进各项相关内部职能和程序,并采取适当行动。有效的融合意味着:责成企业内部适当级层和职能部门处理此类影响;企业内部决策、预算和监督程序有助于切实应对此类影响。

对策跟踪

为核实是否消除了负面影响,企业应跟踪其对策的有效性。跟踪应:(a) 基于适当的定量和定性指标;(b) 借助内部和外部的反馈渠道,包括受影响相关方的反馈。

事实通报

为了就如何处理其人权影响负责,工商业应准备对外公布有关情况,尤其是当受影响的相关方或以其名义提出关切时,更应进行情况通报。在其业务或经营环境可能产生严重人权影响的风险的情况下,企业应正式报告其如何应对这些影响。在所有情况下,通报应:(a) 采取与企业人权影响相当的形式和频度,并可供其目标受众获取;(b) 提供充分信息,用以评估企业是否就特定人权影响采取了适当对策;(c) 不会反过来给受影响的相关方或合法的商业秘密带来风险。

三、获得补救:私体机制补救公法关系

《指导原则》倡导利用私体机制补救对人权的影响。首先,《指导原则》为工商业设定了主动实施补救的责任,在自身造成或加剧了负面人权影响的情况下,"尊重人权的责任要求它独自或与其他行为者合作,积极进行补救"。[124] 其次,《指导原则》建议工商业"在业务层面建立申诉机制,是促成补救的有效手段"[125],而这些机制的好处在于效率高,费用低且可能超越国家范围发挥作用。最后,在基于国家的公共申诉机制和非国家的业务层面的机制的关系上,虽然二者在某些情况下可能相互排斥(如涉及刑法责任的申诉),但通常情况下两种机制更是互动、互补、相互加强的,例如司法诉讼的前景可以促使当事方寻求业务层面的解决办法,同样,企业内部的申诉机制则可以在发生司法诉讼前缓解或解决问题。[126] 因此,框架和《指导原则》都强调,如需改善与商业相关的人权影响的有效补救,需要提供给申诉者根据自身需要和实际情况进行选择的一系列可能选项,包括各种私体补救机制。[127]

四、框架和《指导原则》的主流化

2008 年,特别代表向人权理事会提交框架报告时指出"人权理事会能够为弥合工商业与人权方面的治理差距作出独特贡献"。[128] 人权理事会一致欢迎特别代表提出的框架,并且在强调"促进和保护人权和基本自由的义务和首要责任在于国家"的同时,正式声明"跨国公司和其他工商业负有尊重人权的责任"[129],这标志着人权理事会在维护《宪章》基础的同时,也在商业与

---

[124] 《指导原则》,原则 22,评注。
[125] 同上注。
[126] 参见,前注[110],A/HRC/11/13,第 91 段;另参见:Caroline Rees and Rachel Davis, Non-Judicial and Judicial Grievance Mechanisms for Addressing Disputes between Business and Society: Their Roles and Inter-relationships, Corporate Social Responsibility Initiative, John F. Kennedy School of Government, Harvard University, 2009,载于:http://www.business-humanrights.org/Documents/Non-judicial-and-judicial-mechanisms-Mar-2009.doc.
[127] 《指导原则》,原则 28—29;另参见:特别代表,State Obligations to Provide Access to Remedy for Human Rights Abuses by Third Parties, including Business: An Overview of International and Regional Provisions, Commentary and Decisions, A/HRC/11/13/Add.1,2009 年 5 月 15 日。
[128] 前注[44],第 107 段。
[129] 前注[45],人权理事会第 8/7 号决议。

人权问题上发生了巨大的立场转变并明确了未来的政策方向。

各主要利益相关方也表示了对框架和《指导原则》的支持,根据特别代表的说明,"一些政府、工商业和联合会、民间社会和劳工组织、国家人权机构以及投资者附和或采用了该框架"。[130] 首先,工商业界对此表示了普遍性的支持。2008年,国际雇主组织(IOE)、国际商会(ICC)和经合组织工商咨询委员会(Business and Industry Advisory Committee to OECD)发表联合声明表示欢迎特别代表的工作方式,认为他"以明确、实际和客观的方式处理了一系列复杂的问题……极大地促进了对商业和人权问题的讨论",并且充分支持特别代表提出的框架,因为它是"总结商业和人权问题相关讨论的适当和集中的方法,也能够为进一步的讨论提供有效途径"[131]——虽然它们也提出了一些保留意见,包括认为相关讨论过于关注跨国公司和外国投资而忽视了当地和国内企业以及反对关于设立全球商业与人权问题监察官(global ombudsman)的设想等。[132] 2011年,上述三个组织三次发表联合声明支持框架和《指导原则》,反复指出《指导原则》具有"普遍、清晰、有弹性、实际、简明以及稳定"等特点。[133] 尤其是,国际雇主组织还专门就《指导原则》研究制定了《雇主指南》(Guiding Principles on Business and Human Rights: Employers' Guide)帮助企业在管理实践中应用《指导原则》。[134] 美

---

[130] 《指导原则》,导论,第7段。

[131] *Joint initial views of the International Organisation of Employers（IOE）, the International Chamber of Commerce（ICC）and the Business and Industry Advisory Committee to the OECD（BIAC）to the Eighth Session of the Human Rights Council on the Third report of the Special Representative of the UN Secretary-General on Business and Human Rights*,2008年5月,载于：https://www. business-humanrights. org/sites/default/files/reports-and-materials/Letter-IOE-ICC-BIAC-re-Ruggie-report-May-2008. pdf。

[132] 同上注。

[133] *Joint Comments on the Draft Guiding Principles on Business and Human Rights*,2011年1月26日,载于：https://cdn. iccwbo. org/content/uploads/sites/3/2011/01/ICC-IOE-BIAC-joint-recommendations-to-the-UN-Working-Group-on-Business-Human-Rights. pdf; *Joint Statement on Business & Human Rights to the United Nations Human Rights Council*,2011年5月30日,载于：https://cdn. iccwbo. org/content/uploads/sites/3/2011/05/Joint-Statement-on-Business-Human-Rights-to-the-United-Nations-Human-Rights-Council. pdf;以及: *Joint Recommendations to the United Nations Working Group on Business & Human Rights*,2011年12月8日,载于：https://cdn. iccwbo. org/content/uploads/sites/3/2011/12/2011. pdf。

[134] 参见前注[104]。

国商会也表示支持"支撑整个努力的原则,即'不为恶'(do no harm)"。[135] 一些企业新制定或修订后的人权政策中也纳入或参考了框架或者《指导原则》[136],另有企业则根据框架对自身的人权管理绩效进行了综合分析和评价。[137] 2008 年,40 名社会投资者也发表联合声明支持框架并"承诺利用投资者的作用……促进工商业界对国际人权标准的理解和尊重"。[138] 截至 2018 年 12 月中旬,全球已有超过 360 家跨国企业以不同方式提出了自己的"人权政策"或人权声明,而且几乎所有企业都援引了《世界人权宣言》或者《指导原则》。[139] 例如,英国石油公司 BP 在 2013 年公布的"企业人权政策"中声明,"我们充分意识到有责任按照《联合国工商业与人权指导原则》的规定,尊重人权,避免涉及滥用人权的行为",并且承诺"我们将执行《联合国商业与人权指导原则》中的相应规定,履行我们尊重人权的责任,并将这些规定融入到我们的工作流程和政策中,以此管理我们所有的商业活动"。[140] 此外,特别代表还在介绍《指导原则》时特别指出:"对指导原则中的一些原则,已做了路演……人权尽责规定的可行性在 10 个公司内部作了测试。"[141]

主要发达国家的政府以不同的方式认可或支持框架和《指导原则》。例

---

[135] The Chamber of Commerce of the U. S. A., *Comments of the United States Chamber of Commerce on the Draft Guiding Principles on Business and Human Rights*,2011 年 1 月 31 日,载于:http://www.business-humanrights.org/media/documents/ruggie/us-chamber-of-commerce-reguiding-principles-31-jan-2011.pdf。

[136] 例如,参见:埃克·森美孚(Exxon Mobil)石油公司"Respecting human rights"的人权方针,载于:https://corporate.exxonmobil.com/en/community/sustainability-report/community-engagement-human-rights/respecting-human-rights。

[137] 例如,参见:雀巢公司(Nestle),*Creating Shared Value Summary Report 2009*,载于:http://www.nestle.com/Common/NestleDocuments/Documents/Reports/CSV%20reports/Global%20report%202009%20(Summary)/CSV_2009_GB.pdf,第 24 页;以及巴斯夫(BASF)对框架的评价,2011 年 1 月 21 日,载于:http://www.business-humanrights.org/media/documents/ruggie/basf-comments-re-draft-guiding-principles-21-jan-2011.pdf。

[138] *Statement by Socially Responsible Investors to the Eighth Session of the Human Rights Council on the Third Report of the Special Representative Of the UN Secretary-General on Business and Human Rights*,2008 年 6 月 3 日,载于:http://www.reports-and-materials.org/SRI-letter-re-Ruggie-report-3-Jun-2008.pdf。

[139] 关于企业人权政策的统计和研究,参见 Business and Human Rights Resource Centre 网站:https://www.business-humanrights.org/en/company-policy-statements-on-human-rights。

[140] 参见 BP 公司网站:http://www.bp.com/content/dam/bp/pdf/sustainability/group-reports/HUMAN-RIGHTS-POLICY-EXTERNAL_Mandarin.pdf。

[141] 《指导原则》,导论,第 11 段。

如,澳大利亚国家人权咨询委员会在其 2009 年报告中结合自身工作介绍了框架的要求。⑫ 挪威政府 2009 年发布的《全球经济中的企业社会责任》报告中详细阐述了挪威政府对特别代表和框架的支持。⑬ 英国政府在 2011 年开发的指导英国海外企业人权实践的工具文件明确表明了对《指导原则》的支持,且其内容也以此为基础。⑭ 且英国四个政府部门联合开发的指导英国海外企业人权实践的工具文件也以框架为基础⑮。欧盟在其 2011 年《企业社会责任白皮书》中呼吁所有成员国制订实施《指导原则》的国家行动计划(NAPs)⑯;2012 年,欧委会进一步要求所有成员国在 2013 年底之前制订实施《指导原则》的国家行动计划。⑰ 2013 年 9 月,英国成为世界上第一个发布实施《指导原则》的国家行动计划的国家(并在 2016 年修订),英国外交事务大臣和英国贸易委员会主席在该行动方案的前言中指出,该行动方案"是英国对《联合国指导原则》的全国执行方案。它体现了我们致力通过帮助英国企业理解和管理人权事务,从而实现保护人权的承诺"。⑱ 其他欧洲国家,包括荷兰、西班牙、意大利、芬兰和丹麦等都正在制定相关方案或者在国家层面的有关企业社会责任的行动方案中包括了实施《指导原则》的内容,例

---

⑫ Australian National Human Rights Consultation Committee,*National Human Rights Consultation Report 2009*,第三部分第 6 章。

⑬ 挪威外交部,Report No. 10 to the Storting,*Corporate social responsibility in a global economy*,载于:https://www. regjeringen. no/contentassets/d1301a2369174dd88f8e25d010594896/en-gb/pdfs/stm200820090010000en_pdfs. pdf,见第 77 页。

⑭ 参见:英国外交部等,Business and Human Rights Toolkit:How UK overseas missions can promote good conduct by UK companies,载于:https://assets. publishing. service. gov. uk/government/uploads/system/uploads/attachment_data/file/35451/business-toolkit. pdf。

⑮ 参见:英国外交部等,*Business and Human Rights Toolkit*:*How UK overseas missions can promote good conduct by UK companies*,载于:http://www. fco. gov. uk/resources/en/pdf/global-issues/human-rights/business-toolkit。

⑯ 欧盟委员会,Communication from the Commission to the European Parliament,the Council,the European Economic and Social Committee and the Committee of The Regions:A Renewed EU Strategy 2011-14 for Corporate Social Responsibility,COM?(2011)? 681? final,2011,载于:http://www.europarl.europa.eu/meetdocs/2009_2014/documents/com/com_com(2011)0681_/com_com(2011)0681_en.pdf。

⑰ 欧委会决议 11855/12 号,EU Strategic? Framework and? Action? Plan? on Human Rights and Democracy,Outcome 25 (2012),2012,载于:https://www.consilium.europa.eu/uedocs/cms_data/docs/pressdata/EN/foraff/131181. pdf。

⑱ 英国政府,Good Business:Implementing the UN Guiding Principles on Business and Human Rights,2013,载于:https://assets. publishing. service. gov. uk/government/uploads/system/uploads/attachment_data/file/236901/BHR_Action_Plan_-_final_online_version_1_. pdf。

如,丹麦政府 2012 年制订的《企业社会责任行动计划》中就明确指出"本政府因此鼓励丹麦公司展现负责任的商业行为并施行有关企业责任的国际认可的指导方针,包括联合会全球契约、联合国工商业与人权指导原则……"。⑭ 美国国务院在 2013 年 5 月发表了支持《指导原则》的立场文件,并指出在工商业与人权问题上,"工商业和政府可以在平行世界各自运作的想法已经不再可行。他们需要合作"。⑮ 2018 年 6 月 22 日,卢森堡政府发布了《落实〈指导原则〉的国家行动方案 2018—2019》,并指出卢森堡政府欢迎《指导原则》的原因"是在卢森堡,公共部门和私营行为者一方面非常了解施加于国家的法律义务,另一方面它们也很明白工商业在侵犯人权情况下的责任"。⑯

多数发展中国家和新兴经济体也大力支持《指导原则》。例如,根据人权理事会的会员国构成,2011 年核可《指导原则》的人权理事会成员国中的绝大多数是包括中国在内的发展中国家。⑰ 此外,目前正在制订或已经承诺制订"工商业与人权国家行动计划"的国家中,则以发展中国家为主。⑱ 当然,各类有不同国家参与的经济、社会甚至体育类国际组织以及国内商协会,包括经合组织(OECD)、国际金融公司(IFC)、国际工会联合会(ITUC)以及国际足联(FIFA)等对《指导原则》的支持和采用,都在不断强化《指导原则》在国际社会的主流化存在。⑲

最后,值得注意的是,在这一政策框架发布一年之后,联合国人权事务

---

⑭ 丹麦政府,Responsible Growth—Action Plan for Corporate Social Responsibility 2012—2015,2012 载于:http://csrgov.dk/file/318420/uk_responsible_growth_2012.pdf。

⑮ 美国国务院,U.S. Government Approach on Business and Human Rights,2013,载于:http://photos.state.gov/libraries/korea/49271/july_2013/dwoa_USG-Approach-on-Business-and-Human-Rights-updatedJune2013.pdf。

⑯ 卢森堡政府,National Action Plan of Luxembourg for the implementation of the United Nations Guiding Principles on Business and Human Rights 2018—2019,载于:https://www.ohchr.org/Documents/Issues/Business/NationalPlans/LuxembourgNP_EN.pdf。

⑰ 关于人权理事会的会员国构成,参见:https://www.ohchr.org/EN/HRBodies/HRC/Pages/Membership.aspx。

⑱ 关于已经制定和正在制定工商业与人权国家行动计划的国家名单,参见联合国人权高专办网址:https://www.ohchr.org/EN/Issues/Business/Pages/NationalActionPlans.aspx。

⑲ 参见:John Ruggie,"The Social Construction of the UN Guiding Principles on Business and Human Rights." Corporate Responsibility Initiative Working Paper No. 67,John F. Kennedy School of Government,Harvard University,载于:https://www.hks.harvard.edu/sites/default/files/centers/mrcbg/programs/cri/files/workingpaper_67_0.pdf,第 18—21 页。

高级专员在国际雇主组织(IOE)主办的刊物上再次借对框架的评论表明了联合国人权机构在工商业与人权问题上正式的立场转变。她指出,人权理事会欢迎框架的8/7号决议"是一个创新性的立场,因为国家第一次认可业界也必须发挥其作用","在经过10年的讨论之后,这一简单的声明既设立了一个崭新而明确的基准,也代表着我们社会中一个对人权的理解的重要里程碑",人权高专接着对商业界人权影响的表述也许代表了她以及她所代表的联合国人权机构在这一问题上的立场转变:"公司——有时候故意地,但更经常的是无意地——也能直接或间接地阻碍人权的实现。"[155]而联合国全球契约则认为指导原则为全球契约所主张的两个人权原则提供了进一步的概念性和操作性澄清说明,"它们强化了全球契约并为其参与者履行其承诺提供了一个权威框架"。[156]

第四节 本章小结

综上可见,以框架和《指导原则》为理论基础,包括各主要经济体、商界团体和企业、联合国各机构在内的国际社会主流机构似乎已经在工商业与人权问题上达成了政策上的一致,即在不改变现有国际法上"国家的保护义务"这一根本原则的基础上,应该一方面淡化甚或抛弃通过"私体公法化"规范的范式直接规制工商业实践的思路,另一方面注重通过强化有关各方的治理能力而弥合商业与人权之间的治理差距。国际人权法的"私体化"不仅能够利用工商业自有的机制和治理能力实现人权价值和规范,而且避开了国际法层面的理论争议,大大降低了这些理论问题的相关性,并最终逐渐使人权要求演变为"软法"和"工商业习惯法",因而是一个可取且值得发展的路径。当然,在全球化条件下,"公法私体化"的可信度和有效性有赖于建立健全多元参与、透明且责任明确的治理体系,但无疑它已是国际人权法规范在私营部门获得普遍实施的必要途径之一。同时,合作治理的关键则是通

---

[155] Navanethem Pillay, "The Corporate Responsibility to Respect: A Human Rights Milestone", *International Labour and Social Policy Review*, 2009, p. 63.

[156] 全球契约, *The UN Guiding Principles on Business and Human Rights: Relationship to UN Global Compact Commitments*, 2011年7月,载于:http://www.unglobalcompact.org/docs/issues_doc/human_rights/Resources/GPs_GC%20note.pdf.

过"公法私体化"思路使得业界将人权规划和价值内化为自身商业实践的指导准则和社会价值,并以积极的行动确保对人权的尊重,同时,在发生与商业相关的对人权的消极影响时,国家和工商业界应确保通过各种渠道使得受害者获得补救。值得强调的是,规制仍然是一个必要的政策选择,但应在"国家的保护义务"框架下展开,而且规制的主体、客体都是国家——这意味着国家应该在国内以规制主体的身份强化法治和协调政策;在国际法上,国家则是"保护义务"规范的客体,据此,国家负有义务不使其履行保护义务的能力受到其他国际义务和条件的限制。显然,这实际上是对《宪章》中规范思路(国家承担宪章义务)的回归。

但是,国际社会呼吁对企业施加直接的拘束性人权规范和规制机制的声音并没有完全消失,对于少数国家和一些非政府组织而言,这似乎仍是一个首要而理想的选项。例如,人权理事会的加纳代表在 2009 年 6 月的讨论中就要求"特别代表应当回应非洲集团关于制定具有法律拘束力的跨国公司人权责任文件的建议"。[158] 2011 年,在人权理事会就《指导原则》表决前夕,以人权观察为首的 55 个非政府组织发表联合声明,要求人权理事会在工商业与人权问题上采取强势的跟进措施,"以发展国际法律文件为目的,分析用以处理人权的法律保护中的弱点和矛盾的可选办法……而不限于提出行动建议"。[159] 在人权理事会通过决议后,人权观察批评道,"实际上,人权理事会认可了现状:一个公司被鼓励而不是被责成尊重人权的世界。指导并不足够——我们需要一个机制审查公司和政府如何适用这些原则"。[160] 人

---

[158] 加纳代表(Ms. Mercy Yvonne Amoah)人权理事会发言,2009 年 6 月 2 日,参见:联合国视频资料:http://www.un.org/webcast/unhrc/archive.asp? go=011;注意,实际上,非洲集团与亚洲区域一样,实际上是通过并支持《指导原则》的人权理事会中会员国最多的地区(13 席)。

[159] 人权观察等,*Advancing the Global Business and Human Rights Agenda*,2011 年 5 月 13 日,载于:http://www.hrw.org/en/news/2011/05/13/advancing-global-business-and-human-rights-agenda;另参见:A/HRC/17/NGO/48 以及 Amnesty International, the International Federation of Human Rights Leagues (FIDH), Human Rights Watch, the International Commission of Jurists, the International Network for Economic, Social and Cultural Rights and Rights and Accountability in Development, *Joint Civil Society Statement to the 17th Session of the Human Rights Council Interactive Dialogue with the Special Representative of the Secretary-General on Human Rights and Transnational Corporations and other Business Enterprises*,2011 年 5 月 30 日,载于:https://docs.escr-net.org/usr_doc/CA_Letter_PDF.pdf。

[160] 人权观察,*UN Human Rights Council: Weak Stance on Business Standards*,2011 年 6 月 16 日,载于:http://www.hrw.org/news/2011/06/16/un-human-rights-council-weak-stance-business-standards。

权倡导者(Human Rights Advocates)等组织也认为框架和《指导原则》都未能考虑"给企业行为者设置国际法律机制的可行性,包括究责和监控机制,以补救国家不能或不愿履行其保护人权的义务的情形"以及"母国政府通过公司政策或强制性公司人权披露安排规制本国企业活动的必要性,以确保其对人权影响的认知"。⑩

2013年9月,在联合国人权理事会第24届会议上,厄瓜多尔政府代表非洲组国家、阿拉伯组国家、巴基斯坦、斯里兰卡、吉尔吉斯斯坦、古巴、尼加拉瓜、玻利维亚、委内瑞拉和秘鲁等国发表声明,认为国际社会"有必要迈向一个具有法律拘束力的框架,以规制跨国企业的工作,向直接源于或与跨国企业或其他工商企业的活动相关的人权侵害的受害者提供适当的保护、正义和补救……一个由联合国系统缔结的具有国际法律拘束力的文件,将可澄清跨国企业在人权领域的义务"。⑯ 在它们的持续倡议下,人权理事会在2014年6月开始的第26届会议上通过决议决定设立一个政府间工作组,其任务是拟订具有法律约束力的关于跨国公司和其他工商业与人权关系的国际文书,"以在国际人权法中对跨国公司和其他工商业的活动进行监管"。⑯ 这项决议得到了包括中国、南非等"金砖国家"在内的支持,也遭到了美欧主要发达国家的反对。

在2015年7月6日开始的条约问题政府间工作组第一届会议上,密集而巨大的分歧笼罩了整个讨论,例如,欧盟提议需要将该工作组的职能扩大到涵盖所有工商企业,而不应局限于跨国公司,这又遭到了中国、南非、古巴等国家以及诸多非政府组织的强烈反对。⑯ 在2016、2017年的政府间工作组第二届和第三届会议上,就条约的适用范围、法律责任、实施方式等重要

---

⑩ Human Rights Advocates, *Earthjustice International Program & Right Respect, Comments on the "Guiding Principles for the Implementation of the United Nations 'Protect, Respect and Remedy' Framework"*,载于:http://www.humanrightsadvocates.org/wp-content/uploads/2010/05/RR.pdf。

⑯ 关于该声明,参见:http://business-humanrights.org/media/documents/statement-unhrc-legally-binding.pdf。

⑯ 联合国文件,A/HRC/RES/26/9,拟订一项关于跨国公司和其他工商业与人权的关系的具有法律约束力的国际文书,2014年7月14日。

⑯ 联合国文件,A/HRC/31/50,跨国公司和其他工商业与人权的关系问题不限成员名额政府间工作组第一届会议报告,2016年2月5日。

的条约"要素"议题,不仅出现了发达国家与部分发展中国家之间强烈的分歧,而且也出现了社会组织与业界以及关注不同议题的社会组织之间的对立。[164] 尤其是,以国际雇主组织(IOE)、国际商会(ICC)和经合组织工商咨询委员会为代表的业界更是接连发表立场文件反对目前的条约进程,指出"国际工商业社会不支持'要素'文件。它代表了一个巨大的退步,通过模糊化政府和企业的角色从而破坏了《指导原则》所获得的广泛共识,制造了不必要的混沌,并将注意力从《指导原则》的实施上吸离"。[165] 2018 年 10 月举行的政府间工作组第四届会议上,工作组首次讨论了"零案文"以及该文书所附的任择议定书草案。[166] 该案文偏重关注工商业与人权领域的补救议题和法律责任,但对如何利用业界机制预防和解决问题则着墨甚少,并且不可思议地在全文中未引用或述及《指导原则》。

可见,条约进程及其争议不仅表明在联合国体系内外,法律规制与治理合作两种不同的思路的碰撞有可能会长期存在,而且从 2014 年开始,这两种思路似乎已经在联合国体系内实现了"双轨并行"的局面。但是,至少目前来看,联合国系统内有拘束力的"工商业与人权条约"进程已经撕裂了国际社会基于《指导原则》所构建的来之不易的共识,而这对于构建拘束性条约而言则毫无益处。正如约翰·鲁格教授在给政府间工作组的公开信中所指出的,这一进程的"成功——不是纸面上的而是实地上的——有赖于深度的思考、良好的意愿以及寻求共识的建设性过程"。[167] 然而,毫无疑问,就工商业与人权条约在不同国家、不同利益相关方群体间寻求共识将是一个长

---

[164] 参见:跨国公司和其他工商业与人权的关系问题不限成员名额政府间工作组第二届会议报告(联合国文件,A/HRC/34/47,2017 年 1 月 4 日)和第三届会议报告(联合国文件,A/HRC/37/67,2018 年 1 月 24 日)。

[165] IOE、ICC、OECD-BIAC 等,UN Treaty Process on Business and Human Rights: Response of the international business community to the "elements" for a draft legally binding instrument on transnational corporations and other business enterprises with respect to human rights,2017 年 10 月 20 日,载于:https://cdn.iccwbo.org/content/uploads/sites/3/2017/10/business-response-to-igwg-draft-binding-treaty-on-human-rights.pdf,第 10 页。

[166] 关于该"零案文",参见:https://bhrrc.org/sites/default/files/documents/DraftLBI.pdf。

[167] John Ruggie, "Guiding Principles" for the Business & Human Rights Treaty Negotiations: An Open Letter to the Intergovernmental Working Group,2018 年 10 月 9 日,载于:https://bhrrc.org/sites/default/files/documents/Guiding%20Principles%20for%20Treaty%20Negotiations_Open%20Letter%20from%20Professor%20John%20Ruggie.pdf,第 4 页。

期而艰苦的过程。

此外,主张条约的声音和目前为止的条约实践仍然无法回应关于国际法和国际人权法的一系列实践性或理论性困局:"对于每个国际公认的人权,各国政府是否可能同意设定一个单一的全球企业责任标准?如果仅针对有限的权利,那么应该是哪些权利,它们又如何被选出?在更基本的层面上,这样一个条约如何得以实施——当实施不足已经是现有体系的最大缺点?这是不是需要设立一个针对企业的国际法庭?还是由各个国家加以实施?"[168]在这些困局没有(似乎也不可能)得到根本解决的情况下,《指导原则》所确立的思路毫无疑问不仅是实用的,而且实际上也符合《联合国宪章》的精神和国际人权法的基本原则。

这些困局实际上从另一个方面印证了框架和《指导原则》符合《宪章》的规划,即(有且只有)国家应承担国际法上保护和实现人权的义务,但国家也可通过强化国内、国际治理体系促进其他各方对人权的尊重。尽管如此,对工商业直接施加国际人权规范的声音的存在将持续考验"保护、尊重和补救"框架及其《指导原则》的完整性和有效性。正如特别代表所指出的,"人权理事会批准指导原则,本身并不能终结工商业对人权的挑战,但它标志着发轫期的结束:通过建立共同的全球行动平台,可逐步推动渐增的进展,且不妨碍任何其他大有希望的长期进展"。[169]归根结底,一方面,框架及其《指导原则》中确立的国家的保护义务实际上也是对国家和《宪章》权威性的保护,企业尊重人权的责任则实际上也充分体现了对业界和《宪章》创造性的尊重。但另一方面,在目前的"双轨制"局面下,国际社会最终的路径选择将在很大程度上决定未来工商业与人权的互动质量。所以,对于联合国及其有关机构和机关、公民社会组织、还有工商企业而言,如何通过严格而精妙的机制设计使得这种保护和尊重成为国家和业界积极行动的动力和指引将是未来最大的挑战。

---

[168] 这些问题实际上是前特别代表对条约倡议的质疑式回复,参见:John Ruggie, A UN Business and Human Rights Treaty? An Issues Brief by John G. Ruggie, 2014 年 1 月 28 日,载于:http://www.hks.harvard.edu/m-rcbg/CSRI/UNBusinessandHumanRightsTreaty.pdf。

[169] 《指导原则》,导论,第 13 段。

第六章　联合国工商业与人权议程背景下的中国政策与实践

第一节　中国企业的人权影响

一方面,自改革开放 40 年以来,工商企业为中国人权整体性的实现奠定了丰厚的物质基础,也为数以亿计的个人的不同权利的实现提供了机会和支持。例如,在中国最引以为傲的人权成就——"创造了世界人权发展新奇迹"的减贫方面,企业的投资和技术力量就发挥了举足轻重的作用。① 另一方面,企业的快速和蓬勃发展也越来越给中国各类人群的各种人权带来越来越复杂的负面影响。例如,根据中国社会科学院的研究,劳动争议是当前中国社会矛盾冲突中数量最多的一个方面②,而公众最关注的社会问题的前五位,即房价、食品及药品安全、物价、失业与贫富分化③,也都与企业对人权的负面影响密切相关。

---

① 根据中华人民共和国国务院新闻办公室 2016 年 10 月发布的《中国的减贫行动与人权进步》白皮书,"十二五"期间,"东部省市共向西部贫困地区提供财政援助资金 56.9 亿元……引导企业实际投资 1.2 万亿元;启动民营企业'万企帮万村'精准扶贫行动,万达集团、恒大集团等民营企业率先开展包县扶贫行动,苏宁、京东等企业积极参与电商扶贫工作",参见:http://www.scio.gov.cn/zxbd/tt/zdgz/Document/1494216/1494216.htm(本章所有网址最后均检查访问于 2018 年 10 月 8 日)。

② "由各种劳动争议引发的劳动者群体性事件数量也有较大增长,事件焦点主要涉及工资(讨薪)、企业裁员和经济补偿、出租车运营争议、职工保险福利争议等问题。特别值得注意的是 1000 人以上的群体性劳动争议事件多发频发,根据全国总工会的数据,前三季度这类大规模群体性劳动争议事件发生了 52 起",参见李培林、陈光金等:《社会蓝皮书:2015 年中国社会形势分析与预测》,社会科学文献出版社 2014 年版,第 12—13 页。

③ 同注②,第 133 页。

就单个企业或行业对不特定多数人群权利的负面影响而言,最迟从2005年的"苏丹红"事件开始,企业经营行为对个人基本权利的根本性侵害就已经得到中国政府和民众的普遍关注,而2008年的"三聚氰胺"事件则堪称工商业在中国的快速发展是以个人基本权利作为代价的标志性事件。此后,此类事件层出不穷且社会影响日趋深远,包括2010年富士康员工连续跳楼自杀事件、2012年广西龙江镉污染事件、2014年大凉山童工事件、2015年天津港危化品仓库爆炸事故、2016年的魏则西事件和2018年的疫苗事件,都是凸显具体企业和行业对不同个体的各类权利造成重大损害的典型案例。实际上,考虑到中国占世界第一位的人口数量、即将问鼎世界的经济规模以及至少2100万户以上的企业数量④,可以认为目前中国是世界上工商业的发展与人权保护之间的冲突最为密集和激烈的地区之一。

此外,随着中国企业海外投资的增长,尤其是"一带一路"倡议的推行,中国企业的人权影响已不再局限于中国境内,而是越来越成为世界各国和国际社会关注的焦点。根据中国商务部的统计,中国投资者2016年共对全球164个国家和地区的7961家境外企业进行了非金融类直接投资。⑤ 实际上,中国对外直接投资流量在2015年就已经位列全球第二,并超过同期吸引外资水平,首次实现双向直接投资项下的资本净输出⑥,而截至2016年年底,中国2.4万家境内投资者在境外共设立对外直接投资企业3.7万家,分布在全球190个国家和地区。⑦ 遍布全球的中国投资企业在给当地带来了经济增长、就业机会和技术转移的同时,部分企业的违法或不负责任的经营行为和业务关系也给当地员工和社区居民等人群的多种人权造成了负面影响。例如,企业责任资源中心整理了过去10年以来世界范围内各类针对海外中资企业,且该中心请求相关企业给予回应的部分指控,在超过100个案例中,90%以上案例的争议都事关这些企业的经营行为或其业务关系对劳

---

④ 关于企业数量,参见国家工商行政管理总局:《"十二五"全国企业发展情况报告》,2016年3月,载于:http://www.saic.gov.cn/xw/zyxw/201704/t20170424_261684.html。

⑤ 商务部:《2016年我国对外非金融类直接投资简明统计》,载于:http://hzs.mofcom.gov.cn/article/date/201701/20170102504421.shtml。

⑥ 商务部、国家统计局、国家外汇管理局:《2015年度中国对外直接投资统计公报》,第3页,载于:http://www.mofcom.gov.cn/article/tongjiziliao/dgzz/201612/20161202103624.shtml。

⑦ 商务部:《2017中国对外投资合作发展报告》,第13页,载于:http://fec.mofcom.gov.cn/article/tzhzcj/tzhz/upload/zgdwtzhzfzbg2017.pdf。

工和社区关系等人权问题的影响。⑧

但是,相对于其巨大的人权影响,中国企业对人权的认知水准和管理能力却比较低下。约翰·鲁格在2007年的一项调查研究表明,除了发展权,相对于全球企业的整体水平,抽样里的中国企业了解更少的人权,且通常对它们的了解水平更低,此外,在非劳工权利中,中国企业更倾向于认可经济和社会权利。⑨ 10年过去,对于中国企业的人权意识和人权管理能力的现状,在中国国内并不存在任何权威而全面的研究,国际上可见的研究和统计似乎都显示,中国企业的全球经济影响力不断提升,但对其人权影响的认识和管控仍然乏善可陈。⑩ 2017年,中国商务部和国资委也正式指出,中国企业扬帆出海,还需提高和利用自己的能力,"及时、有效地破解一系列严峻的挑战",这包括把握经营环境中的合规要求、了解和运用国际规范以及与内外部利益相关方有效沟通等。⑪

---

⑧ Business and Human Rights Resource Centre,"Company Response Rates",载于:https://business-humanrights.org/en/company-response-rates。

⑨ John Ruggie,"Human Rights Policies of Chinese Companies:Results from a Survey",2007,载于:https://business-humanrights.org/sites/default/files/media/bhr/files/Ruggie-China-survey-Sep-2007.pdf;需要特别指出的是,这一研究的中国企业的样本量仅为25个,且多数是采掘、金融或通信行业的大型企业,所有25个企业或者位列财富500强榜单,或者是全球契约的会员企业,因此其规模、国际化和管理水平都属于中国企业中的领先企业。

⑩ 例如,在2018年《财富》全球500强榜单中已有中国企业110家,但这些上榜中国企业中尚未有一家企业制定并发布其人权政策或行为准则,而在该榜单上的500家企业中已有至少200家国际企业发布了人权政策或行为准则,The Fortune 2018 Global 500,榜单可见于:http://fortune.com/global500/list;Business and Human Rights Resource Centre 从2011年开始搜集更新全球企业的人权政策和准则清单,该清单可见:https://business-humanrights.org/en/company-policy-statements-on-human-rights(最近更新于2018年8月24日),文中统计结论由作者比对做出;另外,由包括了研究机构、投资者和非政府组织等7家机构发起的"企业人权基准"项目(Corporate Human Rights Benchmark)在2017年3月公布了对全球最大的98家上市公司人权表现的评价结果显示,虽然所有企业的平均得分仅为28.7/100,但选样中的六家中国企业(包括一家香港企业)没有企业得分超过平均分值,而得分最低的中国石化公司仅为9分,Corporate Human Rights Benchmark,"Corporate Human Rights Benchmark Key Findings 2017",载于:https://www.corporatebenchmark.org/sites/default/files/styles/thumbnail/public/2017-03/Key%20Findings%20Report/CHRB%20Key%20Findings%20report%20-%20May%202017.pdf。

⑪ 商务部、国资委和联合国开发计划署:《2017中国企业海外可持续发展报告》,第32—33页,载于:http://images.mofcom.gov.cn/csr/201708/20170808152340022.pdf。

第二节 中国政府人权政策的"支柱二"转变

一、中国政府人权政策的"支柱二"转变的过程

在中国,人权自进入公共政策以来就一直是一个政治或公法议题,专门关注国家与个人之间的关系。工商业以及整个私营部门在中国的人权议程中鲜有位置。2004年,中国专门修订了宪法,使其包含了"国家尊重和保障人权"的条款,这一条款阐明了国家的人权承诺,使"人权"成为在中国法律体系中具有最高规范效力的准则,同时也在体制上界定了"国家"是人权义务的主体。应该说,时至今日,在中国的政策层面,人权仍然首先并且主要是一套事关政府与个人关系的法律规范准则,这在中国政府最近关于人权的立场文件中有权威而清晰的表述,"法治是人类文明进步的标志,也是人权得以实现的保障。全面依法治国,全方位提升人权保障法治化水平,保证人民享有更加充分的权利和自由……是中国共产党、中国政府的坚定意志和不懈追求"。[12]

然而,这并不意味着人权在中国的政策场景中仍然仅仅是政府与个人关系的规范准则。实际上,随着人权理念在中国社会的深入和普及,尤其是工商业对各类人权的影响不断增强,应当认为,人权在中国政府的政策定义和实际应用中已经超越了政府与个人关系的领域以及实在法的规范准则范畴,发展成为统御和评判包括企业及其他私主体在内的社会行为者的价值原则。也即,在中国的政策层面,人权已经不再被限定为一个纯粹的公法议题(即人权仅仅是政府对个人的"保护义务"),而是已经扩展成为私营领域的关注事项,从而也产生了工商企业尊重人权这一套价值原则的"道德责任"。

中国政府对这一政策转变在国际上的第一个明确宣示是其2008年在联合国人权理事会对《保护、尊重和救济:工商业与人权框架》的接受。[13] 该《框架》在传统的"国家保护人权"的范式之外首次提出了"企业尊重人权的

---

[12] 中华人民共和国国务院新闻办公室:《中国人权法治化保障的新进展》白皮书,2017年12月,载于:http://www.scio.gov.cn/zfbps/32832/Document/1613514/1613514.htm。

[13] 联合国文件 A/HRC/8/5,2008年4月7日。

责任",使得国际人权原则和规范对工商业具有了得到国家意志支持的"软法"约束力。2008年6月,中国政府在联合国理事会与其他国家一起"欢迎特别代表的报告……确定以三项重大原则为基础的框架"并且"承认有必要实施这一框架,以便向个人和社区提供更有效的保护"。⑭可见,中国政府认为,与"国家保护人权"的义务一样,"企业尊重人权的责任"是对人权提供更有效保护的必要措施。

2010年,这一政策转变得到了进一步更为正式的官方确认。2010年9月,中国对《ISO 26000 社会责任指南》国际标准投出赞成票,而根据这一适用于"私营部门、公共部门和非营利部门的所有类型的组织"的国际标准,人权既是各类组织的社会责任的核心主题之一,也是社会责任的基本原则之一。⑮2015年,中国以《ISO 26000 社会责任指南》为蓝本制定了中国国家标准《社会责任指南》,再次确认了人权对指引包括企业在内的各类组织的行为的适用性和重要性。⑯实际上,与《ISO 26000 社会责任指南》相比,中国国家《社会责任指南》标准在"尊重人权"方面作出了两个值得关注的调整。一方面,与国际性的《ISO 26000 社会责任指南》不同,中国国家版本的《社会责任指南》标准并不适用于公共部门如政府,而是专门针对包括企业在内的私营部门;另一方面,该标准对《ISO 26000 社会责任指南》中"尊重人权"部分做了重要修改,重新解释了人权并强调了其"相对性"。⑰这似乎意味着,中国私营部门"尊重人权的责任"与中国官方的人权立场须保持一致,但实际上则模糊了二者的界限与相互关系。

2011年6月,中国在联合国人权理事会与其他国家一起核可《工商业与人权指导原则》则是中国政府认可私营部门人权责任这一政策转变的分水岭和里程碑。当谈及中国政府对《指导原则》的态度,中国政府代表在人

---

⑭ 整理自联合国视频资料:http://www.un.org/webcast/unhrc/archive.asp?go=080603。

⑮ 《ISO 26000 社会责任指南》(中译本),中国标准出版社 2010 年版,第Ⅵ—Ⅶ页。

⑯ 中华人民共和国国家标准《社会责任指南 GB/T36000—2015》,中国标准出版社 2015 年版,引言(第Ⅴ—Ⅶ页)。

⑰ 郝琴(国家标准起草人):《社会责任国家标准解读》,中国经济出版社 2015 年版,第 203—207 页;与《ISO 26000 社会责任指南》相比,中国国家标准规定"尊重人权"指"尊重国内法律法规和我国认可的国际人权文件所规定的人权"且须"既尊重人权的普遍性原则,又坚持从基本国情和新的实际出发……",上书第 207 页;另见,上注《社会责任指南 GB/T36000—2015》,前言(第Ⅲ—Ⅳ页)。

权理事会首先赞赏了特别代表的工作和《指导原则》,并进而指出"在商业活动中尊重和保护人权,国家、企业、司法部门应当相互合作,各负其责"。⑱ 在这里,中国政府明确认为在商业活动中尊重和保护人权,国家和企业处于对等而相互合作的地位,但各方的责任则有所区别。由于国家的责任或义务由国际人权法规范,那么在此场景下讨论企业的人权责任则无疑是对《指导原则》中支柱二"企业尊重人权的责任"的认可。这也就意味着,中国政府认为,企业的人权责任应通过《指导原则》,尤其是其支柱二进行界定。这样,中国政府2011年在联合国人权理事会对《指导原则》的核可就代表了中国政策层面在人权基本理念上的重要转变。因为《指导原则》的支柱二是这一转变的最重要体现,因此这一转变也可称为中国政府在人权规范所调整的社会关系和人权原则所适用的对象上的"'支柱二'转变"。

二、政策转变的原因与意义

中国政府在人权定位上的上述"支柱二"转变是工商业负面人权影响的被动推动与中国政府主动的政策调整相结合的结果。一方面,"支柱二"转变发生于中国的工商企业对社会和各类人权的负面影响不断加深的背景之中,而且二者体现出了同步互动的关系。例如,2008年的"三聚氰胺"事件与中国政府在联合国人权理事会接受《保护、尊重和救济:工商业与人权框架》,2010年富士康员工连续自杀事件与中国投票赞成《ISO 26000 社会责任指南》国际标准以及嗣后核可《工商业与人权指导原则》具有时间上的高度一致性。同一时期,中国的海外投资在"走出去"政策的刺激下屡创新高。企业频繁而严重的负面社会与人权影响使得中国政府意识到需要利用监管之外的价值观念激发企业发挥积极社会影响的内在动力"。⑲ 应该说,这既是工商业与人权之间累积现实联系的过程,也是政府为此种联系考虑新的政策理论的过程。这种现实与政策之间互动结果的明确表达就是中国代表2008年在联合国人权理事会上所做的声明,"跨国公司及企业是全球化社

---

⑱ 整理自联合国视频资料:http://www.un.org/webcast/unhrc/archive.asp? go=110616。
⑲ 例如,2008年,时任中国国务院总理温家宝曾数次强调,"企业家要有道德。每个企业家都应该流着道德的血液,每个企业都应该承担起社会责任",参见:国务院总理温家宝在夏季达沃斯论坛年会上的答问,2008年9月28日,载于:http://www.gov.cn/ldhd/2008-09/28/content_1108198.htm。

会中的重要角色,他们对社会发展有着重要的影响,对于人权的促进与保护也承担着一定的责任"。[20]

另一方面,工商业的快速发展同时也充分暴露了在渐趋复杂的社会条件下政府能力(即"支柱一")的不足。虽然前文所述的所有重大的企业丑闻都事关政府监管的过错或不作为,但同时也有其他社会因素的综合作用,这使得中国的政策制定者也主动认识到在解决与企业经营相关的社会问题时需要给予私营部门必要的角色,以便其与其他各方合作寻求解决方案。[21] 由于此类角色通常超越了企业的法律义务,且事关企业所影响到的各类人群,因此,尊重人权原则的企业责任就成为定义和评价企业角色的一种便利的出发点和度量衡,而其具有适用对象和地理范围上的双重普遍性。

这一政策转变对于政府和企业都具有重要的意义。对于政府而言,"支柱二"转变可以便利政府在不能通过立法规制的方面就企业的经营行为提出基于人权原则的政策要求,促使企业协助政府实现其更宏观的社会目标,例如,倡导企业在他国管辖范围内负责任地经营。对于企业而言,"支柱二"转变也赋予了中国企业了解人权概念,应用人权语言,开展人权管理,培养人权文化的政策基础,并为其在缺乏有效的法律规范的条件下(如在供应链上和其他国家)开展企业经营提供了价值导向和行动指引。

三、作为企业价值原则的人权:"支柱二"政策转变的强化

虽然在《指导原则》通过 7 年以来,中国政府没有制定任何有关落实《指导原则》的政策或者行动计划,而且任何政府部门都没有在其政策或声明中公开提及《指导原则》,但以核可《指导原则》为起点,中国政府在近些年内推出了一系列倡导和推进工商业尊重人权的政策措施,使得"支柱二"政策转变不断得以强化。

---

[20] 前注[27]。

[21] 例如,当谈及富士康跳楼事件,深圳市相关政府官员指出这"是快速工业化、城市化、现代化转型期出现的特殊问题","从个体看,这些年轻员工思想观念不成熟、心理比较脆弱、压力调节能力不够;从企业看,富士康集团的企业管理、文化建设等问题容易使问题和情绪产生'叠加效应';从社会层面看,社会服务、关爱、支持、援助不够",基于此,深圳市政府协调各方"多管齐下,多策并重",深圳市政府举行新闻发布会介绍富士康跳楼事件,2010 年 5 月 27 日,载于:http://politics.people.com.cn/GB/14562/11705700.html。

1. 国家人权行动计划

"支柱二"政策转变首先在中国的国家人权行动计划之中得到了强调和发展。2012年,中国政府发布了第二个以人权为主题的国家规划——《国家人权行动计划(2012—2015年)》,在"人权教育"部分首次提出"鼓励并推动企事业单位普及人权知识,形成尊重和保障人权的企业文化"。② 2016年,中国发布了《国家人权行动计划(2016—2020年)》。③ 虽然这个《计划》中没有任何关于工商业与人权的专章或专节,但这一文件在两个地方对中国的工商业明确提出了尊重人权的要求,表明了对企业责任的预期。

首先,在"人权教育和研究"部分,该文件提出"支持和鼓励企事业单位加强人权教育、培训,培育人权文化,在境内外投资中将尊重和保障人权作为决策的重要考虑因素"。相对于第二个《国家人权行动计划》,这里的"意识提升"规划将从前"普及人权知识"的宏观结果改变为"加强人权教育、培训"的具体行动,目的则是"培育人权文化",比之前"形成尊重和保障人权的企业文化"这种一蹴而就的表述更适宜企业文化发展的内在规律。此外,就该条款的国家行动而言,则从之前的"鼓励并推动"改变为"支持和鼓励",这可能表明政府将采取政策或资源措施为企业的人权教育和培训提供支持。这一条款中最值得关注的是后半个分句中提出的"在境内外投资中将尊重和保障人权作为决策的重要考虑因素",这是中国政府在政策性文件中首次提出以人权尽责指导投资决策的理念,而这也是《指导原则》中提出的国家应"切实指导工商业在各项经营中尊重人权"这一要求的一个重要方面。

其次,第三个《国家人权行动计划》还在第五部分"人权条约履行和国际交流合作"中提出了"推动中国海外企业在对外经贸合作、援助、投资中遵守驻在国法律,履行社会责任"的行动规划。这是一个重要而巨大的进展。它首次提出作为海外援助实施主体的中国企业同样需要在对外援助活动中履行社会责任。同时,在《国家人权行动计划》中要求企业履行社会责任,也再次确认了在中国政府的政策理论中,社会责任包含了人权原则和人权议题。

---

② 国务院新闻办公室:《国家人权行动计划(2012—2015年)》,2012年6月,载于:http://www.scio.gov.cn/zxbd/nd/2012/Document/1172889/1172889.htm。
③ 国务院新闻办公室:《国家人权行动计划(2016—2020年)》,2016年9月29日,载于:http://www.scio.gov.cn/ztk/dtzt/34102/35574/35582/Document/1534192/1534192.htm。

最后，第三个《国家人权行动计划》在实现一些具体人权的规划中，也提出了诸多针对企业的要求。例如，关于工作权利的六项行动规划中有四项直接与企业责任相关，包括完善工资福利、劳动人事争议处理、安全生产防控和职业病防治。环境权利部分提出了"形成政府、企业、公众共治的环境治理体系"的规划。而在残疾人权利方面，则更加具体地要求"促进电信业务经营者、电子商务企业等为残疾人提供信息无障碍服务"等。

2. 投资政策

从对工商业的业务要求方面来看，中国的人权"支柱二"转变集中体现在 2011 年之后的一系列有关企业海内外投资的政策文件上。例如，2012 年，国家发改委发布了《重大固定资产投资项目社会稳定风险评估暂行办法》，要求投资项目在保护人民权益的基础上开展风险评估，以"预防和化解社会矛盾"，防止潜在的社会稳定风险。[24] 此《办法》所要求的风险评估已经非常类似于《指导原则》所倡导的基于人权的尽责管理措施。[25] 从效力上看，该文件不仅已成为地方政府和其他部委如水利部制定类似规范文件的依据和模板[26]，而且该文件所要求的《项目社会稳定风险评估报告》已经成为重大固定资产投资项目审批的必备文件。[27] 但在实践中，该《办法》的施行似乎并没有防止诸如鹤山龙湾核燃料项目、昆明 PX 项目以及余杭垃圾焚烧厂等项目所引致的群体性事件，这与此类项目在评估社会稳定风险和征询民众意见时流于形式或不够充分有很大关系，尤其是几乎所有这些项目都没有开展基于互联网社会舆论的影响评估并从而未能准确预警项目风险。[28] 当然，这种情况更加凸显了"支柱二"转变的重要性。

在海外投资方面，自 2011 年以来，中国海外投资的监管和引导重心开

---

[24] 发改委：《重大固定资产投资项目社会稳定风险评估暂行办法》，2012 年 8 月 16 日，载于：http://www.jxdpc.gov.cn/departmentsite/tzc/zcfb/zcjd/201209/t20120903_79305.htm。

[25] 根据该《暂行办法》，项目单位在组织开展重大项目前期工作时"应当对社会稳定风险进行调查分析，征询相关群众意见，查找并列出风险点、风险发生的可能性及影响程度，提出防范和化解风险的方案措施，提出采取相关措施后的社会稳定风险等级建议"，上注，第 3 条。

[26] 例如，参见水利部：《重大水利建设项目社会稳定风险评估暂行办法》，2012 年 11 月 6 日，载于：http://www.mwr.gov.cn/zwgk/zfxxgkml/201304/P020170718486774488285.pdf。

[27] 发改委：《固定资产投资项目核准办事指南》，载于：http://www.gov.cn/bumenfuwu/2016-12/23/content_5151757.htm#allContent。

[28] 参见，肖群鹰、朱正威、刘慧君：《重大工程项目社会稳定风险的非干预在线评估模式研究》，载《公共行政评论》2016 年第 1 期，第 86—109 页。

始从保护中国投资和人员安全转移到了确保获得和保持基于权利尽责和经营本地化的社会许可。2011年公布的《国民经济和社会发展第十二个五年规划》首先正式提出,"'走出去'的企业和境外合作项目,要履行社会责任,造福当地人民"。㉙ 2013年,中国商务部和环境部制定了《对外投资合作环境保护指南》,这是中国首个针对对外投资企业在东道国履行社会责任的指导性文件,其中要求企业"积极履行社会责任,尊重东道国社区居民的宗教信仰、文化传统和民族风俗,保障劳工合法权益,在互利共赢的基础上开展合作"。㉚ 2014年,中国商务部修订后的《境外投资管理办法》专门增加了一个条款,规定"企业应当要求其投资的境外企业遵守投资目的地法律法规……履行社会责任,做好环境、劳工保护……促进与当地的融合"。㉛ 2017年,国家发展改革委、商务部及外交部等五部委制定的《民营企业境外投资经营行为规范》,则在"切实履行社会责任"部分专门提出了加强属地化经营,尊重文化传统,加强社会沟通以及完善信息披露等具体要求。㉜ 而自2018年3月1日起施行的《企业境外投资管理办法》也明确倡导"投资主体……保障员工合法权益、尊重当地公序良俗、履行必要社会责任、注重生态环境保护、树立中国投资者良好形象"。㉝

虽然这些指导海外投资的政策中都没有明确提及"人权"概念,但鉴于中国国家标准中对"社会责任"的界定包括人权原则和人权主题,而且上述政策文件中在"社会责任"之外对劳工权利以及东道国社区居民社会、文化权利的特别强调,可以认为这些文件对中资企业提出了在海外履行人权责任的期望。实际上,在投资东道国,除了当地法律,国际人权原则和规范是可能用以指导中资企业经营行为对当地员工和居民的社会责任的另外一套价值原则和行为准则。

㉙ 中国国务院:《国民经济和社会发展第十二个五年规划纲要》,2011年3月16日,第五十二章,载于:http://www.gov.cn/2011lh/content_1825838.htm。
㉚ 商务部和环境部:《对外投资合作环境保护指南》,2013年2月18日,第3条,载于:http://www.mofcom.gov.cn/article/b/bf/201302/20130200039930.shtml。
㉛ 商务部:《境外投资管理办法》,2014年9月6日,第20条,载于:http://www.mofcom.gov.cn/article/b/c/201409/20140900723361.shtml。
㉜ 发改委:《民营企业境外投资经营行为规范》,2017年12月6日,载于:http://www.ndrc.gov.cn/gzdt/201712/W020171218502402164940.pdf。
㉝ 发改委:《企业境外投资管理办法》,2017年12月26日,第41条,载于:http://www.ndrc.gov.cn/zcfb/zcfbl/201712/W020171226340410103048.pdf。

3. 贸易政策

长期以来,中国政府反对将贸易与人权、劳工或环境保护等议题相互挂钩,认为这是一种新形式的贸易保护主义。㉞ 这一立场从 2008 年签署《中华人民共和国政府和新西兰政府自由贸易协定》的附属文件《环境合作协定》及《劳动合作谅解备忘录》开始有所松动。㉟ 2011 年年底,中国政府在《中国对外贸易白皮书》中首次指出进出口企业履行社会责任的重要性,并宣告中国各级政府正"推动企业提高社会责任意识,尊重劳工权益,维护消费者权利,保护生态环境",同时,在这一文件中,中国政府声明"鼓励企业在进出口贸易中接受有关的社会责任标准,争取获得必要的社会责任认证"。㊱

而 2013 年中国与瑞士联邦签署的《中国—瑞士自由贸易协定》则堪称"支柱二"政策转变在贸易领域的里程碑。该协议不仅包括加强双方在劳工和就业领域合作的特别协议,更在序言部分承认"良好的公司治理与企业社会责任对可持续发展的重要性,并确认双方将致力于鼓励企业遵守此方面的国际公认准则和原则"。㊲ 这正式在双边自贸协定中确立了企业的社会责任,而与此相关的"国际公认准则和原则"无疑包括国际人权和劳工准则。此外,"环境问题"第一次以独立章节的形式出现,而且双方一致认为"在实践中通过削弱和降低国内环境法律、法规、政策等已规定的环保标准来鼓励贸易和投资是不合适的",为此,"缔约双方将鼓励企业就有利于环境的货物、服务和技术开展合作"。㊳ 中国商务部在解读该协定时明确指出,"《协定》涉及许多新规则。中瑞双方在《协定》中,就政府采购、环境、劳工与就业合作、知识产权、竞争等中方以往自贸谈判中很少碰到的规则问题达成一致……体现了我国与时俱进处理环境与贸易有关问题的立场"。㊴ 同样,

---

㉞ 例如,参见:温家宝:《反对经贸与人权挂钩》,2006 年 9 月 12 日,载于:http://finance.people.com.cn/GB/8215/70959/70963/4807959.html.

㉟ 该《自贸协定》第 177 条(劳动与环境合作)规定,"双方应当通过《劳动合作谅解备忘录》和《环境合作协定》,加强双方在劳动和环境问题上的交流与合作",载于:http://fta.mofcom.gov.cn/newzealand/doc/wenben/wenben_14.pdf;另见,汪培,佘云霞:《从中国与新西兰〈劳动合作谅解备忘录〉看国际贸易与国际劳工标准问题》,载《中国劳动关系学院学报》2009 年 2 月第 23 卷第 1 期,第 76—80 页.

㊱ 国务院新闻办公室:《中国对外贸易白皮书》,2011 年 12 月 7 日,载于:https://www.fmprc.gov.cn/ce/cein/chn/gdxw/t885500.htm.

㊲ 《中华人民共和国与瑞士联邦自由贸易协定》,载于:http://fta.mofcom.gov.cn/ruishi/xieyi/xieyizw_cn.pdf.

㊳ 上注,第十二章.

㊴ 商务部:《商务部国际经贸关系司负责人解读〈中国—瑞士自由贸易协定〉》,载于:http://www.mofcom.gov.cn/article/ae/ag/201307/20130700222265.shtml.

2014年7月1日生效的《中国—冰岛自由贸易协定》也包括了关于"劳动和环境保护"的专门条款。⑩

最后，2018年6月发布的《中国与世界贸易组织白皮书》指出，为了促进对外开放和践行自由贸易，中国政府"积极引导企业在海外守法经营、履行企业社会责任，支持企业按照商业原则和国际惯例开展对外投资合作"。⑪这已经充分表明，中国政府认为企业履行"支柱二"社会与人权责任，按照相关国际惯例开展对外投资是推动更高水平对外开放和促进自由贸易的重要政策选择。

4. 条约立场

2014年6月，人权理事会根据厄瓜多尔、委内瑞拉和秘鲁等国的提议，通过决议设立了一个拟订具有法律约束力的关于跨国公司和其他工商业与人权关系的国际文书的政府间工作组，"以在国际人权法中对跨国公司和其他工商业的活动进行监管"。⑫ 中国是支持该项决议的国家之一。这一立场表明，中国政府不仅认为工商业应与国家分担人权责任，而且国际社会应该为企业的人权责任设立国际法规范。

在2015年7月召开的条约问题政府间工作组第一次会议讨论上，中国政府代表首先指出，跨国公司"在环境与自然资源，劳工与人权保护，公平贸易与合规运营等领域带来一系列问题"，因此，"在此背景下，中方支持国际社会共同努力推动工商业特别是跨国公司更好地尊重和保护人权"。⑬虽然中国与南非、古巴等国家一起强烈反对欧盟关于将该工作组的职能扩大到涵盖所有工商业的提议，但中国明确赞同在处理工商业的人权法律责任问题上，应坚持人权的普遍性和相互关联性，"我们也赞同和希望正在制定的文书应该包括所有权利，包括发展权"。最后，中国政府还认为，在以国际法形式规定跨国公司及其他工商业人权责任时，应该把"强调政府的监管责任，落实企业的主体责任"作为政府间工作组起草法律文书时遵从的基本原

---

⑩ 《中华人民共和国政府和冰岛政府自由贸易协定》，载于：http://fta.mofcom.gov.cn/iceland/xieyi/xieyizw_cn.pdf，第96条。

⑪ 国务院新闻办公室：《中国与世界贸易组织白皮书》，2018年6月28日，载于：http://www.scio.gov.cn/zfbps/32832/Document/1632334/1632334.htm。

⑫ 联合国文件 A/HRC/26/L.22，2014年6月20日。

⑬ 整理自联合国视频资料：http://webtv.un.org/search/3rd-meeting-1st-session-of-open-ended-intergovernmental-working-group-on-transnational-corporations/4341373889001/?term=2015-07-07&sort=date&page=2。

则之一。㊹至此,中国政府关于国家的人权责任和企业人权责任的"二元论"立场已经明确无疑地确立起来了,虽然中国政府至今仍没有就这两种责任的法律界定作出特别的立场声明。

当然,最终看来,中国政府在人权政策"支柱二"转变上最重要的强化体现在它对《指导原则》公开、明确而一贯的支持上。例如,从 2013 年开始,中国政府代表在联合国人权理事会的多次会议上表达了对《指导原则》的支持与关切以及中国政府根据《指导原则》的精神推进企业社会责任和尊重人权的实践㊺,而出席联合国"工商业与人权论坛"也被列为中国"深入参与全球人权

㊹ 整理自联合国视频资料:http://webtv. un. org/meetings-events/human-rights-council/watch/8th-meeting-1st-session-of-open-ended-intergovernmental-working-group-on-transnational-corporations/4346711944001/? term。

㊺ 例如,"支持国际社会在充分考虑各国及其工商业情况的基础上,就不断发展、完善和落实《指导原则》进行对话与合作,帮助工商业提高保障人权能力。中国企业重将社会责任充分融入经营活动中,已建立经联合国全球契约组织授权的全球契约中国网络,致力于推动企业实施在人权、劳工标准、环境及反贪污等方面的基本原则,并积极参与有关国际交流与合作",中国代表团在人权理事会第 23 次会议议题五一般性辩论中的发言,2013 年 6 月 6 日,载于:https://www. fmprc. gov. cn/ce/cegv/chn/hyyfy/t1054313. htm;"人权理事会 2011 年通过的《工商业与人权指导原则》,对规范各国企业生产经营活动,防止其对人权造成不利影响具有重要意义。各利益攸关方应共同为发展和完善这些原则不断努力",中国代表团在人权理事会第 26 次会议与健康权问题特别报告员、工商业与人权工作组对话时的发言,2014 年 6 月 11 日,载于:https://www. fmprc. gov. cn/ce/cegv/chn/rqrd/hfs/t1168363. htm;"中方积极参与人权理事会关于工商业与人权问题的相关讨论,支持国际社会在充分考虑各国国情、确保实际效果的前提下,就发展、完善和落实《指导原则》开展对话与合作",中国代表团在人权理事会第 26 次会议议题五一般性辩论中的发言,2014 年 6 月 23 日,载于:https://www. fmprc. gov. cn/ce/cegv/chn/hyyfy/t1168031. htm;"中方高度重视企业社会责任,积极推进企业社会责任体系建设,切实维护劳动者各项权利。中共中央十八届三中全会通过的《中共中央关于全面深化改革若干重大问题的决定》提出把'承担社会责任'作为进一步深化国有企业改革的重点之一。十八届四中全会通过的《中共中央关于全面推进依法治国若干重大问题的决定》中,又提到'加强企业社会责任立法',进一步把企业履行社会责任问题提高到国家法治建设高度……工商业与人权工作组的报告就完善和落实《工商业与人权指导原则》提出不少建议,值得认真研究",中国代表团在联合国人权理事会第 29 次会议与工商业与人权工作组、贩卖人口问题特别报告员对话时的发言,2015 年 6 月 16 日,载于:https://www. fmprc. gov. cn/ce/cegv/chn/hyyfy/t1273894. htm;"中方积极参与人权理事会关于工商业与人权问题的相关讨论,支持国际社会在充分考虑各国国情的前提下,发展、完善和落实《指导原则》……我们期待工作组在促进工商业人权责任与义务的宣传、交流与培训,增强工商业人权保护意识方面继续开展对话与合作",中国代表团在人权理事会第 29 次会议议题五一般性辩论中的发言,2015 年 6 月 27 日,载于:https://www. fmprc. gov. cn/ce/cegv/chn/hyyfy/t1277359. htm;"中方欢迎工商业与人权问题工作组提交的工商业与人权论坛报告,注意到工作组报告就完善和落实《工商业与人权指导原则》提出不少建议。中方积极参与人权理事会关于工商业与人权问题的相关讨论……",中国代表团在人权理事会第 38 届会议议题五一般性辩论中的发言,2018 年 6 月 27 日,载于:https://www. fmprc. gov. cn/ce/cegv/chn/hyyfy/t1579251. htm。

治理"的举措之一⑯,——虽然这种支持目前为止仅见于人权外交性质的人权理事会会议,而在中国的国内人权和工商业发展政策中都始终未明确提及《指导原则》或对其的支持态度。

第三节 中国业界的人权责任实践与政策转变的互动

如上文所述,中国业界的人权影响及其履行人权责任的实践对于中国政府在人权政策上的"支柱二"转变具有基础性的推动作用,而且实际上,中国业界将近三十年的人权责任实践实际上与中国政府相关政策的变化一直处于持续互动过程之中,并使得业界实践和政府政策同时向纵深发展。

一、中国业界应对输入型人权挑战的行动及其政策影响

从20世纪90年代初开始,中国东南沿海的纺织服装、鞋帽玩具等行业的中小企业就开始接受和应对"人权验厂"——这是此类企业对供应链下游品牌和买家推行的针对供应商劳动条件和劳动者权利保护状况的强制性审查的"坊间"称谓,中国制造业企业也是在这个历史条件下开始了解和履行自身的"人权责任"。这种国际品牌商和采购商针对中国供应商实施的立足劳工权利的监督和审查以其制定的"供应商行为守则"为规范基础和机制保障,而此类"供应商行为守则"在本源上则以国际劳工组织相关公约和联合国人权公约为规范渊源。因此,国际人权价值和规范借由国际供应链上的供需关系而"私体化"为平等的交易双方之间"垂直型"的、"不遵从即不交易"的权力结构基础,并在某种意义上给予了国际品牌商和采购商监控供应商劳工和人权绩效的"警察权力"。⑰

虽然这种基于品牌商与供应商之间的采购订单而存在的"契约型"供应

---

⑯ 国务院新闻办公室:《2014年中国人权事业的进展白皮书》,2015年6月8日,第九部分,载于:http://www.scio.gov.cn/zfbps/ndhf/2015/Document/1437147/1437147.htm。
⑰ 参见:梁晓晖:《供应商行为守则的特性分析及其对权益保护的法律意义》,载《清华法律评论》2007年第二卷第一辑,第55—66页。

商行为守则后来也发展为诸如 BSCI(商界社会责任倡议)[48]和 EICC(电子行业行为守则)[49]等"协约式"的标准和倡议以解决供应商行为守则机制所面临的效率和信任问题,但时至今日,这都是国际供应链上最普遍的促进上游供应商履行尊重劳工和人权责任的商业机制。[50]

需要强调的是,这一机制本质上是一种消极的单方面安排,其客观上的效果之一就是将品牌商和采购商的"劳工与人权责任"等风险转嫁给下游的供应商,而采购商实现这一目的的宏观机制则是全球化背景下产品设计、服务及品牌运营与生产及加工的分离。这一机制保证了处于不同国家的经济主体可以充分利用各自的优势资源,包括较低的劳动力价格和保护水准,而又因为各自所具有的独立法律人格无须为另一方的经营行为直接负责。在这种情况下,采购商可以按照供应商所在地的劳动力价格标准获得产品,同时免除了在自行组织生产的情况下必然需要面对的劳工待遇、环境损耗和人权压力等风险。但是,由于欧美国家的消费者运动成功地将供应商在劳工、人权方面的不良表现与采购商提供的产品联系了起来,品牌商和采购商于是向供应商提出了相关要求。[51] 因此,在这一阶段,中国企业,尤其是出口制造业企业很大程度上所面临和解决的是经由国际供应链进入中国的"输入型"人权挑战——虽然供应商对劳工权利和人权的侵犯行为发生在中国境内。

这种"输入型"人权挑战为中国出口制造型企业带来了巨大的成本和管理压力,这种压力的积累则导致相关行业组织在 21 世纪初开始关注工商业与人权问题,并通过制定和实施行业指南和标准等措施促使和帮助行业企业了解该问题并付诸实践。例如,中国纺织工业联合会在 2005 年制定实施的《CSC9 000T 中国纺织服装行业社会责任管理体系》在前言中就指出,其

---

[48] 由原欧洲对外贸易协会(2018 年 1 月起改称为全球贸易协会)发起,在全球拥有超过 2200 个企业会员,基本信息可见于:https://www.amfori.org/content/amfori-bsci。

[49] 由原电子行业公民联盟(2017 年底更名为"责任商业联盟")制定并推行,该联盟由全球范围内 120 个电子和汽车等行业的大型跨国公司组成,基本信息可见于:http://www.responsible-business.org。

[50] 参见:梁晓晖:《供应链责任》,见彭华岗等:《企业社会责任基础教材》,经济管理出版社 2013 年版,第七章。

[51] 参见:梁晓晖:《改进模式促进责任履行:国际供应链采购模式对中国企业社会责任表现的影响》,载《WTO 经济导刊》2009 年第 2 期,第 61—63 页。

宗旨在于"切实保障人权以及员工和其他利益相关方的合法权益",并且参照了主要的国际人权公约和国际劳工公约,包括时至今日中国政府都未批准的《公民权利和政治权利国际公约》。㉜ 这是在中国的行业指导性规范层面第一次将工商业的经营行为与人权联系起来,而根据中国纺织工业联合会的文件,CSC 9000T 的推出是在"中国纺织产业逐步融入国际产业链,融入国际采购供应链过程中"国内百余家纺织企业发出的倡议,以便"适应国际零售商和国际品牌商的实际需求,解决过去对供应商、生产企业审核或认证中存在的渠道混乱、重复认证、成本高、管理困难等种种问题"。㉝ 同样的,中国工业经济联合会 2008 年制定并经 2009 年修订的《中国工业企业及工业协会社会责任指南》也提出了"尊重人权"的一般性企业责任要求。该《指南》认为,从全球视角看,"发达国家和发展中国家社会责任的体系标准也有差异",因此,"我们力求推出一部既能与国际接轨又切合我国实际,具有中国特色的企业及行业的社会责任指南"。㉞ 可见,制定该《指南》的目的之一也是回应国际上传导而来的对中国企业的劳工和人权等企业责任要求。

　　以上首批两个包含了人权理念的行业性社会责任指引均由具有准政府背景的行业组织制定发布,这反映出输入型人权挑战经由大规模的企业需求推动行业集体行动,并进而影响中国政府政策取向的变革路径。虽然行业性的社会责任指引不是推动政府"支柱二"转变的唯一因素,但毫无疑问,它为这种政策选择提供了实施策略和可能的良性结果的展示,因而行业性的社会责任倡议也成为中国政府"支柱二"转变的着力点和表达平台。例如,中国中央政府早在 2006 年中期即推出财政政策,"支持在纺织行业开展企业社会责任管理体系建设,制定和完善纺织企业社会责任标准,并开展在

　　㉜ 中国纺织工业联合会(时称"中国纺织工业协会"):《CSC 9000T 中国纺织服装行业社会责任管理体系》,见于中国纺织工业联合会社会责任建设推广委员会网站:http://www.csc9000.org.cn/download/CSC9000T/。
　　㉝ 中国纺织工业联合会:《百家纺织企业倡议加强企业社会责任建设》,2005 年 3 月 22 日,载于:http://www.csc9000.org.cn/news/responsibility/2016-06-15/11.html。
　　㉞ 中国工业经济联合会:《工业企业及工业协会社会责任指南》,载于:http://www.cfie.org.cn/2710757099819/2724474915407/index.html。

国内外的推广、实施”(55)；而时任工业和信息化部部长则在中国工业经济联合会主办的“2009 中国工业经济行业企业社会责任报告发布会”上肯定了中国工业经济联合会的社会责任倡议行动之后明确宣告，“工业和信息化部在推进企业社会责任建设中担负着重要职责。工业和信息化部将进一步加强与相关方面的沟通协作，采取有效措施，加大工作力度，扎实稳步推进”。(56)

行业组织的社会责任和人权倡议与政府政策转变互动的一个结果就是，政府部门反过来继续“鼓励和支持行业协会继续发挥作用，积极探索建立符合行业实际、符合我国国情的社会责任标准，引导和推进行业自律”。(57)而且，由于进入 2008 年之后，尤其是 2011 年以来，中国政府对“支柱二”企业人权责任的倡导已经见诸国内外诸多场合，所以此后推出的行业社会责任倡议与标准也更加大胆地将促进企业履行尊重人权的责任列为其主要宗旨之一。2013 年，同样在工业和信息化部指导下，中国电子工业标准化技术协会制定的《中国电子信息行业社会责任指南》提出，其目的在于“促进企业和有关组织在战略、制度和经营运作中全面、合理地关注各利益相关方的利益和期望，尊重人权”，并且中国首次将《联合国工商业与人权指导原则》列入了参考文件。(58) 2016 年，在该指南基础上发展而成的行业标准 SJ/T16000 则将尊重人权列为社会责任基本原则之一，要求适用该标准的机构“尊重人权，并承认其重要性和普遍性”。(59) 2013 年，中小企业全国理事会在工信部的支持下制定了《中国中小企业社会责任指南》，其“前言”指出，该《指南》的目的是“希望广大中小企业通过持续改进社会责任管理，从而有效提升其在尊重人权、关爱员工……等领域的绩效”。(60) 2016 年，中国通讯企

(55) 财政部、国家发展改革委、商务部：《关于促进我国纺织行业转变外贸增长方式支持纺织企业“走出去”相关政策的通知》，2006 年 7 月 26 日，载于：http://www.mofcom.gov.cn/aarticle/b/g/200608/20060802961861.html。

(56) 工信部李毅中部长在 2009 年中国工业经济行业企业社会责任报告发布会的讲话，2009 年 5 月 26 日，载于：http://www.cfie.org.cn/2710757099819/2724937977045/1336/2724937977130.html。

(57) 同上注。

(58) 中国电子工业标准化技术协会：《中国电子信息行业社会责任指南》，载于：http://www.ic-tcsr.org/index。

(59) 中华人民共和国电子行业标准：《电子信息行业社会责任指南》(SJ/T-16000—2016)，中国电子技术标准化研究院编制，中华人民共和国工业和信息化部发布，2016 年 12 月版，第 3 页。

(60) 中小企业全国理事会：《中国中小企业社会责任指南》，载于：http://smec.org.cn/?info-2467-1.html。

业协会在工信部指导下制定的《中国信息通信行业企业社会责任管理体系（2016年版）》引用参考了《指导原则》，并且在"社会责任重点议题"中包括了单独的"人权"部分，要求企业"应通过尽责管理避免其活动对员工、消费者及社区居民等个人或人群的人权造成或加剧负面影响，并消除已经产生的负面影响"。[51]

当然，在这些行业性社会责任倡议和指导文件中，人权都只是一种原则规定或者诸多议题中着墨较少的一个议题，而且到目前为止，没有任何专门研究或相关行业报告说明这些行业性社会责任倡议和指导文件对中国各行业企业的人权意识和人权能力究竟产生了何种程度的影响。这与这些行业倡议和指导文件的实施效果缺乏跟踪机制和信息不透明不无关系，但同时也在一定程度上表明了人权责任在中国企业落实的难度。应该说，到目前为止，多数中国企业主和管理者仍然认为人权是一个相对敏感的政治议题，不会也不愿将其与企业运营的影响联系起来，一些仅有的与人权相关性较高的企业实践也只是更具有象征意义，而不会深入到企业政策和管理层面。[52] 但是，中国上述行业组织在应对输入型人权挑战的过程中有力地推动了政府对企业人权责任的认可与关注，并使其成为各个行业的"企业社会责任"的基本原则与核心议题，这不仅使得人权责任系统性地进入了中国国内企业的视野，也在某种程度上为中国企业"走出去"在海外履行人权责任提供了来自国内实践的合法性支撑。

二、"支柱二"政策转变与中国业界应对输出型人权挑战的行动

与中国国内环境相比，中国企业"走出去"后在海外投资中面临的人权挑战不仅更为显性化、日常化，而且与中资企业海外人权影响相关的问题更为复杂化，且经常被政治化。这种伴随着中国投资而产生的"输出型人权挑

---

[51] 中国通讯企业协会：《中国信息通信行业企业社会责任管理体系（2016年版）》，载于：http://www.csr-cace.org.cn/Public/ueditor/php/upload/20161125/14800363209201.pdf。

[52] 例如，截至2018年9月30日，加入联合国"全球契约"，承诺遵循包括尊重人权在内的十项原则的中国企业不足270家，具体名单可见：https://www.unglobalcompact.org/what-is-gc/participants；另外，又如，2008年，在《世界人权宣言》通过60周年之际，中远集团、中钢集团两家中国央企签署了该《宣言》，参见：中国集团网站之"中远历史"部分，http://cn.cosco.com/col/col35/index.html；以及《2008中钢集团可持续发展报告》，第4页，载于：http://www.sinosteel.com/attach/0/c96c9409bff8475ca33b059ee48a903d.pdf。

战"为中国企业和政府带来的压力也是中国政府在联合国体系内表明其"支柱二"政策转变的重要原因之一,而这也促使中国的行业组织积极跟进政策转变,提出大胆而实用的帮助海外中资企业解决"输出型人权挑战"的行业方案。

2012年,在商务部指导下,中国对外承包工程商会编制了《中国对外承包工程行业社会责任指引》。该《指引》"适用于中国企业在境外开展承包工程项目的相关活动以及为支持境外承包工程项目的实施而在国内开展的相关活动"[63],以"进一步规范对外承包工程企业的海外经营行为",并回应"提升社会责任等'软实力'的内在要求"。[64] 该《指引》是中国第一个关注中资企业海外人权影响的行业指导文件,分别在"员工权益与职业发展"和"社区参与和发展"部分提出了企业"尊重人权"的责任,也在参考文件中列出了《世界人权宣言》以及几个核心人权公约。但是,该《指引》仅片面地说明了企业尊重人权的责任的内涵,但缺乏如何履责的操作指引。

而在"一带一路"倡议提出后发布的关注中国企业在矿业、林业领域海外投资和供应链中的社会责任议题的行业指导文件都不仅引用、参考了《指导原则》,而且据之提出了系统化的落实企业尊重人权的责任的管理方法。例如,中国五矿化工进出口商会在商务部指导下于2014年发布的《中国对外矿业投资社会责任指引》包括了一个专门的人权条款,要求企业在采矿和生产作业过程中,遵循《指导原则》制定人权政策、开展人权尽责管理并提供补救措施。[65] 这是中国第一个全面按照《指导原则》提出企业人权管理体系的行业指南。2015年,中国五矿化工进出口商会在此基础之上又制定发布了《中国负责任矿产供应链尽责管理指南》,其在"背景与挑战"部分指出,"联合国通过《指导原则》是国际社会致力于打破工商业和人权侵犯之间的联系的举措之一",该《指南》还参照《指导原则》所提出的人权尽责管理方法设计了供应链尽责管理指导体系,以"指导开采、使用矿产资源及相关产品和参与矿产资源供应链的企业,识别、防范和降低可能助长冲突、严重侵犯人权和造成严重过失的风险,确保在整个矿产资源供应链及项目生命周期

---

[63] 中国对外承包工程商会:《中国对外承包工程行业社会责任指引》,载于:http://images.mofcom.gov.cn/hzs/accessory/201209/1348819602840.pdf。

[64] 中国政府网:《首部〈中国对外承包工程行业社会责任指引〉发布》,载于:http://www.gov.cn/zhuanti/2012-09/28/content_2596972.htm。

[65] 中国五矿化工进出口商会:《中国对外矿业投资社会责任指引》,载于:http://cccmc.org.cn/docs/2014-10/20141029161135692190.pdf。

内遵循《联合国指导原则》”。[66] 2017 年,中国五矿化工进出口商会在商务部和林业局的指导下制定的《可持续天然橡胶指南》在前言中就指明引用参考了《指导原则》,同时将“尊重人权、保障权益”列为该文件的指导原则,而且还将参照《指导原则》构建而成的完整的尽责管理体系列为独立一章,以指导投资和经营环节中针对各类人权问题的尽责管理。[67] 可见,在海外投资场景下,人权不再像上文各种国内行业指导文件中一样,仅是一种原则层面的倡议或者一笔带过的议题,而是一种需要有效权衡多种利益诉求的政治智慧和系统性解决方案的核心挑战和根本问题。与之相适应,中国的行业组织则在构建这种系统性解决方案方面,表现出越来越成熟的行动力以及与中国海外投资渐相匹配的“软实力”——虽然目前仍然也没有关于以上这些指导文件实施效果的研究或可靠信息。[68]

这种渐趋成熟的行动力和“软实力”也体现在企业层面应对海外人权责任的各种努力上。与处于国内场景之中不同,中资企业在海外投资和运营中首先明确承认人权挑战的存在,凸显出人权责任对企业海外运营的绝对重要性。例如,中电投云南国际电力投资有限公司承担的缅甸伊洛瓦底江上游水电开发建设项目于 2011 年被缅甸政府宣布搁置至今,使该企业遭受了巨大的经济损失和负面影响。虽然这种状况与缅甸近年来复杂的政治转型密不可分,但是中电投云南国际电力投资有限公司从中也认识到海外投资中获得社会许可、尊重当地居民人权的重要性。[69] 其次,一些企业在海外

---

[66] 中国五矿化工进出口商会:《中国负责任矿产供应链尽责管理指南》,载于:http://cccmc.org.cn/docs/2015-10/20151029133444202482.pdf。

[67] 中国五矿化工进出口商会:《可持续天然橡胶指南》,载于:http://images.mofcom.gov.cn/shfw/201802/20180226080035042.pdf,该指南针对很多复杂的人权问题都提出了指导性意见,包括受影响社区和原住民的自由,事先和知情同意权,粮食安全及获得充足食物的权利,自由结社、言论和集会自由权,非自愿搬迁的补偿等。

[68] 参见:Buhmann, Karin, “Chinese Human Rights Guidance on Minerals Sourcing: Building Soft Power”, *Journal of Current Chinese Affairs*, 46(2), 2017, pp. 135—154。

[69] 在 2014 年的一份研究报告中,该企业认为从中吸取的经验和教训包括:“……(4) 关注社会许可:公众意见体现了不同利益相关方的期待和诉求,在一定程度上是外国企业进入当地发展的‘社会许可证’,对投资和运营的长期影响巨大,因而除法律及政治许可外,企业还需重视获取社会许可。(5) 人权尽责:在项目前期,除了水利水电工程要求的社会经济和环境调查外,还应对缅甸遵守人权的情况及政治风险进行评估或尽职调查,以制定风险防范及应对机制”,参见:北京大学国际法研究所、全球企业人权倡议(GBI)等:《中国及全球范围内企业尊重人权的责任:中国国有企业及各国跨国企业领袖案例学习项目报告》,载于:https://gbihr.org/images/general/ZH_China-Learning-Project Report.pdf,第 35 页。

履行尊重人权的责任方面,也积极主动地采取了符合人权原则和国际规范的措施。例如,中国五矿集团在澳大利亚全资收购世纪矿山后,通过企业与当地政府以及四个原住民社区共同签订三方协议《海湾社区协议》,并设立三方代表共同组成的联络咨询委员会监督该协议的实施,保证了原住民参与到矿区运营当中,使其土地、文化和经济权利得到了有效保护,也保证了企业在矿区的正常经营。⑦ 最后,中资企业也越来越敢于就海外经营中的人权问题进行主动沟通和信息披露,外向型企业的社会责任报告或可持续发展报告中的人权内容越来越频繁也越来越详细。例如,中国远洋集团从2008年开始便在其《可持续发展报告》中包括了"人权"专章⑦,而在2017年"联合国工商业与人权论坛"上,中国行业组织和海外投资企业专门举办了关于"负责任投资与可持续供应链:中国业界的人权尽责实践"的专题会议。⑦

当然,上述行业和企业实践也表露出两个重要的问题:第一,相关行业指南的适用对象和良好人权实践的主体主要是大型企业,且以国有企业为主,而中国对外投资主体中数量巨大、人权影响广泛且人权尽责能力低下的中小私营企业仍然缺乏规范和引导。⑦ 第二,相对于中国企业在国内就其人权责任所表现出的较低的意识和行动能力,中资企业在应对海外人权责任方面的开放性和所采取的切实行动也提出了中国企业在国内外面对人权责任时的"双重标准"问题,也即中国企业在海外履行尊重人权责任的各类有

---

⑦ 同注㊹,第31页。

⑦ 《中远集团2005—2014年历年可持续发展报告》,可见于:http://cn.cosco.com/col/col69/index.html;但自2016年该集团与中国海运集团合并重组为中国远洋海运集团之后,新集团的可持续发展报告不再包含专门的人权专章,参见:《中国远洋海运集团可持续发展报告2015—2016》,载于:http://www.cosco.com/col/col6857/index.html。

⑦ 关于该专题会议,参见联合国文件:A/HRC/38/49, Report of the Working Group on the issue of human rights and transnational corporations and other business enterprises on the sixth session of the Forum on Business and Human Rights, 2018年4月23日,第67—68段。

⑦ 例如,根据商务部编制的《2017中国对外投资合作发展报告》,2016年中国非金融类对外投资流量中,属非公有经济控股的境内投资者对外投资约总量的68%,"非公有经济已经成为中国非金融类对外投资的主体",而截至2016年年末,中国非金融类对外直接投资存量中,非国有企业占比"基本与国有企业的对外投资持平",报告载于:http://fec.mofcom.gov.cn/article/tzhzcj/tzhz/upload/zgdwtzhzfzbg2017.pdf,第17页。

益尝试如何反馈于它们的总部策略改进和国内类似实践的改善。[74] 毫无疑问，这两个问题的解决需要中国政府政策的再次推动。一方面，可以认为，2014年以来中国商务部和发改委等部门出台的关于海外投资的政策中的相关规定是对这两个问题的部分回应[75]，但显然并不足以解决这两个宏大的问题。另一方面，虽然国有企业具有更强的人权责任意识和行动能力，但由于国有企业自身在经济、社会甚至国家政治方面所承担的不同角色以及由此产生的角色冲突，国有企业在面临企业人权责任、国家人权义务以及其他经济、政治议程赋予其的责任和义务时经常面临艰难选择并由此产生更为巨大而深远的人权和政治影响，因此，在国内外政治、经济和社会中的作用都越来越重要的中国国有企业其实更加需要明确的有关其人权责任的政策引导和支持。[76]

第四节　中国在工商业与人权领域的挑战和机遇

中国业界将近三十年的人权责任实践不仅持续推动着中国政府人权政策的转变和完善，而且业界与政府的互动与合作也在实际上为解决发展挑战，实现发展目标作出了贡献，因此也成为中国政府所坚定认可和着力推广的重要成功经验。[77] 但和世界上其他地方一样，中国企业作为一个整体，很难摆脱人权领域的"问题制造者"和"问题解决者"的双重身份，而中国政府

---

[74] 关于这一问题，参见北京大学国际法研究所、全球企业人权倡议（GBI）等举办的研讨会上的讨论报告"The China Responsible Business Forum: Corporate Responsibility in the Era of the UN Guiding Principles"，载于：https://gbihr.org/images/general/2015-02-17-China-Responsible-Business-Forum-Briefing.pdf，第10页。

[75] 参见上文第二部分"投资政策"部分。

[76] 参见：Backer, Larry Catá, "The Human Rights Obligations of State Owned Enterprises (SOEs): Emerging Conceptual Structures and Principles in National and International Law and Policy", *Vanderbilt Journal of Transnational Law*, Vol. 50, No. 4, 2017, pp. 827—888.

[77] 例如，《中国落实2030年可持续发展议程国别方案》在谈到中国成功落实千年发展目标的经验时，特别指出经验之一是"正确发挥市场机制作用，处理好政府和市场的关系。社会主义市场经济体制促使劳动、知识、技术、管理、资本等各方面的活力竞相迸发，推动中国经济保持快速健康增长，为成功落实千年发展目标提供了保障"，全文见于中国政府网：http://www.gov.cn/xinwen/2016-10/13/5118514/files/4e6d1fe6be1942c5b7c116e317d5b6a9.pdf，第5页。

也因此必须同时或交替扮演工商业与人权领域的"监管者"与"合作者"的二元角色。这也定义了中国业界和政府在工商业与人权领域的诸多挑战和机遇中互动关系的基本范式。本节在此将套用《指导原则》中"保护、尊重和补救"三个支柱的维度来阐明中国在工商业与人权领域的挑战和机遇,以便为中国业界和政府在此领域开展更加建设性的互动提供分析框架。

一、支柱一:国家保护人权的义务

首先,中国民众对于企业给自身和他人人权带来的影响已经具有空前高度的意识,且公共舆论更加关注的是企业对人权的负面影响。这对于政府履行保护人权的义务而言,既是挑战也是机遇。一方面,中国民众对于国家保护人权的义务提出了更高的要求和更加严格的监督;但另一方面,中国政府采取的针对企业的保护人权的政策和措施会得到更广泛民意的推动和支持。但无论如何,这都指向同一个结果,也即中国政府必须重视企业的人权影响,推出并落实与中国业界的人权影响相适应且更符合民意要求的确保"人权不受第三方,包括工商业侵犯"的政策,"通过有效政策、法律、条例和裁定,防止、调查、惩治和补救此类侵犯行为"。[78]

其次,一方面,近年中国政府出台了一系列鼓励和要求企业致力可持续发展的政策文件,同时修订和推出了一系列法律法规[79],这为促进企业负责任经营创造了良好的法制环境机遇。但另一方面,近年中国政府出台的引导和规范企业行为的政策和法规高度偏重环境可持续性,对人权领域则较显偏废。[80] 此外,虽然中国政府核可了《指导原则》,但直至今日,中国既没有专门的实施和宣传《指导原则》的国家政策,各个政府部门也没有将其用于

---

[78] 《联合国工商业与人权指导原则》,原则 1。

[79] 例如,一个最新的结合了针对企业的严格要求和公众的知情权、参与权及表达权的例证是 2018 年 7 月 16 日生态环境部公布的《环境影响评价公众参与办法》,该《办法》要求"建设单位应当依法听取环境影响评价范围内的公民、法人和其他组织的意见",全文载于:http://www.mee.gov.cn/gkml/sthjgw/sthjbl/201808/t20180803_447662.htm;又例如,仅 2018 年 1 月 1 日起施行的新修订或制定的与企业行为相关的基本法律至少就包括:新修订的《中华人民共和国反不正当竞争法》《中华人民共和国环境保护税法》以及新修订的《中华人民共和国水污染防治法》等。

[80] 例如,在十九大报告《决胜全面建成小康社会 夺取新时代中国特色社会主义伟大胜利——在中国共产党第十九次全国代表大会上的报告》中,包括一个关于生态文明的专门部分,且"环境"一词出现至少 25 次,而"人权"则仅出现一次,全文见于:http://www.xinhuanet.com/politics/19cpcnc/2017-10/27/c_1121867529.htm。

指导企业实践的其他政策之中,而这是《指导原则》以及与此相关的方法和工具在中国企业中知悉程度较低的主要原因之一。因此,中国政府可以考虑制订《工商业与人权行动计划》,向中国"领土和/或管辖范围内的所有工商业"提出"在其全部业务中尊重人权的预期"。[81]

最后,随着"一带一路"倡议和"构建人类命运共同体"的落实,越来越多的中国企业开始迈入人权被作为日常语汇的国家和社区,越来越多的国家也把中国经济的发展和中国企业的海外拓展作为其发展前景的重要机遇。但与此同时,中国企业在海外一些不负责任的经营行为对当地居民人权的不利影响也开始成为当地民众的关切。中国的企业能否按照尊重人权的理念负责任运营,也开始成为"一带一路"倡议和"构建人类命运共同体"的挑战之一。[82] 因此,中国政府在有关海外投资的规范和政策文件中明确提出尊重人权的要求和政策导向,将真正有助于中国占据"国际道义制高点"[83],而中国部分企业,尤其是国有企业在海外的良好人权实践可以比较容易地上升为政策,并在国内外移植和推广。此外,中国政府还应积极参与联合国以及其他国际组织的工商业与人权议程以及在多、双边的合作和对话机制,尤其是人权对话中强化和增加工商业与人权议题,在介绍中国实践的同时,广泛交流经验。

二、支柱二:企业尊重人权的责任

就尊重人权的责任而言,中国企业普遍面临的最大挑战是"人权"责任意识较低,尤其是大多数企业并没有认识到中国政府的"支柱二"政策转变已经为企业履行尊重人权的责任提出了明确要求,很多企业也很少了解或在其管理中运用《指导原则》。同时,国内外民众和其他利益相关方对中国企业在人权领域抱有越来越高的期望,尤其是,随着"一带一路"倡议的落实和越来越多中国企业"走出去"对外投资,在缺乏人权专业人才和社会责

---

[81] 同上注[78],原则2。
[82] 因此,习近平在推进"一带一路"建设工作5周年座谈会上特别指出,"一带一路"建设"要规范企业投资经营行为,合法合规经营,注意保护环境,履行社会责任",中国政府网,《习近平出席推进"一带一路"建设工作5周年座谈会并发表重要讲话》,2018年8月27日,载于:http://www.gov.cn/xinwen/2018-08/27/content_5316913.htm。
[83] 同上注。

任及人权风险管理经验不足,处理社区关系和利益相关方沟通能力不够的情况下,人权议题将越来越成为中国企业在海外必然会遇到的严重考验和挑战。㉞ 因此,中国企业必须深入研究和学习如何处理其产品、服务和商业关系中的人权影响并将其纳入政策和管理,否则将面对不可预计的经济和品牌风险,并有可能使企业的人权责任问题上升为国际关系事件。

尽管如此,中国企业在履行尊重人权的责任方面也拥有很多难得的机遇。首先,中国政府的"支柱二"政策转变同时也为企业提供了转变对"人权"的传统认知和致力于人权责任的政策机遇,并且中国的行业组织也正以此为契机为中国企业探寻解决方案。其次,《指导原则》通过已经七年有余,很多指导企业尊重人权的实用工具已被开发出来,而且很多行业内外和国内外的先行者企业也已经积累了丰富的经验,这些都能有力支持中国企业按照《指导原则》履行尊重人权的责任。这同时也意味着,中国企业应开放、大胆地与国际社会各相关方如国际组织、非政府组织、供应链上下游企业等交流在工商业与人权领域的实践。最后,中国的经济成长,尤其是"一带一路"倡议的不断推进及其与更广泛的国际议程如联合国可持续发展目标的整合,将会为负责任、尊重人权的中国企业提供巨大的商业机遇和贡献于社会发展的可能性。㉟

三、支柱三:补救人权侵害

一方面,对于任何企业来说,补救人权侵害本身都是一种挑战,因为它意味着企业在人权领域的失责,但补救人权侵害也经常意味着企业改进和完善管理机制,尤其是申诉机制的机会㊱,而这将有助于企业预防和减小未来的人权风险。

另一方面,补救人权侵害的努力也经常意味着更广泛和深入的利益相关方合作机会。例如,2016年到2017年间,为了回应国际社会各利益相关

㉞ 参见:Human Rights Watch, China: One Belt, One Road, Lots of Obligations,该文指出"如果一带一路的所有参与者立志于尊重人权,那么该项目将会是真正变革性的。但这需要对社区磋商、尊重和平抗议、根据社区的关切排除或改变项目的开放性的专注承诺,以及对透明度的真实保证",载于 https://www.hrw.org/news/2017/05/12/china-one-belt-one-road-lots-obligations。

㉟ 参见:上注㉔,《2017 中国企业海外可持续发展报告》,第二部分。

㊱ 同上注㉘,原则 28—31。

方对钴供应链上存在的童工和其他有违人权的问题的关切,中国五矿化工进出口商会联合钴供应链上下游企业发起了"责任钴业倡议",以协调所有相关企业的政策与行动,共同补救钴供应链上包括童工和危险工作条件等人权问题。[87] 此外,补救人权侵害也常常需要在供应链、商业生态或国家政策中寻找方案,这将进而促进供应链结构、商业生态或政策的改善与优化。[88] 因此,中国企业应该在完善补救人权侵害的管理机制的同时,积极与供应链上或商业生态中的其他各方采取协调行动,致力于补救导致人权侵害的结构性问题。

四、结语

孔子曰:"富与贵,是人之所欲也,不以其道得之,不处也",又曰"不义而富且贵,于我如浮云"。[89] 中国文化传统中有着源远流长的"以仁为富"的义利观,这形成了中国政府和业界在处理企业的社会影响时的价值观基础。同时,在正确的价值观之下,政府和企业讨论和处理企业的社会影响也都需要一套具有最广泛共识基础的价值判断和行为规范体系。正如明代商人王文显所言:"夫商与士,异术而同心。故善商者,处财货之场,而修高洁之行,是故虽利而不污;善士者,引先王之经,而绝货利之径,是故必名而有成。"[90] 政府和企业都需要价值观的"同心",但无论善商者"修行"还是善士者"引经",其实都是指向这样一套价值判断和行为规范体系。

在当前实力雄厚的中国工商业遍布于全球各地的现实背景中,能够被

---

[87] 关于责任钴业倡议,参见中国五矿化工进出口商会:《责任钴业倡议》,载于:http://cccmc.org.cn/docs/2016-11/20161121141404471901.pdf;该倡议源自于国际特赦组织在其专题报告《"不惜卖命的真相":全球钴矿贸易的"策动力"来自刚果民主共和国境内的人权侵犯》中对刚果(金)钴矿中存在的童工等侵犯人权情况的披露,报告载于:https://www.amnesty.org/en/documents/afr62/3183/2016/zh/。

[88] 例如,国际特赦组织在欢迎"责任钴业倡议"时指出,"这是钴矿公司第一次专门为了解决供应链中的人权问题而聚集在一起。此倡议的一个积极方面是,中国及其他国家的公司将携手为解决问题而努力,他们也认识到了需要让刚果(金)政府参与其中",国际特赦组织:《国际特赦组织对"责任钴业倡议"表示欢迎,如何实施才是关键》,载于:https://zh.amnesty.org/more-resources/news/%e8%b4%a3%e4%bb%bb%e9%92%b4%e4%b8%9a%e5%80%a1%e8%ae%ae%e5%a6%82%e4%bd%95%e5%ae%9e%e6%96%bd%e6%89%8d%e6%98%af%e5%85%b3%b3%e9%94%ae/。

[89] 见《论语·里仁篇》及《论语·述而》。

[90] 转引自孔祥毅:《晋商的商业伦理》,载《山西社会主义学院学报》2006年第4期,第41页。

中国和世界各国政府、民众和其他利益相关方所普遍认可的最核心和最基本的价值判断和行为规范体系只可能是国际人权原则和国际人权标准,"在最低限度上,可理解为《国际人权宪章》以及关于国际劳工组织《工作中基本原则和权利宣言》中所载明各项基本权利的原则阐明的那些权利"[91]——这些权利也是中国企业在国内外产生影响的最主要领域。

目前,中国政府已经通过一系列政策上的转变,务实而前瞻地将国际人权原则和国际人权规范转化为包括工商业在内的私主体都应尊重和遵守的价值原则、商业伦理和行为准则,这将有利于中国海内外企业,包括成长中的中国跨国企业不断增强对人权和可持续发展等全球价值观和发展趋势的认同。中国的行业组织也正以国际人权原则和国际人权规范为基础为中国企业在海内外履行尊重人权的责任开发工具和寻求解决方案。这些变化,尤其是政策转变与业界行动之间的持续互动都是积极而富有前景的进展,表明了中国政府和业界在公私两个层面不断改进的对人权的承诺。

同时,中国政府和企业也必须认识到,"支柱二"政策转变并不能自动实现企业尊重人权的效果,更不应是国家保护人权的义务向企业的转移。在不断优化和强化"支柱二"政策转变的同时,中国政府还需要切实履行自身保护人权的义务,并与企业及其他利益相关方合作努力,促使和帮助企业充分利用各种机遇,积极面对各种挑战,在实践层面推进对人权议题不断完善的了解(know)和展示(show),使中国企业持续为实现中国自身的发展目标和建设人类命运共同体贡献更大的建设性力量。

---

[91] 同上注[78],原则 12。

结　　论

　　联合国成立以来,人权已被普遍接受为个人生命的至善价值和人类发展的至上追求,而在全球化背景下,工商业对人权的影响和挑战则愈加严峻而紧迫。本书的第一个事实结论在于建立工商业与人权的一般性的联系,即工商业界的强大力量和普遍存在可以使其对每个个人的权利产生影响,而且所有地区、所有行业、所有规模的工商企业和工商业行为都可能会对所有人的所有人权造成直接或者间接的、积极或消极的影响。这种事实联系突破了政治、公民权利与经济、社会和文化权利之间的划分;突破了发达国家与发展中国家的界限;也突破了跨国公司与地方性中小企业的区别。因而本书认为:这种关联模式决定了在讨论工商业与人权之间的任何解决方案时都必须同时关注和确保工商业方面和人权保护方面的双重普遍性和双重可行性。也就是说,这些方法必须既能针对工商业实体的直接行动,也应充分考虑到与其存在关系的第三方的间接行动等情境;在价值上,必须或者能够减少或消除工商业对人权的消极影响的同时又不限制工商业本身的发展及其对人权的积极影响,或者在不影响工商业本身的情况下能够促进工商业对人权的某种积极影响。

　　在这种情况下,一种看似简单而直接的可能当然就是进行法律规范,而且由于从法律层面来看,人权确立于国际人权法体系之中,因此一个表面上更加理想的解决方案就是在国际法层面为人权和工商业之间普遍的事实联系赋予普遍性的法律规范,从而达到任何工商企业在任何未被国际法排除的情况下都不"侵犯"任何人权规范的效果——本书将这种思路称之为"私体公法化",也就是通过对工商企业施加国际法上的义务或责任而使之成为公法上的义务或责任主体。实际上,这正是联合国从20世纪70年代开始所采取的思路:首先是联合国的经济机构——主要是跨国公司委员会起草了意在"一刀切"地规范跨国公司的行为,包括其在人权领域的行为的《跨国公司行为守则草案》，之后则是联合国的人权机构——主要是保护和促进人权小组委员会在21世纪初起草了在工商业层面和人权层面都更具有普遍性和全面性的《跨国公司和其他工商业在人权方面的责任准则草案》。

本书研究了这两类机构的"私体公法化"规划并认为，这两个文件之所以都未能经过联合国的制法程序而成为国际法律规范，在法律上的根本原因在于它直接挑战了国际法的基础——意志表达和义务主体都局限于国家和公共机关的封闭性体系。"私体公法化"构想一方面希望打破这种体系的封闭性，要求国家与工商业分享在国际人权法律体系中的主体资格（主要通过使后者承担国际义务和责任），另一方面又希望借助这一体系来实施工商业的人权义务——这就产生了同一对主体在法律上同时存在"平行关系"和"垂直关系"的矛盾。几个相关的分结论则强化了这种矛盾：(1)国际法的任何分支部门，包括国际人权法至今都没有确立工商业实体的完全的、普遍的主体资格；(2)国家的管辖权无法完整地涵盖工商业对人权的所有影响范围——例如被独立法律人格分割开却又被商业利益紧密联系的跨国供应链，以及不存在有效政府系统的冲突地区等；(3)国家规制的介入使工商业与人权（享有者）之间的"双边关系"变成了政府、工商业和人权（享有者）之间的三边关系，政府因此必须在工商业利益和人权保护之间作出均衡，这无疑增加了解决相关问题时的复杂程度，也最终使得这些"私体公法化"尝试都无疾而终。

实际上，从严格的国际法意义上来看，上述两个文件的产生本身就已经超越了相关起草机构赖以存在的法律基础——《联合国宪章》。本书的研究表明，在协调工商业和人权的关系问题上，《联合国宪章》确立了两种相辅相成的路径：一种是作为封闭性基础而存在的规范国家行为的规制路径，一种是促进联合国及其会员国与专门机关进行合作的治理路径。但是，这里的"规制"所指是《宪章》和国际法为国家设定国际义务，包括人权义务，而并非在国际法上对其他实体的规制；相反，虽然《宪章》中的合作治理路径似乎只针对联合国及其会员国与"专门机关"，但是由于其性质只是在建议基础上的合作，因而其更重要的意义在于昭示一种可行的工作方法，也即无论在工商业还是人权领域联合国及其会员国都可以与其他行为者合作行动。所以，《宪章》一方面在根本制度上就不存在联合国及其机关对国家之外的私主体进行规制的基础——虽然国家履行其国际人权义务的具体措施包括在其管辖范围内对工商业进行国内法上的规制;另一方面,《宪章》却至少没有明确禁止联合国及其会员国与工商企业和其他组织开展基于共有的治理结构的合作。

因此,本书至此的一个重要结论就是,从《宪章》的规定来看,如果联合国要在国际层面上就工商业和人权问题引入工商业等私主体,其唯一可行的方法实际上只有合作治理途径——与规制相比,这一途径的最大区别在于工商业不是消极的被规范的客体,而是可以参与、对话和行动的能动主体。而联合国之所以在很长时间内都谋划对工商业的人权影响进行规制,不仅是由于在联合国体系内对人权问题存在着规制惯性,也是因为当时的政治、经济环境中不存在容纳工商业主体地位的合作治理结构——无论是东西对立还是南北分歧,以跨国公司为主的工商业都是问题本身,而不是问题的解决途径。

20世纪80年代末开始,普遍的自由主义市场体制推动了工商业的深度全球化,利益考虑不仅让多数国家放弃了对工商业进行国际规制的意愿和/或能力,也让工商业参与解决全球性问题的主体意识和卓著能力获得了国家和联合国的认可,同时也使构建工商业与人权领域的合作治理框架成为可能。另一方面,全球化使得人权价值和规范也得以全球化,人权的普遍性及关联性被大大强化,尤其是,它使得很多跨国公司渐渐将人权作为全球商业运营中的一种战略考虑和价值目标——更普遍的合作治理的条件因此渐趋成熟。这些变化的综合影响就是,工商业开始通过主动的、形式多样的对国际人权规范的"公法私体化"实践刺破国家管辖的面纱,一方面使工商业与人权之间的问题成为简单直接的双边关系,一方面开始包容更多相关方探寻整体性解决方法。本书认为,工商业"公法私体化"实践的正当性基础在于它已经成为一种能够在各种工商业和社会关系间产生普遍联系的、超越国家规制的自我治理模式,能够使得国际人权从公法规范上升为共享价值,又进而从共享价值落实为私体实践。联合国体系内各机构正是因为认识到了这一点,才开始了从国际劳工组织的《多国企业宣言》到秘书长的全球契约等高层级、普遍性的"公法私体化"实践。这些在联合国体系内倡议的实践带给本书另外一个根本性结论:当国际人权法律体系在工商业问题上缓慢发展或踟蹰不前的时候，由联合国等公共机构倡导的全球契约等"公法私体化"倡议能够在国际人权法律体系之外，联合国平台之上为工商业在全球化条件下应对人权问题提供基本的价值保障和高效的行动指南。

综上所述，联合国在工商业与人权问题上的探索给予本书如下结论：

（1）自由主义市场的全球化是联合国由谋求国际规制走向合作治理的根本原因。全球化形成了工商业的市场联合，使得规制不可能仅对一个或某个工商业发生影响，很多情况下，国际规制赖以实施的国家与工商业可能是利益共同体。

（2）人权正在成为全球化条件下工商业和市场的内在价值与核心原则。在全球化的市场范围内，人权正内化为工商业运营所依赖的劳工条件、消费者保护、供应链、环境和社区关系等方方面面之中，尊重人权正在成为工商业的内生竞争力——这种内生竞争力所产生的拘束作用经常比法律规范更为强大，因为忽视人权的工商业将被市场所抛弃。

（3）规范规制虽然看似直接，但合作治理并不意味着低效。在包括人权在内的共享价值和内生动力的作用下，基于合作治理的"公法私体化"实践，如"软法"机制表现出了工商业所需的解决问题的高效率，其应对问题的直接性、全面性、灵活性以及快速反应的效能也经常比法律规范更为显著。

（4）同时，很多人权规范，如禁止童工、不歧视等正在普遍化的商业实践中演变为"商业习惯法"，也即，无论是否存在国际层面和国家法律的规范要求，这些国际人权规范都正在成为工商业运营和交易的"惯例"，由于这些规范同时也是很多合作治理体系的基础，其在商业上的强制性和普遍性正在不断被强化。

（5）历史已经多次证明：在工商业与人权问题上，改变现有的国际法基础并不必然能更好地解决问题，但却必然打破正在形成中的工商业与其他利益相关方在人权问题上的新的体制均衡。确保在工商业方面人权保护方面双重普遍性和双重可行性的方法，恰恰在于如何挖掘现有法律体系的内部空间，并在此之外创造新的治理体制容纳新的可能性。

基于这些结论，本书最终认为，在协调工商业和人权关系的问题上，《宪章》实际上留有很大的体制空间，《宪章》中规制（国家的人权义务）和合作治理两个维度上的发展潜力都有待深入挖掘。而联合国在此问题上至今唯一获得了人权理事会肯定的倡议——《指导原则》则是对《宪章》的体制空间和发展潜力的确认和有效挖掘,其基本原则既符合《宪章》规定也符合全球治理的需求:国家应承担国际法上保护和实现人权的义务,但国家也可通过强化国内、国际治理体系促进其他各方对人权的尊重。也就是说,《指导原则》在回归《宪章》的同时超越了《宪章》——国家保护人权的义务实际上也是对国家和《宪章》权威性的保护,企业尊重人权的责任则充分体现了对业界和《宪章》创造性的尊重。

附　录

工商业与人权：实施联合国"保护、尊重和补救"框架指导原则

指导原则导论

1. 工商业与人权在 20 世纪 90 年代成为全球政策议程的常设问题，反映了当时私人部门在全球范围的急剧扩张，联同跨国经济活动的相应兴起。这些事态发展加深了人们对工商业对人权的影响的社会意识，同时引起联合国的关注。

2. 联合国的一项早期举措称为《跨国公司和其他工商业在人权方面的责任准则》，它是由当时人权委员会的一个专家附属机构起草的。它主要是试图直接根据国际法，要求企业承担人权义务，义务范围与各国根据其所批准条约而接受的义务范围相同："增进、保证实现、尊重、确保尊重和保护人权。"

3. 这一提议引发了工商界与人权倡导团体之间分歧巨大的辩论，但很少得到政府的支持。人权委员会拒绝就该提议采取行动。它设立了人权与跨国公司和其他工商业问题秘书长特别代表一职，以着手一个新的进程，并请秘书长任命任务负责人。本报告即为特别代表的最后报告。

4. 特别代表的工作分三个阶段渐次展开。任务的最初期限仅为两年，反映了在任务起源上的分歧，任务的目的主要是"确认和澄清"现行标准和做法，此为第一阶段。2005 年，在工商与人权领域，不同利益攸关者团体之间很少有共享知识可言。因此，特别代表执行了一项广泛的系统研究方案，

延续至今。在其门户网站(http://www.business-humanrights.org/SpecialRepPortal/Home)上,可检索到数千页文件:据指称工商业侵犯人权的归纳模式;国际人权法和国际刑法不断演进的标准;各国和各公司涌现的做法;联合国条约机构对国家在涉及工商业的侵犯人权行为方面的义务的评论;投资协定以及公司法和证券监管对国家和企业人权政策的影响;以及相关主题。这项研究得到广泛传播,包括在人权理事会本身传播。它为正在进行的工商业与人权会话提供了更广泛和更坚实的实证基础,体现了载于本报告附件的指导原则。

5. 2007年,人权理事会将特别代表的任务延期1年,请他提交建议。这标志着该项任务的第二个阶段。特别代表认为,有许多公共和私人举措涉及工商业与人权问题。但没有哪个方面达到足够规模,可对市场产生真正影响;它们的存在是零散的,没有形成一致或互补的体系。一个主要原因在于,缺少权威的协调中心,可统一有关利益攸关者的期望和行动。因此,2008年6月,特别代表仅提出了一个建议:人权理事会支持他经3年的研究与协商后制定的"保护、尊重和补救"框架。人权理事会给予了支持,在其第8/7号决议中一致"欢迎"该框架,因而促成了以往缺失的权威的协调中心。

6. 该框架建立在三大支柱基础上。第一是国家有义务通过政策、监管和裁定提供保护,防止第三方包括工商业侵犯人权。第二是公司有责任尊重人权,这就意味着工商业应当采取切实行动,避免侵犯其他人的权利,并消除它们卷入其中的负面影响。第三是需要增加受害者获得有效司法和非司法补救的机会。每一支柱都是相互关联和动态的预防和补救措施体系的一个不可或缺的组成部分:国家负有保护义务,是因为它处于国际人权制度的核心;公司负有尊重责任,是因为社会在人权方面对工商业寄予重望;获得补救的机会是因为无论怎样通力合作,都不能保证再不发生侵犯人权行为。

7. 在人权理事会之外,一些政府、工商业和联合会、民间社会和劳工组织、国家人权机构以及投资者附和或采用了该框架。一些多边机构,例如国际标准化组织和经济合作与发展组织在制订其自身的工商业与人权领域倡议时,借鉴了该框架。其他联合国特别机构也作了广泛援引。

8. 除了该框架固有的实用性外,在该任务过程中或为该任务举行的利益攸关者磋商的次数之多,包容性之明显,无疑也有助于它获得广泛的积极接受。实际上,截至2011年1月,该任务在各大洲举行了47次国际磋商,特别报告员及其小组对在20多个国家的企业经营及其在当地的利益攸关者进行了实地访问。

9. 人权理事会在其第8/7号决议中,对"保护、尊重和补救"框架表示欢迎,还将特别代表的任务延长至2011年6月,请他"落实"该框架,即就其实施提出具体和切实建议。这就构成了任务的第三个阶段。在理事会2010年6月届会的互动对话期间,各国代表团同意,有关建议应采取《指导原则》的形式;这些原则载于本报告附件。

10. 人权理事会请特别代表在制定指导原则时,保持其在履行任务全过程中的特有方式,即以研究和协商为基础。因此,指导原则集思广益,受益于所有利益攸关群体的广泛讨论,包括政府、工商业和联合会、受世界各地工商活动直接影响的个人和社区,以及指导原则涉及的许多法律和政策领域的专家。

11. 对指导原则中的一些原则,已做了路演。在五个国家的五个不同部门,作为试点,阐述了非司法申诉机制的有效标准,这些申诉机制涉及工商业及其业务所在社区。指导原则的人权尽责规定的可行性在10个公司内部作了测试,也是20多个国家在40多个法域具有专门知识的公司法专家深入讨论的主题。指导原则涉及政府如何帮助公司避免卷入在受冲突影响地区经常发生的各类侵犯人权行为,案例出现在与具有应对这类挑战实际经验的各国官员举办的非正式的和以情景假设为基础的讲习班上。总而言之,指导原则不仅意在提供实用的指导,还要提供基于实践经验的指导。

12. 此外,就指导原则的案文本身进行了广泛磋商。2010年10月,就一份有注解的大纲专门与人权理事会各代表团、工商业和联合会以及民间社会团体进行了为期一天的讨论。同一份文件还提交给国家人权机构国际协调委员会年度会议。考虑到所表明的分歧意见,特别代表全文印发了《指导原则和评论》,于2010年11月22日提交所有成员国,并贴在网上征求公众意见,直至2011年1月31日。在线磋商吸引了120个国家和领土的

3,576名访问者。有大约100份书面材料,包括政府的材料,直接递交给特别代表。此外,在多利益攸关方专家会议上并在与人权理事会各代表团的会议上讨论了指导原则草案,二者都是在2011年1月举行的。目前提交给人权理事会的最终案文是这一广泛和包容性进程的产物。

13. 这些指导原则的目的何在?如何去解读它们?人权理事会批准指导原则,本身并不能终结工商业与人权挑战。但它标志着发轫期的结束:通过建立共同的全球行动平台,可逐步推动进展,且不妨碍任何其他大有希望的长期进展。

14. 指导原则的规范性贡献,不在于创立了新的国际法律义务,而在于阐明了国家和工商业的现行标准和做法的含义;将这些义务纳入单一的、逻辑上连贯的和全面的模版中;确认了现行制度有哪些欠缺,应如何加以改进。每项原则都附有评论意见,进一步澄清了其含义。

15. 与此同时,指导原则无意成为一个工具包,只需从架子上取下,接通即可。原则本身是普遍适用的,它们所显示的含义表明,我们生活的这个世界,有192年联合国会员国,8万个跨国公司,10倍之多的附属公司,以及数不胜数的各国公司,后者大多为中小规模企业。因此,讲到实施,无法做到千篇一律。

16. 特别代表谨将这些指导原则提交人权理事会。在此过程中,他希望褒扬世界各地代表不同社会阶层和工业部门的数以百计的个人、团体和机构的特殊贡献,它们无偿拿出时间,分享经验,激烈辩论,形成了一场全球性运动,推进一个成功的使命:制定普遍适用和切合实际的指导原则,有效防止和补救与工商业有关的侵害人权行为。

一般原则

这些指导原则是基于承认:
(a) 国家尊重、保护和实现人权和基本自由的现有义务;
(b) 工商业作为社会专门机构,履行专门职能的作用,要求其遵守所有适用法律和尊重人权；

(c) 权利与义务需要在遇有违反时获得适当和有效补救。

这些指导原则适用于所有国家和所有工商业,包括跨国企业和其他企业,无论其规模、所属部门、地点、所有权和结构。

这些指导原则应看作是一个统一的整体,并应单独或共同地根据下列目标加以解读,即加强在工商业与人权方面的标准和做法,以针对受影响个人和社群实现具体成果,从而推进社会意义上可持续的全球化。

这些指导原则的解读,没有任何内容可解读为创立了新的国际法义务,或限制或废除了国家根据国际法在人权方面可能承担或面临的任何法律义务。

这些指导原则应以非歧视性方式加以执行,尤其应关注可能日趋弱势或边缘化的群体或人口中的个人的权利和需要,以及其面临的挑战,并适当顾及女人和男人面临的不同风险。

一、国家保护人权的义务

A. 基本原则

1. 国家必须保护在其领土和/或管辖范围内人权不受第三方,包括工商业侵犯。这就要求采取适当步骤,通过有效政策、法律、条例和裁定,防止、调查、惩治和补救此类侵犯行为。

评论

国家的国际人权法义务要求其尊重、保护和实现在其领土和/或管辖范围内个人的人权。这包括有义务保护人权不受第三方,包括工商业侵犯。

国家的保护义务为一行为准则。因此,国家本身不对私人行为者侵犯人权的行为负责。然而,如果此类侵犯行为可归因于国家,或如果国家未能采取适当步骤,防止、调查、惩治和补救私人行为者的侵犯行为,它们即可能违反了其国际人权法义务。一般说来,国家可酌情决定这些步骤,但它们应当充分考虑一系列允许的预防和补救措施,包括政策、法律、条例和裁定。国家还有义务保护和促进法治,包括为此采取措施,确保法律面前平等和法律适用公正,以及提供适当的问责、法律确定性和程序上和法律上的透明度。

本章侧重于预防措施,第三章则概述了补救措施。

2. 国家应明确规定对在其领土和/或管辖范围内的所有工商业在其全部业务中尊重人权的预期。

评论

目前,国际人权法一般并不要求国家规制设在其领土和/或管辖范围内的工商业的境外活动。但一般也不禁止它们这样做,只要有得到承认的管辖依据。在此情况下,一些人权条约机构建议,母国应采取步骤,防止在其管辖范围内的工商业在境外侵犯人权。

母国阐明对工商业在境外尊重人权的预期,有其明确的政策理由,尤其是在该国本身参与或支持这些企业时。有关理由包括通过提供连贯和一致信息,确保对工商业来说的可预测性,以及维护国家声誉。

各国在这方面采取了一系列方针。一些为本国措施,但具有境外影响。这方面的例子包括要求"母"公司报告整个企业的全球业务;多边软法律文书,例如经济合作与发展组织的《多国企业准则》;支持海外投资的机构要求的绩效标准。其他方针等同于直接的域外立法和执法。这些包括基于违法者的国籍而不论违法行为在何处发生提出起诉的刑法制度。各种因素都可能有助于增加国家行为的可见和实际合理性,例如它们是否基于多边协定。

B. 实施原则

国家的一般监管和政策职能

3. 国家在履行其尊重义务时,应:

(a) 执行法律,其目的或其效果是要求工商业尊重人权,同时,定期评估此类法律的充分性,弥补差距;

(b) 确保制约工商业创办和运作的其他法律和政策,例如公司法,不会限制而是促使企业尊重人权;

(c) 切实指导工商业在各项经营中尊重人权;

(d) 鼓励并在适当时要求工商业通报其如何处理人权影响。

评论

国家应假定,工商业必然倾向国家不作为,或从中受益,国家应考虑采取一系列高明的国家或国际措施,或是强制性的,或是自愿的,促使企业尊重人权。

疏于执行直接或间接制约工商业尊重人权问题的现行法律,往往是国家做法中的一个重大法律缺失。此类法律可能包括非歧视法和劳工法,还有环境法、财产法、隐私法和反行贿法。因此,国家必须考虑此类法律目前是否得到有效执行,如果没有,则问题的症结何在,应当采取哪些措施来适当纠正这种情况。

同样重要的是,国家必须审查,鉴于情况不断变化,这些法律是否提供了必要的覆盖面,同时,它们联同相关政策,是否造成了有助于工商业尊重人权的环境。例如,在一些法律和政策领域,如制约获得土地,包括拥有所有权或使用土地方面的法律和政策领域,往往必须更加透明,以保护权利持有人和工商业。

制约创办和经营工商业的法律和政策,例如公司法和证券法,直接塑造企业行为。但对它们的人权影响,人们仍然不甚了了。例如,公司法和证券法很少说明允许乃至要求公司及其管理人员在人权方面做哪些事情。这一领域的法律和政策应对企业尊重人权给予充分指导,同时适当关注现行管理结构,例如公司董事会的作用。

对工商业在尊重人权问题上的指导,应表明预期结果,帮助形成最佳做法。它应提供咨询意见,说明适当的方法,包括在人权方面的应尽责任,以及如何切实考虑性别、脆弱性和/或边缘化问题,承认土著人民、妇女、民族或种族少数、宗教和语言少数、儿童、残疾人以及移民工人和其家人面临的特殊挑战。

遵循《巴黎原则》的国家人权机构有其重要作用,可帮助国家确定有关法律是否与其人权义务相一致并得到切实执行,同时就人权问题向工商业和其他非国家行为者提供指导。

工商企业通报它们如何处理其人权影响可包括与受影响利益攸关者的非正式接触到发表公开报告。国家鼓励,或在必要时,要求进行此类通报,对促进工商业尊重人权至关重要。通报有关信息的激励措施可包括在任何司法或行政程序中,规定对此类自我报告给予重视。如果企业的业务性质或经营背景造成极大的人权风险,则尤其应当要求进行通报。在这一领域的政策或法律有必要明确工商业应通报哪些信息和如何通报,帮助确保通报内容的公开性和准确性。

关于通报要素的任何规定都应考虑通报对有关个人和设施造成的安全和保安风险,对商业机密的合法要求,以及公司规模和结构的不同。

财务报告要求应明确在一些情况下,人权影响对工商业的经济效益而言,可能是"具体的"或"重大的"。

国家—企业关联关系

4. 国家应采取额外步骤,保护人权不受国家拥有或控制的工商业,或接受国家机构,例如出口信贷机构和官方投资保险或担保机构实质性支持和服务的企业侵犯,包括在适当时,要求人权尽责。

评论

国家作为个体,是国际人权法的主要义务承担者,作为集体,是国际人权制度的受托人。工商业如果受国家控制,或其行为可归因于国家,则工商业侵犯人权可能表明国家违反其国际法义务。此外,工商业与国家的关系越紧密,其依赖法定机构或纳税人支持的程度越大,则国家政策确保企业尊重人权的理由就越强烈。

国家拥有或控制工商业,就掌握了确保执行人权方面有关政策、法律和条例的最大手段。高层管理部门一般向国家机构负责,有关政府部门有较大的审查和监督权限,包括确保有效的人权尽责(这些企业还应负有第二章所述尊重人权的公司责任)。

一系列与国家有正式或非正式联系的机构可能向工商业的活动提供支持和服务。这些包括出口信贷机构、官方投资保险或担保机构、发展机构和发展融资机构。如果这些机构对受益企业的实际或潜在负面人权影响不作明确考虑,它们就有可能为支持此类伤害承担声誉、财务、政治乃至法律风险,它们还可能加剧受援国面临的人权挑战。

鉴于这些风险,国家应鼓励并在适当时要求这些机构本身以及接受其支持的工商业或项目恪守人权责任。如果企业的业务性质或经营背景造成了巨大的人权风险,很可能有必要提出人权尽责的要求。

5. 国家如与工商业签约,或立法允许工商业提供可能影响享有人权的服务,则应行使充分监督,以履行其国际人权义务。

评论

国家将交付可能影响享有人权的服务私有化,并不解除其国际人权法义务。国家如不能确保承担此类服务的工商业以符合国家人权义务的方式运作,可能会给国家本身带来声誉和法律后果。作为必要步骤,有关的服务合同或立法授权应明确国家对这些工商业的人权预期。国家应确保它们可以有效监督企业活动,包括设立适当的独立监测和问责机制。

6. 国家应促进与其有商业往来的工商业尊重人权。

评论

国家包括通过其采购活动,与工商业进行一系列商业往来。这使国家个别和集体拥有独特机会,可借以促进这些企业对人权的意识和尊重,包括通过其合同条款,同时适当考虑国家根据国内法和国际法承担的有关义务。

在受冲突影响地区支持企业尊重人权

7. 由于在受冲突影响地区,严重侵犯人权的风险不断加剧,国家应帮助确保在此类背景下经营的工商业不会卷入侵犯人权行为,包括:

(a) 在尽可能的最初阶段与工商业接触,帮助它们确认、防止和缓解其活动和商业关系的人权相关风险;

(b) 向工商业提供适当援助,以评估和解决不断加剧的侵权风险,尤其应关注基于性别的暴力和性暴力;

(c) 对参与严重侵犯人权,又拒绝在解决问题时予以配合的工商业,不提供公共支持和服务;

(d) 确保其目前的政策、立法、条例和执行措施可有效应对工商业参与严重侵犯人权的风险。

评论

企业卷入的一些最恶劣的侵犯人权行为发生在为控制领土、资源或政府本身而产生的冲突中。此时,无法指望人权制度按人们的预期来运作。负责任的企业日益转向国家寻求指导,以避免在此类困难的局势下加剧人权伤害。需要制定新的和务实的方针。尤其是,必须关注性暴力和基于性别的暴力风险,在冲突期间,此类暴力尤其普遍。

各国必须在现场局势恶化之前,及早动手解决问题。在受冲突影响地区,"东道国"由于缺乏有效控制,可能无力充分保护人权。如果涉及跨国公司,其"母国"应当发挥作用,协助这些公司和东道国,确保企业不会卷入侵犯人权行为,同时,邻近国家也能提供重要的补充支持。

为在此类局势下加强政策的一致性,对工商业给予适当援助,母国应促进其首都和使馆内各发展援助机构、外交和贸易部以及出口融资机构之间,联同这些机构与东道国政府行为者之间更密切的合作;建立提示政府机构和工商业的早期预警指标;规定企业在此类情况下疏于合作的可能后果,包括拒绝提供或撤销现有的公共支持或服务,或如果不能做到这一点,则拒绝在今后提供支持或服务。

国家应警示工商业,在受冲突影响地区,很有可能卷入严重侵犯人权行为。它们应当审查其政策、法律、条例和执行措施能否有效应对这类高度风险,包括作出企业人权尽责规定。一旦发现差距,国家应采取恰当步骤加以解决。这可能包括探讨在其领土和/或管辖范围内落户或开展业务,但实施或加剧了严重侵犯人权行为的企业的民事、行政或刑事责任。此外,国家应考虑采取多元方针,防止和处理此类行为,同时支持有效的集体举措。

所有这些措施都是对武装冲突局势中国家的国际人道主义法义务,以及国际刑法义务的补充。

确保政策的一致性

8. 国家应确保规范企业做法的政府部门、机构和其他国家机构在履行其各自职能时,意识并遵守国家的人权义务,包括为此向它们提供有关信息、培训和支持。

评论

国家的人权义务与其为规范企业做法而推行的法律与政策之间,并不存在必然的矛盾。然而,有些时候,国家需要作出困难的平衡决定,以协调不同的社会需要。为达成恰当的平衡,国家应制定处理企业与人权议程的基本方针,确保横向和纵向的国内方针的一致性。

纵向的政策一致性要求国家制定必要的政策、法律和程序,以履行其国际人权法义务。横向的政策一致性意味着支持和装备在国家和国家以下各级规范企业做法的部门和机构,包括负责公司法和证券监管、投资、出口信贷和保险、贸易和劳工的部门和机构,帮助它们掌握信息,并以符合政府的人权义务的方式行事。

9. 国家应保持适当的国内政策余地,以在与其他国家或工商业一道追求与企业相关的政策目标时,履行其人权义务,例如通过投资《条约》或合同。

评论

国家与其他国家或工商业缔结的经济协议,例如双边投资协定、自由贸易区协议或投资项目合同,为国家创造了经济机会。但它们也会影响到政府的国内政策空间。例如,国际投资协议的条款可能限制国家充分执行新的人权立法,或使它们面临可能的约束性国际仲裁风险。因此,国家应确保自己保持适当的政策和监管能力,以根据此类协议条款保护人权,同时提供必要的投资者保护。

10. 国家在作为处理企业相关问题的多边机构的成员时,应:

(a) 努力确保这些机构既不限制其成员国履行保护义务的能力,也不妨碍工商业尊重人权;

(b) 鼓励这些机构在其各自职责和能力范围内,促使企业尊重人权,帮助各国履行其保护人权免遭工商业侵犯的义务,包括为此开展技术援助、能力建设和宣传;

(c) 根据这些指导原则,促进共同理解,并推动在企业与人权挑战管理方面的国际合作。

评论

在国际一级,包括在国家参加处理与企业相关的问题的多边机构时,例如国际贸易和金融机构,也需要加强政策的一致性。国家在加入此类机构时,仍保留其国际人权法义务。

通过此类机构进行的能力建设和提高认识活动可发挥巨大作用,帮助各国履行其保护义务,包括促成各国分享关于挑战和最佳做法的信息,进而促进更为协调的方针。

通过多边机构开展的集体行动可帮助各国在企业尊重人权方面平整竞技场,但它应通过提高落后者的绩效来这样做。国家、多边机构和利益攸关者之间的合作可发挥重要作用。

这些指导原则提供了这方面的共同参照点,可作为有益的基础,建立考虑到所有有关利益攸关者各自作用和责任的累积性积极效应。

二、公司尊重人权的责任

A. 基本原则

11. 工商业应尊重人权。这意味着它们应避免侵犯他人的人权,并应在自身卷入时,消除负面人权影响。

评论

尊重人权的责任是对无论在何处营运的所有工商业的全球性预期行为标准。它的存在,独立于国家履行其自身人权义务的能力和/或意愿,不会克减这些义务。同时它的存在,首先是要遵守国家保护人权的法律和条例。

消除负面人权影响要求采取适当措施,以实施预防、缓解和在适当时的补救。

工商业可能通过其他承诺或活动,支持和增进人权,为享有人权作出贡献。不过,这并不能抵消其在各项业务中尊重人权方面的失误。

工商业不应损害国家履行其自身人权义务的能力,包括不应采取削弱司法程序公正性的行动。

12. 工商业尊重人权的责任指的是国际公认的人权,在最低限度上,可理解为《国际人权宪章》以及关于国际劳工组织《工作中基本原则和权利宣言》中所载明各项基本权利的原则阐明的那些权利。

评论

由于工商业实际上可对整个一系列国际公认的人权产生影响,其尊重责任适用于所有此类权利。在实践中,在特定行业中或特定情况下,一些人权可能比其他人权面临更大风险,应成为高度关注的焦点。然而,情况可能发生变化,因此,对各项人权都应定期加以审查。

核心的国际公认人权的权威清单载于《国际人权宪章》(包括《世界人权宣言》和它赖以编纂的各项主要文书:《公民权利和政治权利国际公约》和《经济、社会、文化权利国际公约》)以及关于《工作中基本原则和权利宣言》中所载八项劳工组织核心公约中基本权利的原则。这些是其他社会行为者评估工商业人权影响的依据。工商业尊重人权的责任与法律责任和执行问题有所不同,后者始终是由有关法域中的国家法律条款来加以规定。

工商业视情况不同,可能需要考虑一些补充标准。例如,企业应当尊重属于需要特别关注的特定群体或人口的个人的人权,因为它们可能对这些人产生负面人权影响。在这一点上,联合国文书进一步阐述了关于土著人民;妇女;民族或种族、宗教和语言少数;儿童;残疾人以及移徙工人和其家庭成员的权利。此外,在武装冲突局势下,企业应遵守国际人道主义法标准。

13. 尊重人权的责任要求工商业:

(a) 避免通过其本身活动造成或加剧负面人权影响,并消除已经产生的影响;

(b) 努力预防或缓解经由其商业关系与其业务、产品或服务直接关联的负面人权影响,即使并非它们造成了此类影响。

评论

工商业可能因自身活动或作为与其他方商业关系的结果,卷入负面人权影响中。指导原则19进一步阐述了工商业应如何处理此类情况的含义。为指导原则之目的,工商业的"活动"系指行为和不行为二者;其"商业关系"系指与商业伙伴、价值链中的实体以及直接与其业务、产品或服务相关联的任何其他非国家或国家实体的关系。

14. 工商业尊重人权的责任适用于所有工商业,无论其规模、所属部门、业务范围、所有制和结构。然而,企业履行这些责任的手段可能因这些因素以及企业的负面人权影响的严重程度而有不同。

评论

工商业履行尊重人权的责任的手段,除其他因素外,应与其规模相当。相对于大型公司,中小企业可能能力较小,更多非正式的程序和管理结构,因此其各自的政策和程序可能采取不同形式。但一些中小企业可能造成严重的人权影响,这就要求采取相应措施,而无论其规模大小。影响的严重程度将根据其规模、范围和不可挽回性来判断。工商业履行其尊重人权的责任的手段,还可能视其是否或在何种程度上通过公司集团或个别来经营而定。然而,尊重人权的责任充分和平等适用于所有工商业。

15. 工商业应制定与其规模和环境相适应的政策和程序,包括:

(a) 履行尊重人权的责任的政策承诺;

(b) 人权尽责程序,以确定、防止和缓解人权影响,并对如何处理人权影响负责;

(c) 补救其所造成或加剧的任何负面人权影响的程序。

评论

工商企业应懂得并显示其尊重人权。除非制定了某些政策和程序,否则,它们不能做到这一点。原则16—24对此作了进一步阐述。

B. 实施原则

政策承诺

16. 作为内置其尊重人权的责任的基础,工商业应通过一项政策声明,表示承诺履行这一责任,该政策声明应:

(a) 得到工商业最高管理层的批准;

(b) 对有关的内部和/或外部专门知识知情;

(c) 规定了企业对个人、商业伙伴和与其业务、产品或服务直接关联的其他方的人权预期;

(d) 予以公布并传达给内部和外部所有个人、商业伙伴和其他有关方;

(e) 体现在整个工商业的业务政策和程序中。

评论

"声明"一词一般用来描述企业无论采用何种手段,公开阐明其责任、承诺和预期。

要求确保政策声明充分知情的专门知识水平视工商业业务的复杂性而有所不同。专门知识可依靠各种来源，从可靠的在线或书面来源，到与公认专家的磋商。

承诺声明应予以公布。它应主动传达给与企业保持合同关系的实体；与其业务直接相关的其他方，可能包括国家安全部队；投资者；同时，在有巨大人权风险的业务中，应传达给可能受影响的利益攸关者。

在内部通报该声明以及有关政策和程序，应说明问责制的设计和制度，并辅之以对担负有关企业职能的人员进行必要培训。

国家应努力实现政策的一致性，同样，工商业也应努力实现制约其更广泛的企业活动和关系的政策和程序之间的一致性。这应包括，例如，规定了人员的财务和其他业绩激励措施的政策和程序、采购惯例以及涉及人权的游说活动。

通过这些和其他适当手段，政策声明应内置于工商业高层的各项职能中，否则可能难以保证其行动意识到或关注人权。

人权尽责

17. 为确认、防止和缓解负面影响，并对如何消除此类影响负责，工商业应恪守人权责任。此一过程应包括评估实际和可能的人权影响，综合评估结果并采取行动，跟踪有关反映，并通报如何消除影响。人权尽责：

（a）应涵盖工商业通过其自身活动可能造成或加剧或因商业关系而与其业务、产品或服务直接相关的负面人权影响；

（b）随工商业的规模、产生严重人权影响的风险以及业务性质和背景的不同而在复杂性上有所不同；

（c）应是持续的，承认人权风险可能随时会因工商业的业务和经营背景的变化而起变化。

评论

本原则确定了人权尽责的基准，原则18—21则阐述了其基本组成部分。

人权风险系指工商业的可能负面人权影响。应通过预防或缓解，消除可能的影响，而那些已经发生的实际影响则应成为补救的对象（原则22）。

人权尽责可包括在更广阔的企业风险管理制度中，即不仅仅是确认和管理对公司本身的物质风险，还包括对权利拥有者的风险。

人权尽责应在发展新的活动或关系时尽早启动，因为人权风险在合同或其他协议的筹划阶段，可能已经加剧或得到缓解，也可能通过合并或收购继承下来。

如果工商业在其价值链中有大量实体，想要对所有这些实体的所有负面人权影响尽到责任，可能非常困难。在此情况下，工商业应确定负面人权影响最大的一般领域，原因是否在于某些供应商或客户的经营背景，所涉及的特定业务、产品或服务，以及其他有关考虑，同时确认这些因素对人权尽责的轻重缓急。

如果工商业加剧或据认为加剧了其他方造成的负面人权影响，就可能引起共谋的问题。共谋既有非法律含义也有法律含义。在非法律含义上，工商业可能被视为在其他方的行为中"共谋"，例如，据认为它们从该其他方的侵权行为中获益。

在法律意义上，大多数国家管辖范围禁止共谋犯罪，一些则规定工商业在此类案件中负有刑事责任。一般而言，可就企业据指称加剧伤害提起民事诉讼，虽然这些诉讼可能不处在人权框架内。国际刑法判例的重点表明，帮助和唆使的相关标准在于有意提供切实援助或鼓励，对犯罪产生重大影响。

适当的人权尽责有助于工商业应对针对它们提出的法律主张，表明它们采取了一切合理步骤，避免卷入据指称的侵犯人权行为。但不应假定，工商业的人权尽责本身将自动和完全解消其造成或加剧侵犯人权行为的责任。

18. 为衡量人权风险，工商业应确认和评估通过其自身活动或作为其商业关系的结果可能参与造成的任何实际或潜在的负面人权影响。此一过程应：

(a) 借助内部和/或独立的外部人权专门知识；

(b) 根据工商业的规模及其经营的性质和背景,酌情与可能受影响的群体和其他利益攸关方进行切实磋商。

评论

人权尽责的首要步骤是确认和评估工商业可能卷入的实际和潜在负面人权影响的性质。一般而言,这包括在可能时在拟议的商业活动前评估人权背景;确认谁可能受到影响;辑录有关人权标准和问题;预测拟议活动和伴随而来的商业关系可能如何对已确认者产生负面人权影响。在此过程中,工商业应特别关注对属于高危脆弱或边缘化群体或人口的个人的任何特殊人权影响,同时注意妇女与男人面临的不同风险。

评估人权影响的进程可与其他进程并行,例如风险评估或环境和社会影响评估,评估应以所有国际公认的人权为参照点,因为企业可能对任何此类权利产生实际影响。

由于人权状况是变动不居的,人权影响评估也应定期进行,即在展开新的活动或关系之前;在重大经营决定或经营变化之前(例如市场准入,产品发布、政策变化或企业更广泛的变化);在应对或预测经营环境的变化(例如不断加剧的社会紧张局势)时;在活动或关系的全过程中定期进行。

工商业为准确评估其人权影响,应努力了解可能受影响利益攸关者的关注,应与他们直接磋商,并考虑到为进行有效接触面临的语言和其他潜在障碍。在不可能进行此类磋商时,工商业应考虑合理的替代办法,例如请教可靠的独立专家,包括人权维护者和其他民间社会团体。

评估人权影响将彰显在人权尽责过程中的后续步骤。

19. 为防止和缓解负面人权影响,工商业应联系各项相关内部职能和程序,吸纳影响评估的结果,并采取适当行动。

(a) 有效的吸纳要求:

(一) 责成工商业内适当层级负责消除此类影响;

(二) 内部决策、预算拨款和监督程序有助于切实应对此类影响。

(b) 有关行动将因下列因素而有所不同:

(一) 工商业究竟是造成还是加剧了负面影响,或其卷入是否仅仅因为此类影响是由于商业关系而与其业务、产品或服务直接关联;

(二) 消除负面影响的力度。

评论

只有人权政策承诺内置于所有相关企业职能中,整个工商业横向吸纳人权影响评估的具体结果才是有效的。必须做到这一点,才能确保评估结果得到适当理解和重视,并采取行动。

在评估人权影响时,工商业需要审视实际和潜在的负面影响。应通过将评估结果横向纳入整个工商业,防止或缓解潜在影响,而已经发生的实际影响则应成为补救的主题(原则 22)。

工商业如果造成或可能造成负面人权影响,则应采取必要步骤,消除或防止此类影响。

工商业如果加剧或可能加剧负面人权影响,则应采取必要步骤,消除或防止其在这方面的作用,并利用其影响力,在可能的最大程度上缓解任何遗留影响。如果企业有能力促使造成伤害的实体改变其错误做法,据认为即存在上述影响力。

工商业如果不曾加剧负面人权影响,但此类影响因企业与其他实体的商业关系而与其业务、产品或服务直接关联,情况就较为复杂。在决定此类情况下的适当行动时,所考虑的因素包括企业对有关实体的影响力,商业关系对企业的重要程度,侵权行为的严重性,与有关实体终止关系是否带来不利的人权后果。

有关情况及其对人权的影响越复杂,企业就越应借助独立专家的意见,决定如何来应对。

工商业如果对防止或缓解不利影响具有影响力,就应行使这一影响力。如果缺乏影响力,则企业可能有办法来加强这一影响力。例如,可通过协助有关实体进行能力建设或其他激励措施,或与其他行为者合作来加强影响力。

有时,企业缺乏防止或缓解不利影响的影响力,又不能加强这一影响力。在此情况下,企业应考虑终止关系,同时注意对这样做的潜在负面人权影响的可靠评估。

如果这一关系对企业"至关重要",终止关系将引起新的挑战。一种关系,如果提供了对企业业务不可或缺的产品或服务,又不存在合理的替代来源,即可视为至关重要。在此情况下,负面人权影响的严重程度也必须予以考虑:侵权行为越严重,企业越需要迅速促成变化,然后决定是否应当终止关系。无论如何,只要侵权行为继续,企业仍然保持关系,企业就应当显示其正在进行努力,以缓解影响,并准备接受保持关系的任何后果,包括名誉、财务或法律后果。

20. 为核实是否消除了负面影响,工商业应跟踪其对策的有效性。跟踪应:

(a) 基于适当的定量和定性指标;

(b) 借助内部和外部反馈,包括受影响利益攸关者的反馈。

评论

跟踪是必须的,唯有如此,工商业才能了解其人权政策是否得到妥善执行,其对已确认的人权影响是否作了有效应对,并努力继续改进。

工商业应作出特别努力,跟踪对属于高危脆弱性或边缘化群体或人口的个人产生的影响所采取对策的有效性。

跟踪应纳入相关的内部报告程序。工商业可能采用已在其他问题上采用的工具。这可能包括业绩合同和审查以及调查和审计,在必要时使用按性别分类的数据。业务层面的申诉机制也可提供对工商业人权尽责有效性的重要反馈(见原则29)。

21. 工商业为就其如何消除其人权影响负责,应准备对外公布有关情况,尤其是在受影响利益攸关者或以受影响利益攸关者名义提出其经营或经营背景可能带来严重人权影响的工商业,应正式报告其如何应对这些影响。在所有情况下,通报应:

(a) 采取与企业人权影响相当的形式和频度,并可供其目标受众获取;

(b) 提供充分信息,用以评估企业是否就特定人权影响采取了适当对策;

(c) 不会给受影响利益攸关者和人员带来进一步风险,或违反合法的商业机密要求。

评论

尊重人权的责任要求工商业制定政策和程序，通过这些政策和程序，它们既可了解又可显示它们在实践中尊重人权。所谓显示，涉及通报，向可能受影响的个人或群体，并向有关利益攸关者，包括投资者提供一定的透明度和问责手段。

通报可采取各种形式，包括人际会晤、在线对话、与受影响利益攸关者的磋商以及公开发表的正式报告。正式报告本身包括从传统的年度报告和公司责任/可持续性报告，到在线最新信息和综合性财务和非财务报告。

如果存在严重的人权影响风险，无论其源于企业经营性质，还是源于经营背景，企业都应作出正式报告。报告应包括关于企业如何确认和消除负面人权影响的主题和指标。独立核查人权报告可加强其内容和公信力。具体的部门指标可提供有益的补充细节。

补救

22. 工商业如果确认它们造成或加剧了不利影响，则应通过合法程序提供补救，或在补救问题上给予合作。

评论

即使制定了最佳政策和做法，工商业也可能造成或加剧负面人权影响，因为这些影响是它们不曾预料或无力防止的。

如果工商业通过其人权尽责程序或其他手段确认出现了这种情况，则尊重人权的责任就要求它或独自或与其他行为者合作，积极参与补救。在业务层面建立可能受工商业活动影响者的申诉机制，是促成补救的有效手段，只要它们满足原则 31 载明的某些核心标准。

当出现不是由工商业造成或加剧，但可能因商业关系与其业务、产品或服务直接关联的负面影响时，尊重人权的责任并不要求企业自身提供补救，虽然它可能在补救过程中发挥作用。

一些情况，尤其是在指控犯罪时，一般将要求与司法机构合作。关于寻求补救的机制的进一步指南，包括在何处辩驳对负面人权影响的指控，载于关于补救途径的第三章。

背景问题

23. 在所有情况下,工商业均应:

(a) 遵守所有适用法和尊重国际公认的人权,无论其在何处经营;

(b) 在遇有相互抵触的要求时,设法信守国际公认的人权原则;

(c) 在其经营地,将造成或加剧严重侵犯人权的行为视为是否守法的问题。

评论

虽然具体国家和当地情况可对企业的活动和商业关系的人权风险造成影响,但所有工商业,无论在何处经营,都有责任尊重人权。如果国内情况使工商业不能充分履行其责任,则企业应在最大限度上信守国际公认的人权原则,并能够显示其在这方面的努力。

一些业务环境,例如在受冲突影响地区,可能增加企业卷入其他行为者(例如安全部队)的严重侵犯人权行为的风险。工商业应将这一风险视为是否守法的问题,这是因为域外民事主张以及将《国际刑事法院罗马规约》的条款纳入规定了公司刑事责任的管辖范围所引发的潜在公司法律责任日益扩大。此外,公司主管、管理人员和雇员也可能对相当于严重侵犯人权的行为负有个人责任。

在此类复杂情况下,工商业应确保它们不会导致情况的恶化。在评估如何作出最佳反应时,它们往往不仅从企业内的专门知识和跨职能磋商中受益,还要与外部的可靠和独立专家进行磋商,包括政府、民间社会、国家人权机构和有关的多利益攸关者举措。

24. 如果必须确定消除实际和潜在的负面人权影响行动的轻重缓急,工商业首先寻求防止那些最严重的影响,或反应迟缓将导致无法补救的影响。

评论

虽然工商业应消除所有其负面人权影响,但它并不一定能够同时加以处理。在缺少具体的法律指导时,如果必须制定轻重缓急,工商业应首先处理那些最严重的人权影响,并意识到反应迟缓可能导致无法补救。严重程度不是在此情况下的一个绝对概念,只是与工商业确认的其他人权影响相对而言。

三、获得补救

A. 基本原则

25. 作为其针对与企业相关的侵犯人权行为实施保护的义务的一部分,确保在此类侵权行为发生在其领土和/或管辖范围内时,通过司法、行政、立法或其他适当手段,使受害者获得有效补救。

评论

除非国家采取了适当步骤,调查、惩治和纠正已经发生的与企业相关的侵犯人权行为,否则,国家的保护义务即失之薄弱或流于无形。

获得有效补救既有其程序性层面,也有其实质性层面。本节中讨论的申诉机制提供的补救可能采取一系列具体形式,一般而言,目的是抵消或补偿已经发生的任何人权损害。补救可能包括道歉、恢复原状、康复、财政或非财政赔偿和惩罚性制裁(刑事或行政的,例如罚金)以及通过例如禁令或不再重犯的保证防止伤害。提供补救的程序应是公正的,不会出现腐败,且没有左右其结果的政治或其他企图。

为指导原则之目的,申诉系指唤起个人或群体的权利感的不公正感,这种权利感可能是基于法律、合同、明示或暗示的承诺,或受害群体对公正的一般概念。申诉机制一词用于表明任何常规的、基于国家或不基于国家的司法或非司法程序,通过此类程序,可提出对与企业相关的侵犯人权行为的申诉,并寻求补救。

基于国家的申诉机制可由国家的一个部门或机构实施,或由法律或宪法规定的独立机构实施。它们可能是司法性的,或是非司法性的。在一些机制中,那些受影响者可直接参与寻求补救;在其他一些机制中,由中间人代表它们寻求补救。这方面的例子包括法院(刑事和民事诉讼)、劳资法庭、国家人权机构、经济合作与发展组织《多国企业准则》下的国家联络中心、许多监察员办公室,以及政府的投诉办公室。

确保获得对企业相关侵犯人权行为的补救还要求国家促使公众意识和了解这些机制,其如何加以运用,以及在此过程中可能获得的任何支持(财政或专家支持)。

基于国家的司法或非司法申诉机制应构成更广泛的补救制度的基础。

在此制度中,业务层面的申诉机制可提供初期阶段的救援和解决办法。基于国家和业务层面上的机制,进而由协同举措,以及国际和区域人权机制的补救职能予以补充或加强。关于这些机制的进一步指导,见指导原则26—31。

B. 实施原则

基于国家的司法机制

26. 国家应采取适当步骤,确保国内司法机制在处理与企业相关的侵犯人权行为时的有效性,包括考虑如何减少可能导致拒绝补救的法律、实践和其他有关壁垒。

评论

有效的司法机制是确保获得补救的关键。其处理与企业相关的侵犯人权行为的能力取决于其公正、廉明和建立适当程序的能力。

国家应确保它们不会树立壁垒,在司法救助是获得补救的一个关键部分或不存在替代性有效补救来源时,妨碍将合乎法律程序的案件提交法庭。它们还应确保不因司法程序的腐败妨碍伸张正义,法院独立于其他国家机构和工商业行为者的经济或政治压力,同时,人权维护者的合法和和平活动不受干扰。

妨碍处理与企业相关的侵犯人权行为的合乎法律程序的案件的法律壁垒可能因下列因素引起:

• 根据本国刑法和民法,确定公司集团成员之间法律责任归属的方式有利于避免适当问责;

• 申诉者在东道国遭司法拒绝,又不能诉诸本国法院,无论案情如何;

• 某些群体,例如土著人民和移民,被排斥在适用于更广大人口的同等水平的人权司法保护之外。

获得司法补救的实际和程序性壁垒可源于下列因素:

• 提出申诉的费用不仅仅是为了适当阻止毫无理由的案件,或无法通过政府支持、"基于市场的"机制(例如诉讼保险和诉讼费结构)或其他手段降低到合理水平;

• 申诉者由于缺少资源或对在这一领域指导申诉者的律师的其他激

励手段,很难确保司法代理;

• 聚合性申诉或扶持性代理诉讼(例如集体诉讼或其他集体诉讼程序)的选择不足,这妨碍个人申诉者获得有效补救;

• 国家检察官缺乏充分资源、专门知识和支持,以履行国家自身调查个人和企业参与人权相关罪行的义务。

许多壁垒,究其原因,往往都是与企业相关的人权主张当事方之间不平衡的结果,或因此而更趋严重,例如其财政资源不同,获得信息和专门知识的机会也不同。此外,不管是由于公开歧视,还是作为司法机制设计和运作方式的无意后果,来自高危脆弱或边缘化群体或人口的个人在获得、使用和受惠于这些机制时,往往都面临更多的文化、社会、物质和资金障碍。在获得、程序和结果等补救程序的各个阶段,都应对这些群体或人口的权利和特殊需要给予特别关注。

基于国家的非司法申诉机制

27. 国家应与司法机制一道,提供有效和适当的非司法申诉机制,作为补救与企业相关的侵犯人权行为的全面国家制度的一部分。

评论

行政、立法和其他非司法机制在充实和增补司法机制方面发挥重要作用。司法制度即使是有效的,资源充足,也不可能包揽所有经举报的侵权行为的负担;司法补救并非始终都有必要;也并非对所有申诉者都是最好的方法。

在提供与企业相关的侵犯人权行为的补救方面的差距,可酌情通过扩展现有非司法机制的职能和/或增设新的机制来弥补。可能采取调解或裁定的方式,也可以遵循其他文化上适当和权利上兼容的进程,或兼而有之,这取决于所涉问题,牵扯到哪些公共利益,以及各方的潜在需要。为确保其有效性,这些方法应符合原则 31 提出的标准。

国家人权机构在这方面有其特别重要的作用。

至于司法机制,国家应考虑如何解决与企业相关人权主张方之间的不平衡,

消除来自高危脆弱或边缘化群体或人口的个人为获得补救所面临的更

多壁垒。

非国家申诉机制

28. 国家应考虑在处理与企业相关的人权伤害时,如何便利获得有效的非国家申诉机制。

评论

一类非国家申诉机制包括企业自身或与利益攸关者一道实施,或由行业联合会或多利益相关者集团实施的那些机制。它们是非司法性的,但可能是裁定的、基于对话的或其他文化上适宜和权利上兼容的进程。这些机制可能自有其好处,例如加快获得速度和补救速度,降低费用和/或超越国家范围。

另一类非国家申诉机制包括区域和国际人权机构。这些机构更多时候往往是处理对国家违反其尊重人权的义务的指控。然而,一些机构也处理国家未能针对工商业侵犯人权行为履行其实施保护的义务的问题。

国家可发挥有益作用,在国家自身提供的机制之外,提高人们对此类选择的意识,或便利获得这些选择。

29. 为使申诉得到及时处理和直接补救,工商业应针对可能受到不利影响的个人或社群建立或参与有效的业务层面申诉机制。

评论

可能受到工商业不利影响的个人和社群可直接诉诸业务层面的申诉机制。这些机制一般由企业独自或与其他方,包括利益攸关者协同实施。这些机制的提供,可借助各方接受的外部专家或机构。它们并不要求申诉者首先诉诸其他求助手段。它们有助于工商业直接评估问题,寻求对任何伤害作出补救。

业务层面的申诉机制在工商业尊重人权的责任方面履行两个关键职能。

• 首先,作为企业持续的人权尽责过程的一部分,它们支持确认负面人权影响。它们为此提供了一个渠道,帮助受企业活动直接影响者在据认为受到或将受到负面影响时提出其关注。通过分析申诉的趋势和模式,工商业可确定系统性问题,并相应调整其做法。

- 其次,这些机制使申诉一旦得到确认,工商业即可加以解决,并对负面影响及时和直接给予补救,从而防止伤害加剧,怨愤情绪不断加深。

此类机制并不要求申诉必须等同于指控侵犯人权时方可提出,其目的仅在确认可能受到不利影响者的任何合法关注。这些关注如果不能得到确认和解决,可能会随着时间演化成为更严重的争端和侵犯人权行为。

业务层面的申诉机制应遵循某些标准,以确保其在实践中的有效性(原则 31)。根据对规模、资源、部门、文化和其他参数的要求,这些标准可通过许多不同的申诉机制形式得到满足。

业务层面的申诉机制可成为更广泛的利益攸关者参与和集体讨价还价进程的重要补充,但不可以取代二者。它们不应当用来削弱合法工会在解决劳资争端方面的作用,或排除诉诸司法或其他非司法申诉机制的机会。

30. 行业、多利益攸关者和其他基于尊重人权相关标准的合作举措应确保建立有效的申诉机制。

评论

人权相关标准通过行为守则、业绩标准、工会与跨国公司之间的全球框架协议以及类似措施,日益体现在行业团体、多利益攸关者和其他合作举措的承诺中。

此类合作举措应确保建立有效机制,帮助受影响方或其合法代表在认定有关承诺未得到履行时,提出自己的关注。此类合作举措如果没有建立这些机制,可能会危及其合法性。申诉机制可在个体成员或合作举措的层面上建立,或兼顾二者。这些机制应提供问责,帮助促成对负面人权影响的补救。

非司法申诉机制的有效性标准

31. 为确保其有效性,国家或非国家非司法申诉机制应:

(a) 合法:以得到其所面对的利益攸关者集团的信任,并对申诉过程的公正性负责;

(b) 可获得性:得到其所面对的所有利益攸关者群体的了解,并向在获得时可能面临特殊壁垒者提供适当援助;

(c) 可预测性:提供清晰和公开的程序,附带每一阶段的指示性时间框

架,明确诉讼类型、可能结果以及监测执行情况的手段;

(d) 平等性:努力确保申诉方有合理的途径获得信息、咨询意见和专门知识,以便在公正、知情和受尊重的条件下参与申诉进程;

(e) 透明度:随时向申诉各方通报进展情况,提供充分信息,说明该机制如何建立对其有效性的信任,满足任何有关的公共利益;

(f) 权利兼容:确保结果和补救与国际公认的人权相一致;

(g) 有持续的学习来源:利用有关措施,汲取经验教训以改进该机制,同时,预防今后的冤情和伤害;

业务层面的机制应:

(h) 立足参与和对话:就机制的设计和运作与其所面对的利益攸关者团体磋商,侧重以对话为手段,处理和解决申诉。

评论

申诉机制只有在其服务对象了解、信任并有能力使用该机制时才能达成其目的。这些标准提供了设计、修订或评估非司法申诉机制的基准,目的是确保其在实践中的有效性。设计拙劣或执行不力的申诉机制有可能加剧受影响利益攸关者的怨愤,因为它们在此过程中没有权力,不受尊重。

前七条标准适用于任何国家或非国家的裁定性或对话性机制。第八项标准是专门针对工商业帮助实施的业务层面机制而言。

"申诉机制"一词是作为专门术语使用的。在用于特定机制时,该词本身可能并不一定恰当或有助,但关于有效性的标准始终是同样的。对特定标准的评论如下:

(a) 该机制面对的利益攸关者在选择使用该机制时,必须信任它。对确保申诉过程各方不能干预其公平行事的问责,通常是建立利益攸关方信任的一个重要因素;

(b) 在诉诸该机制时面临的壁垒可能包括缺乏对该机制的认识、语言、文献、费用、地理位置和担心报复;

(c) 为使该机制得到信任和利用,应提供关于其程序的公共信息。应尽可能遵守每一阶段的时间框架,同时在需要时保持灵活性;

(d) 关于工商业与受影响利益攸关者之间的申诉和争端,后者往往较少机会接触信息和专家资源,还往往缺乏财力支付这些资源。如果不能消

除这种不均衡,就可能妨碍实现程序公正,影响对它的认识,这就很难达成持久的解决办法;

(e) 定期向各方通报具体申诉的进展情况,对保持信任至关重要。通过统计数字、案例研究或关于某些案件的更详尽的信息,向更广泛的利益攸关者展示该机制运作的透明度,对表明其合法性和建立广泛信任很重要。与此同时,应在必要时保守当事方之间对话和个人身份的机密性;

(f) 申诉往往不是就人权而言,许多申诉最初不会引起人权关注。尽管如此,如果结果涉及人权,就应确保它们与国际公认的人权相一致;

(g) 定期分析申诉的频度、模式和原因,有助于实施该机制的机构确认为防止今后的伤害,有哪些政策、程序或做法需要改变,并为此施加影响;

(h) 就业务层面的申诉机制而言,调动受影响利益攸关群体参与其设计和运作,有助于确保该机制满足这些群体的需要,它们将在实践中加以利用,同时,人们有确保其成功的共同愿望。鉴于工商业,在法律的意义上,不能既为投诉对象,又可单方决定投诉结果,这些机制应倾重于通过对话达成商定解决办法。如果需要裁定,则裁定应由合法和独立的第三方机制提供。

参 考 文 献

联合国决议文件

大会决议

[1] 联合国大会决议 59(1)号,1946 年 12 月 14 日；
[2] 联合国大会决议第 260A 号,1948 年 12 月 9 日；
[3] 联合国大会决议 217(Ⅲ)A 号,1948 年 12 月 10 日；
[4] 联合国大会决议 217(Ⅲ)F 号,1948 年 12 月 10 日；
[5] 联合国大会决议 A/RES/277(Ⅲ)C 号,1949 年 5 月 13 日；
[6] 联合国大会决议 1161 号,1957 年 11 月 26 日；
[7] 联合国大会决议 1514(XV)号,1960 年 12 月 14 日；
[8] 联合国大会决议 1710(XVI)号,1961 年 12 月 19 日；
[9] 联合国大会决议 A/RES/2107(XX)号,1965 年 12 月 21 日；
[10] 联合国大会决议 A/RES/2184(XXI)号,1966 年 12 月 12 日；
[11] 联合国大会决议 A/RES/2202(XXI)号,1966 年 12 月 16 日；
[12] 联合国大会决议 A/RES/2307(XXII)号,1967 年 12 月 13 日；
[13] 联合国大会决议 A/RES/2626(XXV)号,1970 年 10 月 24 日；
[14] 联合国大会决议 3201(S-Ⅵ)号及 3202(S-Ⅵ)号,1974 年 5 月 1 日；
[15] 联合国大会决议 3281(XXIX)号,1974 年 12 月 12 日；
[16] 联合国大会决议 A/RES/3514(XXX)号,1975 年 12 月 15 日；
[17] 联合国大会决议 A/RES/S-6/3202 号,1977 年 5 月 1 日；
[18] 联合国大会决议 A/RES/36/172 号,1981 年 12 月 17 日；
[19] 联合国大会决议 A/RES/41/128 号,1986 年 12 月 4 日；
[20] 联合国大会决议 A/RES/42/115 号,1987 年 12 月 7 日；
[21] 联合国大会决议 A/RES/45/186 号,1990 年 12 月 21 日；
[22] 联合国大会决议 A/RES/47/135 号,1992 年 12 月 18 日；
[23] 联合国大会决议 47/212B 号,1993 年 5 月 6 日；

[24] 联合国大会决议 A/RES/55/56 号,2001 年 1 月 29 日;
[25] 联合国大会决议 A/RES/56/76 号,2002 年 1 月 24 日;
[26] 联合国大会决议 A/RES/58/129 号,2004 年 1 月 19 日;
[27] 联合国大会决议 A/RES/60/251 号,2006 年 3 月 15 日;
[28] 联合国大会决议 A/RES/60/251 号,2006 年 3 月 15 日;
[29] 联合国大会决议 A/RES/60/215 号,2006 年 3 月 29 日;
[30] 联合国大会决议 A/RES/62/211 号,2008 年 3 月 11 日;
[31] 联合国大会决议 A/RES/66/447 号,2011 年 12 月 7 日。

经社理事会决议

[32] 经社理事会决议 5 (I)号,1946 年 2 月 16 日;
[33] 经社理事会决议 11(II)号,1946 年 6 月 21 日;
[34] 经社理事会决议 9(II)号,1946 年 6 月 21 日;
[35] 经社理事会决议 1(III)号,1946 年 10 月 1 日;
[36] 经社理事会决议 5(III)号,1946 年 10 月 3 日;
[37] 经社理事会决议 29 (IV)号,1947 年 3 月 28 日;
[38] 经社理事会决议 36(IV)号、37(IV)号,1947 年 3 月 28 日;
[39] 经社理事会决议 26(IV)号,1947 年 3 月 28 日;
[40] 经社理事会决议 62 (V)号,1947 年 7 月 28 日;
[41] 经社理事会决议 69(V)号决议,1947 年 8 月 5 日;
[42] 经社理事会决议 84(V)号,1947 年 8 月 8 日;
[43] 经社理事会决议 85(V)号,1947 年 8 月 13 日
[44] 经社理事会决议 74(V)号,1947 年 8 月 15 日;
[45] 经社理事会决议 106(VI)号(拉美),1948 年 2 月 25 日;
[46] 经社理事会决议 116(VI)B 号,1948 年 3 月 2 日;
[47] 经社理事会决议 121(VI)号,1948 年 3 月 10 日;
[48] 经社理事会决议 96(VIII)号,1949 年 2 月 18 日;
[49] 经社理事会决议 196(VIII)号,1949 年 2 月 18 日;
[50] 经社理事会决议 194(VIII)号,1949 年 3 月 8 日;
[51] 经社理事会决议 193(VIII)号,1949 年 3 月 17 日;
[52] 经社理事会决议 242(IX)D 号,1949 年 8 月 1 日;
[53] 经社理事会决议 303(XI)D 号,1950 年 8 月 9 日;
[54] 经社理事会决议 1234(XLII)号、1235(XLII)号和 1236(XLII)号,1967 年 6 月 6 日;

[55] 经社理事会决议 1721(LIII)号,1972 年 7 月 28 日;

[56] 经社理事会决议 1908 (LVII)号,1974 年 8 月 2 日;

[57] 经社理事会决议 1913 (LVII)号,1974 年 12 月 5 日;

[58] 经社理事会决议 1961 (LIX)号,1975 年 7 月 29 日;

[59] 经社理事会决议 2041(LXI)号,1976 年 8 月 5 日;

[60] 经社理事会决议 1993/49 号,1993 年 7 月 29 日;

[61] 经社理事会决议 1994/1 号,1994 年 7 月 14 日;

[62] 经社理事会决议 1999/256 号,1999 年 7 月 27 日;

[63] 经社理事会决议第 2005/30 号,2005 年 7 月 25 日。

人权委员会/理事会决议

[64] 人权委员会第十次会议报告,决议 E/CN.4/705 号,1954 年;

[65] 人权委员会决议 4(XXXIII)号,1977 年 2 月 21 日;

[66] 人权委员会决议第 17 号(XXXVII),1981 年;

[67] 人权委员会决议第 36 号(XXXVIII),1981 年;

[68] 人权委员会决议 1987/18 号,1987 年 3 月 10 日;

[69] 人权委员会决议 1988/19 号,1988 年 3 月 7 日;

[70] 人权委员会决议 1988/43 号,1988 年;

[71] 人权委员会决议 1993/22 号,1993 年 3 月 4 日;

[72] 人权委员会决议 1997/11 号,1997 年 4 月 3 日;

[73] 人权委员会决议 2004/116 号,2004 年 4 月 20 日;

[74] 人权委员会决议 2005/69 号,2005 年 4 月 20 日;

[75] 人权理事会决议 A/HRC/8/L.8,2008 年 6 月 12 日;

[76] 人权理事会决议第 8/7 号,2008 年 6 月 18 日;

[77] 人权理事会决议第 17/4 号,2011 年 6 月 16 日;

[78] 人权理事会决议 A/HRC/RES/26/9,2014 年 7 月 14 日。

其他机构/机关决议

[79] 小组委员会决议 1989/35 号,1989 年 9 月 1 日;

[80] 小组委员会决议 1990/26 号,1990 年;

[81] 小组委员会决议 1991/31 号,1991 年;

[82] 小组委员会决议 1992/33 号,1992 年;

[83] 小组委员会决议 1994/37 号,1994 年 8 月 26 日;

[84] 小组委员会决议 1995/31 号,1995 年 8 月 24 日;

[85] 小组委员会决议 1996/39 号,1996 年 8 月 22 日;

［86］小组委员会决议 1997/11 号,1996 年 8 月 22 日；

［87］小组委员会决议 1998/8 号,1998 年 8 月 20 日；

［88］小组委员会决议 2001/3 号,2001 年 8 月 15 日；

［89］小组委员会决议 2003/16 号,2002 年 8 月 13 日；

［90］安全理事会决议第 687(1991)号,1991 年 4 月 3 日；

［91］安全理事会决议第 692(1991)号,1991 年 5 月 20 日；

［92］安全理事会决议 2005/273 号,2005 年 4 月 26 日。

联合国非决议文件

秘书处

［93］联合国秘书长：《人权的享受,特别是国际劳工和工会权利的享受同跨国公司的工作方法和活动之间的关系》,E/CN.4/Sub.2/1995/11；

［94］联合国秘书长：《发展权作为一项人权与基于国际合作的其他人权(如和平权)之间的关系,同时考虑到新的国际经济秩序的要求和人类基本需求》,E/CN.4/1334；

［95］联合国秘书长：《各种形式的民众参与是发展和充分实现全部人权的重要因素》,E/CN.4/1988/11；

［96］联合国秘书长：《关于发展权作为一项人权的全球磋商》,E/CN.4/1990/9/Rev.1；

［97］联合国秘书长：《实现发展权利问题》,E/CN.4/1991/12；

［98］联合国秘书长：《关于有效执行和促进〈发展权利宣言〉的具体提议》,E/CN.4/1993/16；

［99］联合国秘书长：《联合国秘书长千年报告》,联合国文件,A/54/2000,2000 年 4 月 3 日；

［100］联合国秘书长：《全球化及其对充分享受所有人权的影响》,联合国文件,A/55/342,2000 年 8 月 31 日；

［101］秘书长特别代表：《人权影响评估——解决关键的方法问题》,联合国文件,A/HRC/4/74,2007 年 2 月 5 日；

［102］秘书长特别代表：《人权政策与管理作法：对政府和〈财富〉杂志所列全球 500 强公司进行的问卷调查结果》,联合国文件,A/HRC/4/35/Add.3,2007 年 2 月 28 日；

［103］秘书长特别代表：《企业对人权的承认：全球趋势及区域和部门的不同情况》,联合国文件,A/HRC/4/35/Add.4,2007 年 2 月 8 日；

［104］秘书长特别代表：《联合国核心人权条约所规定的国家在管制和评判公司活动方面的责任：各条约机构所作评论的综述》,A/HRC/4/35/Add.1,2007 年 2 月 13 日；

[105] 秘书长特别代表:《商业活动与人权:梳理有关公司行为的责任和问责的国际标准》,A/HRC/4/35,2007 年 2 月 19 日;

[106] 秘书长特别代表:《保护、尊重和救济:工商业与人权框架》,联合国文件,A/HRC/8/5,2008 年 4 月 7 日;

[107] 秘书长特别代表:《澄清"影响范围"和"共谋"概念》,联合国文件,A/HRC/8/16,2008 年 5 月 15 日;

[108] 联合国秘书长:*A New Coalition for Universal Values*,*International Herald Tribune*,2007 年 7 月 26 日;

[109] 秘书长特别代表:*Corporations and Human Rights*:*A Survey of the Scope and Patterns of Alleged Corporate-related Human Rights Abuse*,2008 年 5 月 23 日,A/HRC/8/5/Add.2;

[110] 秘书长特别代表:*Summary of Five Multi-stakeholder Consultations*,2008 年 4 月 23 日,A/HRC/8/5/Add.1;

[111] 秘书长特别代表:*Business and Human Rights*:*Towards Operationalizing the "Protect,Respect and Remedy" Framework*,A/HRC/11/13,2009 年 4 月 22 日;

[112] 秘书长特别代表:*State Obligations to Provide Access to Remedy for Human Rights Abuses by Third Parties*,*including Business*:*An Overview of International and Regional Provisions*,*Commentary and Decisions*,A/HRC/11/13/Add.1,2009 年 5 月 15 日;

[113] 秘书长特别代表:*Piloting Principles for Effective Company-stakeholder Grievance Mechanisms*:*A Report of Lessons learned*,A/HRC/17/31/Add.1,2011 年 5 月 24 日;

[114] 秘书长特别代表:*Principles for Responsible Contracts*:*Integrating the Management of Human Rights Risks into State-investor Contract Negotiations*:*Guidance for Negotiators*,联合国文件 A/HRC/17/31/Add.3,2011 年 5 月 25 日。

其他联合国文件

[115] 经社理事会文件 E/2654,1954 年;

[116] 经社理事会文件 E/2929,1956 年;

[117] 经社理事会文件 E/3048,1957 年;

[118] 经社理事会文件 E/3290,1959 年;

[119] 经社理事会文件 E/3347/Rev.1,1960 年;

[120] 经社理事会文件 E/3555,1961 年;

[121] 经社理事会文件 E/4117,1965 年;

［122］经社理事会文件 E/4715,1969 年;

［123］经社理事会,Committee on Programme Appraisals of ECOSOC, *Five-Year Perspective* 1960—1964;

［124］经济、社会、文化权利委员会,第 9 号一般性意见:《〈公约〉在国内的适用》,1998 年;

［125］经济、社会、文化权利委员会,第 14 号一般性意见:《享有能达到的最高健康标准的权利》,2000 年;

［126］经济、社会和文化权利委员会,第 15 号一般性意见:《水权》,2002 年;

［127］联合国文件 E/20,1946 年 2 月 15 日;

［128］联合国文件 E/1371,1949 年;

［129］联合国文件 E/2573,1954 年;

［130］联合国文件 E/1988/39/Add.1,1988 年 2 月 1 日;

［131］联合国文件 E/C.10/10,1976 年 1 月 19 日;

［132］联合国文件 E/C.10/17,1976 年 7 月 20 日;

［133］联合国文件 E/C.10/1982/6,1982 年 6 月 5 日;

［134］联合国文件 E/C.10/1991/9,*Other international, Regional and Bilateral Arrangements and Agreements related to Transnational Corporations: Report of the Secretary-General*,1991 年;

［135］联合国文件 E/CN.4/Sub.2/AC.4/1990/6;

［136］联合国文件 E/CN.4/Sub.2/1991/49;

［137］联合国文件 E/CN.4/Sub.2/1992/54;

［138］联合国文件 E/CN.4/Sub.2/1994/40;

［139］联合国文件 E/CN.4/Sub.2/2003/NGO/44,2003 年 7 月 29 日;

［140］联合国文件 E/CN.4/2004/L.73/Rev.1,2004 年 4 月 20 日;

［141］联合国文件 E/CN.4/2005/L.87,2005 年 4 月 15 日;

［142］联合国文件 E/CN.4/2006/97,2006 年 2 月 22 日;

［143］联合国文件 E/CN.4/Sub.2/1995/11,人权的享受,特别是国际劳工和工会权利的享受同跨国公司的工作方法和活动之间的关系:秘书长编写的背景文件,1995 年;

［144］联合国文件 E/CN.4/Sub.2/1996/12,铭记有关此问题的现有国际准则、规则和标准,说明跨国公司的活动和工作方法对充分享受所有人权,特别是经济、社会和文化权利和发展权利的影响,1996 年;

［145］联合国文件 E/CN.4/Sub.2/1998/6,跨国公司的活动对实现经济、社会、文

化权利的影响问题工作报告,1998 年;

[146] 联合国文件 E/CN.4/Sub.2/2000/13,《经济、社会和文化权利的实现:全球化和它对充分享有人权的影响》,2000;

[147] 联合国文件 E/CN.4/Sub.2/2000/WG.2/WP.1,公司人权行为的原则及第一个草案,2000 年;

[148] 联合国文件 E/CN.4/Sub.2/2001/WG.2/WP.1/Add.1,《世界人权公司指引》的第二个草案;

[149] 联合国文件 E/CN.4/Sub.2/2002/13,《跨国公司和其他工商企业的人权责任》草案稿;

[150] 联合国文件 E/CN.4/Sub.2/2002/WG.2/WP.1/Add.2,《跨国公司和其他工商企业的人权原则和责任》草案稿,2002 年;

[151] 联合国文件 E/CN.4/Sub.2/2003/12/Rev.2,跨国公司和其他工商企业在人权方面的责任准则,2003 年 8 月 26 日;

[152] 联合国文件 E/CN.4/Sub.2/1992/SR.31,防止歧视及保护少数小组委员会,第 31 次会议纪要,1992 年 8 月;

[153] 联合国文件 A/47/446,1992 年 9 月 15 日;

[154] 联合国文件 A/46/558,1991 年 10 月 16 日;

[155] 联合国文件 A/CONF.32/41,1968 年 9 月;

[156] 联合国文件 A/CONF.157/24,《维也纳宣言和行动纲领》,1993 年 6 月 25 日;

[157] 联合国文件 A/HRC/8/5/Add.2,2008 年 5 月 23 日;

[158] 联合国文件 A/HRC/17/31,2011 年 3 月 21 日;

[159] 联合国文件 A/HRC/17/NGO/48,2011 年 6 月 14 日;

[160] 联合国文件 A/HRC/31/50,跨国公司和其他工商企业与人权的关系问题不限成员名额政府间工作组第一届会议报告,2016 年 2 月 5 日;

[161] 联合国文件 A/HRC/34/47,2017 年 1 月 4 日;

[162] 联合国文件 A/HRC/26/L.22,2014 年 6 月 20 日;

[163] 联合国文件 A/HRC/37/67,2018 年 1 月 24 日;

[164] 联合国文件 A/HRC/8/5, *Protect, Respect and Remedy: A Framework for Business and Human Rights*, Report of the Special Representative of the Secretary-General on the Issue of Human Rights And Transnational Corporations and Other Business Enterprises, John Ruggie, 2008;

[165] 联合国文件 A/HRC/38/49, *Report of the Working Group on the Issue of*

Human Rights and Transnational Corporations and Other Business Enterprises on the Sixth Session of the Forum on Business and Human Rights，2018 年 4 月 23 日；

[166] 联合国贸易和发展会议，《世界投资报告 2009》(英文版)；

[167] 联合国贸易和发展会议，《世界投资报告 2017》(英文版)；

[168] 联合国贸易和发展会议，《世界投资报告 2018》(英文版)；

[169] 联合国贸易和发展会议，*List of Publications on Foreign Direct Investment and Transnational Corporations*（1973—2003），(https://unctad.org)；

[170] 联合国人权理事会，《工商企业与人权：实施联合国"保护、尊重和补救"框架指导原则》，2011 年 6 月；

[171] 人权委员会，第 31 号一般性意见：《〈权利公约〉缔约国的一般法律义务的性质》，2004 年；

[172] 联合国人权事务高级专员，《关于跨国公司和有关工商企业在人权方面的责任的报告》，2005 年 2 月 15 日，联合国文件 E/CN.4/2005/91；

[173] 土著居民工作组报告，E/CN.4/Sub.2/1989/36，annex I；

[174] 联合国信息自由大会最后决议案（Final Act），1948 年 3 月 23 日到 4 月 21 日；

[175] 国际法院咨询意见 Rep 174，1949 年；

[176] 小组委员会，跨国公司的工作方法和活动问题会期工作组首届会议报告，E/CN.4/Sub.2/1999/9；

[177] 小组委员会，跨国公司的工作方法和活动问题会期工作组第二届会议报告，联合国文件 E/CN.4/Sub.2/2000/12，2000 年；

[178] 小组委员会，全球化及其对充分享受人权的影响，2000 年 6 月 15 日，联合国文件 E/CN.4/Sub.2/2000/13；

[179] 小组委员会，*The Relationship between the Enjoyment of Human Rights, in particular, International Labour and Trade Union Rights, and the Working Methods and Activities of Transnational Corporations*，July 24，1995，E/CN.4/Sub.2/1995/1；

[180] 消除种族歧视委员，*Consideration of Reports Submitted by States Parties under Article 9 of the Convention, Concluding Observations of the Committee on the Elimination of Racial Discrimination*，Canada，2007，联合国文件 CERD/C/CAN/CO/18；

[181] 消除种族歧视委员，*Consideration of Reports Submitted by States Parties under Article 9 of the Convention, Concluding Observations of the Committee on the Elimination of Racial Discrimination*，United States of America，联合国文件 CERD/

C/USA/CO/6;

［182］联合国经济和社会事务部，*World Economic Survey* 1971：*Current Economic Developments*，1972，联合国文件 E/5144，Sales No. E. 72. II. C. 2；

［183］联合国经济和社会事务部，*Summary of the Hearings Before the Group of Eminent Persons to Study the Impact of Multinational Corporations on Development and on International Relations*，联合国文件 ST/ESA/15，1974，Sales No. E. 74. II. A. 9；

［184］联合国经济和社会事务部，*The Impact of Multinational Corporations on Development and on International Relations*，联合国文件 E/5500/Rev. 1，ST/ESA/6，1974，Sales No. E. 74. II. A. 5；

［185］*Report of the U. N. Centre on Transnational Corporations*，*The United Nations Code of Conduct on Transnational Corporations*，Annex I，联合国文件 ST/CTC/Ser. A. 4，Sales No. E. 86. II. A. 15；

［186］世界银行，《世界发展报告2011：冲突、安全和发展》，2011，(https://siteresources.worldbank.org)；

［187］世界银行，*Development and Human Rights：The Role of the World Bank*，1998，(http://documents.worldbank.org)；

［188］世界银行，*Company Codes of Conduct and International Standards：An Analytical Comparison*，2003，Part I of II：Apparel，Footwear and Light Manufacturing，Agribusiness，Tourism，(http://documents.worldbank.org)；

［189］联合国开发计划署，*Implementing the Global Compact：A Booklet for Inspiration*，2005；

［190］联合国贸易和发展会议，*Transnational Corporations，Services and the Uruguay Round*，Annex IV，1990，联合国文件 ST/CTC/103，Sales No. E. 90. II. A. 11；

［191］联合国贸易和发展会议，*World Investment Report* 2005；

［192］联合国贸易和发展会议，*The Investment Policy Review Programme：A Framework for Attracting and Benefiting From FDI*，2008，UNCTAD/ITE/IPC/2008/3；

［193］联合国开发计划署，*UNDP Practice Note：Anti-Corruption*，2003，P. 4；

［194］国际金融公司(IFC)及世界银行，*Stabilization Clauses and Human Rights*，2008，(http://documents.worldbank.org)；

［195］国际货币基金组织，*Good Governance：The IMF's Role*，1997，(https://www.imf.org)；

[196] ILO Workers' Activities Bureau report, *Corporate Codes of Conduct*, (http://training.itcilo.it);

[197] 国际劳工组织,《关于多国企业和社会政策的三方原则宣言》(第五版),2017年,(http://www.ilo.org);

[198] 国际劳工组织, *Multinational Enterprises and Social Policy*, 1973;

[199] ILO Multinational Enterprises Programme, *A Guide to the Tripartite Declaration of Principles Concerning Multinational Enterprises and Social Policy*, 2002;

[200] 国际劳工组织, *Eighth Survey on the Effect Given to the Tripartite Declaration of Principles Concerning Multinational Enterprises and Social Policy*, GB.294/MNE/1/2, 294th Session, 2005, (https://www.ilo.org);

[201] 国际劳工组织, *Multinational Enterprises and Corporate Social Responsibility*, (https://www.ilo.org);

[202] 国际劳工组织, *The Labour Dimension of CSR: from Principles to Practice*, 2007, ILO/MULTI;

[203] 国际劳工权益基金会, *A Short History of the Ethical Consumer/Anti-Sweatshop Movement in the USA*, March 15, 2007, (http://www.organicconsumers.org);

[204] *International Instruments and Corporate Social Responsibility: A Booklet to Accompany Training The Labour Dimension of CSR: from Principles to Practice*, 2007, ILO/MULTI;

[205] 联合国, *Unite Power of Markets With Authority of Universal Values*, Secretary-General Urges at World Economic Forum, Secretary-General Address to the World Economic Forum, 1998年1月30日, SG/SM/6448, Press Release;

[206] 联合国, *Secretary-General Address to the World Economic Forum in Davos*, February 1, 1999, SG/SM/6881, Press Release;

[207] Preface, Business and Human Rights: A Progress Report, 2000, (http://www.ohchr.org);

[208] *Multinational Corporations in World Development*, 1973, U.N. Doc. ST/ECA/190, Sales No. E.73.II.A.11, (http://unctc.unctad.org);

[209] *Report on the Second Session*, *Official Records of the Economic and Social Council*, Sixty-first Session, Supplement No. 5, E/5782, 1976;

[210] *Report of the Secretary-General Pursuant to Paragraph 19 of Security Council Resolution 687* (1991), S/22559 (1991);

[211] Asbjorn Eide, *Corporations, States and Human Rights*: *A Note on Responsibilities and Procedures for Implementation and Compliance*, 2001, E/CN. 4/Sub. 2/WG. 2/WP. 2；

[212] International Council on Human Rights Policy, Transparency International, *Corruption and Human Rights*: *Making the Connection*, 2009, (https://assets.publishing. service. gov. uk)；

[213] *Press Release of the UN Secretary-General SG/A/934*, (http://www. un. org)。

全球契约

[214] 全球契约, Human Rights and Business Dilemmas Forum, *Stabilisation Clause*, (https://hrbdf.org)；

[215] 全球契约, *Guidance on Responsible Business in Confilict-Affected and High-Risk Areas*: *A Resource for Companies and Investors*, (http://www. unglobalcompact. org)；

[216] 全球契约, *Our Mission*, (https://www.unglobalcompact. org)；

[217] 全球契约, *Guidelines on a Principle-based Approach to the Cooperation between the United Nations and the Business Sector*, 2015 (https://business. un. org/en/documents/5292)；

[218] *United Nations Global Compact Annual Review*；

[219] 全球契约, *The UN Guiding Principles on Business and Human Rights*: *Relationship to UN Global Compact Commitments*, 2011 年 7 月, (http://www. unglobalcompact. org)；

[220] *United Nations Global Compact Local Network Report* 2011, (https://www. business-humanrights. org)；

[221] 全球契约与人权高专办等, *A Guide for Integrating Human Rights into Business Management* (2nd Edition), 2009, (https://www. ohchr. org)；

[222] 全球契约, *Embedding Human Rights in Business Practice III*, 2009 第三版修订, (https://www. unglobalcompact. org)；

[223] 全球契约与人权高专办等, *A Human Rights Management Framework*, 2010 修订, (https://www. unglobalcompact. org)；

[224] 全球契约与人权高专办, *Business and Human Rights Learning Tool*, 2011；

[225] 全球契约与人权高专办, *A Guide for Business*: *How to Develop a Human Rights Policy*, 由全球契约与人权高专办联合开发, 2015 年第二版(https://www. un-

globalcompact.org);

[226] 全球契约与联合国妇女署联合,*Women's Empowerment Principles*,2009,(https://www.empowerwomen.org);

[227] 全球契约与国际金融公司发,*Guide to Human Rights Impact Assessment and Management*,2010 修订,(https://www.unglobalcompact.org);

[228] 全球契约与负责任投资原则(PRI),*Guidance on Responsible Business in Conflict-Affected and High-Risk Areas: A Resource for Companies and Investors*,2010,(http://www.unglobalcompact.org);

[229] 全球契约与联合国儿童基金会等,*Children's Rights and Business Principles*,2012,(https://www.unglobalcompact.org)。

联合国年鉴

[230] Yearbook of the United Nations,1946—1947;

[231] Yearbook of the United Nations,1948—1949;

[232] Yearbook of the United Nations,1980,Vol. 34;

[233] Yearbook of the United Nations 1994,Vol. 48。

国际公约、宣言及区域、国内法律和政策文件

国际公约及宣言

[1]《世界人权宣言》(1948 年通过);

[2]《公民权利和政治权利国际公约》(1966 年通过);

[3]《公民权利和政治权利国际公约第一任择议定书》(1966 年通过);

[4]《结社自由及保护组织权公约》(1948 年通过);

[5]《组织权与集体谈判权公约》(1949 年通过);

[6]《关于移徙就业的建议书》(1949 年通过);

[7]《关于移徙就业的公约》(1949 年通过);

[8]《集体协议建议书》(1951 年通过);

[9]《同酬建议书》(1951 年通过);

[10]《同酬公约》(1953 年通过);

[11]《消除一切形式种族歧视国际公约》(1965 年通过);

[12]《儿童权利公约》(1989 年通过);

[13]《禁止酷刑公约》(1984 年通过);

[14]《保护所有迁徙工人及其家庭成员权利国际公约》(1990 年通过);

[15]《消除对妇女一切形式歧视公约》(1980 年通过);

[16]《防止及惩治灭绝种族罪公约》(1948年通过);

[17]《联合国宪章》(1945年通过);

[18]《联合国粮食及农业组织章程》(1945年通过);

[19]《国际刑事法院罗马规约》(1998年通过);

[20]《世界气象组织公约》(1947年通过);

[21]《国际劳工组织章程》(1919年通过);

[22]《德黑兰宣言》(1968年通过);

[23]《哈瓦那宪章》(1947年通过);

[24]《关于解决国家和他国国民之间投资争端公约》(1965年通过);

[25]《联合国海洋法公约》(1982年通过);

[26]《国际油污损害民事责任公约》(1969年通过);

[27]《维也纳条约法公约》(1969年通过);

[28]《国际复兴开发银行协定》(1944年通过);

[29]《国际金融公司协定》(1956年通过);

[30]《国际开发协会协定》(1960年通过);

[31]《国际法院规约》(1945年通过);

[32]《国家对国际不法行为的责任条款草案》(2001年通过);

[33]《里约环境与发展宣言》(1992年);

[34]《维也纳宣言和行动纲领》(1993年通过);

[35]《不结盟国家的国家和政府首脑宣言》(1961年通过)。

区域性公约和文件

[36]《欧洲人权公约》(1950年通过);

[37] 欧盟委员会,*A Renewed EU strategy 2011-14 for Corporate Social Responsibility*,COM(2011) 681/2;

[38] 欧盟,*EU Comments on the Draft Guiding Principles for the Implementation of the UN "Protect, Respect and Remedy" Framework*, January 31, 2011, (https://www.business-humanrights.org);

[39] 欧盟委员会,*Communication from the Commission to the European Parliament, the Council, the European Economic and Social Committee and the Committee of The Regions: A Renewed EU Strategy 2011-14 for Corporate Social Responsibility*,COM (2011) 681 final,2011,(http://www.europarl.europa.eu);

[40] 欧委会决议 11855/12 号,*EU Strategic Framework and Action Plan on Human Rights and Democracy*, Outcome 25 (2012),2012,(https://www.consilium.euro-

pa. eu);

[41] 经济合作与发展组织, *Trade, Employment and Labour Standards*, 1996, COM/DEELSA/TD(96)8/FINAL;

[42] 经济合作与发展组织, *Guidelines for Multinational Enterprises*, 2011;

[43] *Intra-Industry and Intra-Firm Trade and the Internationalisation of Production*, OECD Economic Outlook, 2002, No. 71;

[44] 欧洲人权法院, *Statistics of the ECHR*, (https://www.echr.coe.int);

[45] Neil Kinnock, *Challenges for Multinational Companies: the European Perspective*, October 23, 2003, SPEECH/03/482, (http://europa.eu/en)。

国内法律和文件——外国

[46] 美国《反海外腐败法》;

[47] 美国《外国人侵权求偿法》;

[48] 美国《谢尔曼法》;

[49] 美国国际工商理事会, *Talking Points on the Draft "Norms on the Responsibilities of Transnational Corporations and Other Business Enterprises with regard to Human Rights"*, (http://www.reports-and-materials.org/);

[50] 美国国务院, *U. S. Government Approach on Business and Human Rights*, 2013, (http://photos.state.gov);

[51] 英国和美国政府, *The Voluntary Principles on Security and Human Rights*, 2000, (http://www.voluntaryprinciples.org);

[52] 澳大利亚人权咨询委员会, *National Human Rights Consultation Report* 2009, Chapter 3 of Part III, (https://www.humanrights.gov.au);

[53] 挪威外交部, Report No. 10 to the Storting, *Corporate Social Responsibility in a Global Economy*, (https://www.oecdwatch.org);

[54] Letter from Kingdom of Norway, *Royal Ministry of Foreign Affairs*, Decision 2004/116-*Responsibilities of Transnational Corporations and Other Business Enterprises With Regard to Human Rights*, Ref. 2000/00046-17, November 4th, 2004;

[55] 英国外交部等, *Business and Human Rights Toolkit: How UK Overseas Missions can Promote Good Conduct by UK Companies*, (https://assets.publishing.service.gov.uk);

[56] 英国政府, *Good Business: Implementing the UN Guiding Principles on Business and Human Rights*, 2013, (https://assets.publishing.service.gov.uk);

[57] 丹麦政府, *Responsible Growth - Action Plan for Corporate Social Responsi-

bility 2012—2015,2012,(http://csrgov.dk);

[58]卢森堡政府,*National Action Plan of Luxembourg for the Implementation of the United Nations Guiding Principles on Business and Human Rights*,2018—2019,(https://www.ohchr.org);

[59]加拿大政府,*Voluntary Code: A Guide for Their Development and Use*,1998,(https://ic.gc.ca)。

国内法律和文件——中国

[60]《中华人民共和国宪法》;

[61]《中华人民共和国反不正当竞争法》;

[62]《中华人民共和国环境保护税法》;

[63]《中华人民共和国水污染防治法》;

[64]中国国务院国有资产监督管理委员会,《关于中央企业履行社会责任的指导意见》,2008年发布,(http://www.sasac.gov.cn/html);

[65]中华人民共和国工业和信息化部,《促进中小企业发展规划(2016-2020年)》,2016年发布,(http://www.miit.gov.cn);

[66]中国国务院,《国民经济和社会发展第十二个五年规划纲要》,2011年3月16日发布,(http://www.gov.cn);

[67]中国国务院新闻办公室,《中国对外贸易白皮书》,2011年12月7日发布,(https://www.fmprc.gov.cn);

[68]中华人民共和国国务院国务院新闻办公室,《国家人权行动计划(2012—2015年)》,2012年6月发布,(http://www.scio.gov.cn);

[69]中国国务院新闻办公室,《2014年中国人权事业的进展白皮书》,2015年6月8日发布,(http://www.scio.gov.cn);

[70]中华人民共和国国务院新闻办公室,《国家人权行动计划(2016—2020年)》,2016年9月29日发布,(http://www.scio.gov.cn);

[71]中华人民共和国国务院新闻办公室,《中国的减贫行动与人权进步》,2016年10月发布,(http://www.scio.gov.cn);

[72]中华人民共和国国务院新闻办公室,《中国人权法治化保障的新进展》白皮书,2017年12月发布,(http://www.scio.gov.cn);

[73]中国国务院新闻办公室,《中国与世界贸易组织白皮书》,2018年6月28日发布,(http://www.scio.gov.cn);

[74]国家工商总局,《"十二五"全国企业发展情况报告》,2016年3月发布,(http://www.saic.gov.cn);

[75] 中华人民共和国商务部和环境部,《对外投资合作环境保护指南》,2013 年 2 月 18 日发布,(http://www.mofcom.gov.cn);

[76] 中华人民共和国商务部,《境外投资管理办法》,2014 年 9 月 6 日发布,(http://www.mofcom.gov.cn);

[77] 中华人民共和国商务部 国家统计局 国家外汇管理局,《2015 年度中国对外直接投资统计公报》,2016 年 12 月 8 日发布(http://www.mofcom.gov.cn);

[78] 中华人民共和国商务部,《2016 年我国对外非金融类直接投资简明统计》,2017 年 1 月 19 日发布(http://hzs.mofcom.gov.cn);

[79] 中华人民共和国商务部,《2017 中国对外投资合作发展报告》,2018 年 2 月 22 日发布(http://fec.mofcom.gov.cn);

[80] 中国商务部、中国国资委和联合国开发计划署,《2017 中国企业海外可持续发展报告》,2017 年 5 月 8 日,(http://images.mofcom.gov.cn);

[81] 中国发改委,《重大固定资产投资项目社会稳定风险评估暂行办法》,2012 年 8 月 16 日发布,(http://www.jxdpc.gov.cn);

[82] 中国发改委,《固定资产投资项目核准办事指南》,2016 年 12 月 23 日发布,(http://www.gov.cn);

[83] 中国发改委,《民营企业境外投资经营行为规范》,2017 年 12 月 6 日发布,(http://www.ndrc.gov.cn);

[84] 中国发改委,《企业境外投资管理办法》,2017 年 12 月 26 日发布,(http://www.ndrc.gov.cn);

[85] 中华人民共和国水利部,《重大水利建设项目社会稳定风险评估暂行办法》,2012 年 11 月 6 日发布,(http://www.mwr.gov.cn);

[86]《中华人民共和国与瑞士联邦自由贸易协定》,2013 年 7 月 6 日发布(http://fta.mofcom.gov.cn);

[87] 中华人民共和国商务部,商务部国际经贸关系司负责人解读《中国—瑞士自由贸易协定》,2013 年发布(http://www.mofcom.gov.cn);

[88]《中华人民共和国政府和冰岛政府自由贸易协定》,2013 年 4 月 15 日发布(http://fta.mofcom.gov.cn);

[89] 中华人民共和国财政部、国家发展改革委、商务部,《关于促进我国纺织行业转变外贸增长方式支持纺织企业"走出去"相关政策的通知》,2006 年 7 月 26 日发布,(http://www.mofcom.gov.cn);

[90] 中国生态环境部,《环境影响评价公众参与办法》,2018 年 7 月 16 日发布,(http://www.mee.gov.cn)。

著作

[1] 饶戈平主编:《全球化进程中的国际组织》,北京大学出版社 2005 年版;

[2] 白桂梅主编:《人权法学》,北京大学出版社 2011 年版;

[3] 〔英〕大卫·李嘉图:《政治经济学及赋税原理》,译林出版社 2011 年版;

[4] 李培林、陈光金等:《社会蓝皮书:2015 年中国社会形势分析与预测》,社会科学文献出版社 2014 年版;

[5] 〔奥〕曼弗雷德·诺瓦克:《国际人权制度导论》,柳华文译,北京大学出版社 2010 年版;

[6] 饶戈平:《国际组织法》,北京大学出版社 2003 年版;

[7] 王铁崖、田如萱:《国际法资料选编》,法律出版社 1982 年版;

[8] 许光建:《联合国宪章诠释》,山西教育出版社 1999 年版;

[9] 彭华岗等:《企业社会责任基础教材》,经济管理出版社 2013 年版;

[10]《ISO 26000 社会责任指南》中译本,中国标准出版社 2010 年版;

[11] 中华人民共和国国家标准:《社会责任指南 GB/T36000—2015》,中国标准出版社 2015 年版;

[12]《中华人民共和国国家标准:质量管理体系要求》(GB/T 19001—2016/ISO 9001:2015),中国标准出版社 2017 年第一版;

[13] 郝琴:《社会责任国家标准解读》,中国经济出版社 2015 年版;

[14] Andriof J., M. Macintosh (eds.), *Perspectives on Corporate Citizenship*, Greenleaf Publishing, 2001;

[15] Armin von Bogdandy, *Codes of Conduct and the Legitimacy of International Law*, in Rüdiger Wolfrum, Volker Röben (ed.), Legitimacy in International Law, Springer, 2008;

[16] Arne Daniel Albert Vandaele, *International Labour Rights and the Social Clause: Friends or Foes*, Cameron May, 2004;;

[17] Arne Daniel Albert Vandaele, *International Labour Rights and the Social Clause: Friends or Foes*, Cameron May, 2004;

[18] B. Conforti, F. Francioni (ed.), *Enforcing International Human Rights in Domestic Courts*, Martinus Nijhoff, 1997;

[19] Ben Atkinson Wortley, *The United Nations: the First Ten Years*, Manchester University Press, 1957;

[20] Charlotte Ku and Paul F. Diehl, *International Law: Classic and Contemporary Readings*, Lynne Rienner Publishers, 2003, 2nd ed.;

[21] Christopher L. Avery, *Business and Human Rights in a Time of Change*, Amnesty International, 2000;

[22] Digambar Bhouraskar, *United Nations Development Aid: A Study in History and Politics*, Academic Foundation, 2006;

[23] Dinah Shelton (ed.), *Commitment and Compliance: the Role of Non-binding Norms in the International Legal System*, Oxford University Press, 2000;

[24] Edward Freeman, *Strategic Management: A Stakeholder Approach*, Pitman, 1984;

[25] Edward M. Graham, Paul R. Krugman, *The Surge in Foreign Direct Investment in the 1980s*, in Kenneth A. Froot (ed.), Foreign Direct Investment, University of Chicago Press, 1993;

[26] Filip de Ly, *Lex Mercatoria (New Law Merchant): Globalisation and International Self-Regulation*, in Richard Appelbaum, William L. F. Felstiner, Volkmar Gessner (ed.), Rules and Networks: The Legal Culture of Global Business Transactions, Hart Publishing, 2001;

[27] Hans Gunter (ed.), *Transnational Industrial Relations: The Impact of Multinational Corporations and Economic Regionalism on Industrial Relations*, St. Martin's Press, 1972;

[28] Helen Keller, *Corporate Codes of Conduct and their Implementation: The Question of Legitimacy*, in Rüdiger Wolfrum, Volker Röben (ed.), Legitimacy in International Law, Springer, 2008;

[29] Henry G. Schemermers, *International Institutional Law*, Martinus Nijhoff Publishers, 3th edition;

[30] Higgins, *Problems and Process: International Law and How We Use It*, Clarendon Press, 1994;

[31] Ian Brownlie, *Principles of Public International Law*, Oxford University Press, 2008, 7th edition;

[32] Jack N. Behrman, *National Interests and the Multinational Enterprises: Tensions among the North Atlantic Countries*, Prentice Hall, 1970;

[33] Jan Klabbers, *An Introduction to International Institutional Law*, Cambridge University Press, 2009, second edition;

[34] Jean-Jacques Servan-Schreiber, *Le Defi Americain (The American Challenge)*, Atheneum, 1968;

［35］Jeremy Brecher，Tim Costello，Brendan Smith，*Globalization from Below*：*The Power of Solidarity*，South End Press，2000；

［36］John Ruggie，*The Theory and Practice of Learning Networks*：*Corporate Social Responsibility and the Global Compact*，in Malcolm McIntosh，Sandra Waddock，Georg Kell（eds.），Learning to Talk：Corporate Citizenship and the Development of the UN Global Compact，Greenleaf Publishing，2004；

［37］Jonathan Cohen，*The World's of Business*：*The United Nations and the Globalization of Corporate Citizenship*，in Andriof J.，M. Macintosh（eds.），Perspectives on Corporate Citizenship，Greenleaf Publishing，2001；

［38］Joseph Weiler，*The Rule of Lawyers and the Ethos of Diplomats*：*Reflections on the Internal and External Legitimacy of Dispute Settlement*，in Roger B. Porter，Pierre Sauvé，et al.（eds.），Efficiency，Equity and Legitimacy：The Multilateral Trading System at the Millennium，Brookings Institution Press，2001；

［39］Judith Richter，*Holding Corporations Accountable*：*Corporate Conduct*，International Codes and Citizen Action，Zed Books，2001；

［40］Karel Vasak Amicorum Liber，*Human Rights at the Dawn of the Twenty-first Century*，Bruylant Bruxelles，1999；

［41］Kari Levitt，*Silent Surrender*：*The Multinational Corporation in Canada*，St. Martin's Press，1970；

［42］Kenneth A. Froot（ed.），*Foreign Direct Investment*，University of Chicago Press，1993；

［43］L. Henkin（ed），*The Bills of Rights*：*the Covenant on Civil and Political Rights*，Columbia University Press，1981；

［44］Louis Henkin，*The Age of Rights*，Columbia University Press，1996；

［45］Lyal S. Sunga，*Individual Responsibility in International Law for Serious Human Rights Violations*，Martinus Nijhoff Publishers 1992；

［46］Malcolm McIntosh，Sandra Waddock，Georg Kell（eds.），*Learning to Talk*：*Corporate Citizenship and the Development of the UN Global Compact*，Greenleaf Publishing，2004；

［47］Michael Bordo and Barry Eichengreen（eds），*A Retrospective on the Bretton Woods System*，University of Chicago Press，1993；

［48］Michael Hansen，*Environmental Regulation of Transnational Corporations*：*Needs and Prospects*，in Peter Utting（ed.），The Greening of Business in Developing

Countries: Rhetoric, Reality and Prospects, Zed Books, 2002;

[49] Oscar Schachter, *International Law in Theory and Practice*, Martinus Nijhoff Publishers, 1997;

[50] Peter Utting (ed.), *The Greening of Business in Developing Countries: Rhetoric, Reality and Prospects*, Zed Books, 2002;

[51] Philip Alston (ed.), *Non-State Actors and Human Rights*, Oxford University Press, 2005;

[52] Ralph Steinhardt, *Corporate Responsibility and the International Law of Human Rights: The New Lex Mercatoria*, in Philip Alston (ed.), Non-State Actors and Human Rights, Oxford University Press, 2005;

[53] Richard Appelbaum, William L. F. Felstiner, Volkmar Gessner (ed.), *Rules and Networks: The Legal Culture of Global Business Transactions*, Hart Publishing, 2001;

[54] Robert Phillips, *Stakeholder Theory and Organizational Ethics*, Berrett-Koehler Publishers, 2003;

[55] Roger B. Porter, Pierre Sauvé, et al., ed., *Efficiency, Equity, and Legitimacy: The Multilateral Trading System at the Millennium*, Brookings Institution Press, 2001;

[56] Roger Normand, Sarah Zaidi, *Human Rights at the UN: the Political History of Universal Justice*, Indiana University Press, 2008;

[57] Rüdiger Wolfrum, Volker Röben (ed.), *Legitimacy in International Law*, Springer, 2008;

[58] *Rules of the Game: A Brief Introduction to International Labour Standards*, 2009, Revised Edition(https://www.ilo.org);

[59] Sandrine Tesner, *The United Nations and Business: A Partnership Recovered*, Macmillan, 2000;

[60] Shaw, *International Law*, 6th ed., Cambridge, 2008;

[61] Tagi Sagafi-nejad, John H. Dunning, *The UN and Transnational Corporations: From Code of Conduct to Global Compact*, Indiana University Press, 2008;

[62] Tagi Sagafi-nejad, John H. Dunning, *The UN and Transnational Corporations: From Code of Conduct to Global Compact*, Indiana University Press, 2008;

[63] *The Universal Declaration of Human Rights: A Commentary* (A. Eide, G. Alfredsson, G. Melander, L. A. Rehof and A. Rosas eds.) Dordrecht, 1992;

[64] *The Universal Declaration of Human Rights*:*A Common Standard of Achievement*（eds. G. Alfredsson and A. Eide），The Hague，1999；

[65] Theo R. G. van Banning，*The Human Right to Property*，Intersentia，2002；

[66] Werner J. Feld，*Multinational Corporations and U. N. Politics*：*The Quest for Codes of Conduct*，Pergamon Press，1980。

论文

[1] 陈建华：《贸易与人权关系初探——兼论 WTO 与人权》，载《西南政法大学学报》2004 年第 6 卷第 4 期；

[2] 陈喜峰：《以基本权利为核心的贸易与人权一元论》，载《现代法学》2009 年第 31 卷第 2 期；

[3] 迟德强：《论跨国公司的人权责任》，载《法学评论》2012 年第 1 期；

[4] 何易：《论跨国公司的国际人权责任》，载《武汉大学学报》（哲学社会科学版）2004 年第 57 卷第 3 期；

[5] 蒋小红：《贸易与人权的联结：试论欧盟对外贸易政策中的人权目标》，载《欧洲研究》2016 年第 5 期；

[6] 孔祥毅：《晋商的商业伦理》，载《山西社会主义学院学报》2006 年第 4 期；

[7] 梁晓晖：《改进模式促进责任履行：国际供应链采购模式对中国企业社会责任表现的影响》，载《WTO 经济导刊》2009 年第 2 期；

[8] 梁晓晖：《供应商行为守则的特性分析及其对权益保护的法律意义》，载《清华法律评论》2007 年第二卷第一辑；

[9] 毛俊响、盛喜：《跨国公司社会责任的确立：基于横向人权义务的补充分析》，载《中南大学学报(社科版)》2017 年第 4 期；

[10] 孟庆鑫：《论贸易和人权——WTO 陷入的困境》，载《法制与社会》2007 年 5 月刊；

[11] 宋永新、夏桂英：《跨国公司的国际人权责任》，载《浙江大学学报(人文社会科学版)》2006 年第 36 卷第 6 期；

[12] 孙璐：《国际贸易体制内的人权》，载《当代法学》2004 年 04 期；

[13] 王恒：《人权：WTO 多边贸易体系面临的新挑战》，载《当代法学》2001 年第 12 期；

[14] 王建廷：《多边贸易体制的新发展：人权标准与背离 WTO 协定的正当根据》，载《经济纵横》2011 年第 1 期；

[15] 王文：《联合国四个发展十年战略评析》，载《国际论坛》2001 年 6 月；

[16] 王燕：《克制和应对"碎片化"：WTO 协定与多边环境和人权协定规范整合的司

法路径》，载《西南政法大学学报》2014年第2期；

[17] 汪培、佘云霞：《从中国与新西兰〈劳动合作谅解备忘录〉看国际贸易与国际劳工标准问题》，载《中国劳动关系学院学报》2009年2月第23卷第1期；

[18] 吴琼：《监管跨国公司侵犯人权案的新突破——美国〈外国人侵权法令〉介评》，载《比较法研究》2009年05期；

[19] 肖群鹰、朱正威、刘慧君：《重大工程项目社会稳定风险的非干预在线评估模式研究》，载《公共行政评论》2016年第1期；

[20] 徐涛、张晨曦：《论跨国公司保护人权的社会责任》，载《政治与法律》2005年第2期；

[21] 袁文全、赵学刚：《跨国公司社会责任的国际法规制》，载《法学评论》2007年第3期；

[22] 赵海乐：《"贸易与人权"议题中国际组织的作用分析》，载《西部法律评论》2013年第6期；

[23] 赵红梅：《跨国公司监管的困境与对策——以发展中国家为视角的探讨》，载《辽宁行政学院学报》2010年第10期；

[24] 中国农村金融学会：《GATT前八轮多边贸易谈判简介》，载《农村金融研究》2000年第3期；

[25] 汪培 佘云霞：《从中国与新西兰〈劳动合作谅解备忘录〉看国际贸易与国际劳工标准问题》，载《中国劳动关系学院学报》2009年2月第23卷第1期；

[26] Andreas Rasche, "'A Necessary Supplement'－What the United Nations Global Compact Is and Is Not", *Business and Society*, 2009, vol. 48, no. 4；

[27] Ans Kolk, Rob van Tulder, Carlijn Welters, "International Codes of Conduct and Corporate Social Responsibility: Can Transnational Corporations Regulate Themselves?", in UNCTAD, *Transnational Corporations*, 1999, vol. 8, no. 1；

[28] Backer, Larry Catá, "The Human Rights Obligations of State Owned Enterprises (SOEs): Emerging Conceptual Structures and Principles in National and International Law and Policy", *Vanderbilt Journal of Transnational Law*, Vol. 50, No. 4, 2017；

[29] Bahareh Mostajelean, "Foreign Alternatives to the Alien Tort Claims Act: The Success (Or Is It Failure?) of Bringing Civil Suits Against Multinational Corporations that Commit Human Rights Violations", *The George Washington International Law Review*, vol. 40, 2008；

[30] Beth Stephens, "The Amorality of Profit: Transnational Corporations and Hu-

man Rights", *Berkeley Journal of International Law*, 2002;

[31] Bonny Ibhawoh, "The Right to Development: The Politics and Polemics of Power and Resistance", *Human Rights Quarterly*, 2011, Vol. 33, No. 1;

[32] Buhmann, Karin, "Chinese Human Rights Guidance on Minerals Sourcing: Building Soft Power", *Journal of Current Chinese Affairs*, 46(2), 2017;

[33] Carolin Hillemanns, "U. N. Norms on the Responsibilities of Transnational Corporations and Other Business Enterprises with regard to Human Rights", *German Law Journal*, 2003, vol. 04. no. 10;

[34] Caroline Rees and Rachel Davis, "Non-Judicial and Judicial Grievance Mechanisms for Addressing Disputes between Business and Society: Their Roles and Inter-relationships", Corporate Social Responsibility Initiative, John F. Kennedy School of Government, Harvard University, 2009, (http://www.business-humanrights.org);

[35] Clean Clothes Campaign, "Case File: Levi Strauss & Company", International Forum on Clean Clothes: Workers' and Consumers' Rights in the Garment Industry, (April 30, 1998, May 5, 1998, Brussels), (https://digitalcommons.ilr.cornell.edu);

[36] D. M. Bigge, Bring on the Bluewash: "A Social Constructivist Argument against Using Nike v. Kasky to Attack the UN Global Compact", *International Legal Perspectives*, 2004, vol. 14;

[37] Dara O'Rourke, "Outsourcing Regulation: Analyzing Nongovernmental Systems of Labor Standards and Monitoring", *The Policy Studies Journal*, 2003, vol. 31, no. 1;

[38] David Coleman, "The United Nations and Transnational Corporations: From an Inter-nation to a "Beyond-state" Model of Engagement", *Global Society*, 2003, 17:4;

[39] David Gow, "CBI Cries Foul over UN Human Rights Code", *The Guardian*, 2004, March8 (https://www.theguardian.com);

[40] David Kinley, Justine Nolan and Natalie Zerial, "The Politics of Corporate Social Responsibility: Reflections on the United Nations Human Rights Norms for Corporations", *Company and Securities Law Journal*, 2007, vol. 25, no. 1;

[41] David Kinley, Tom Davis, "Human Rights Criticism of the World Bank's Private Sector", Development and Privatization Projects, Sydney Law School Research Paper, 2008, No. 08/53, (https://papers.ssrn.com);

[42] David Weissbrodt and Muria Kruger, "Norms on the Responsibilities of Transnational Corporations and Other Business Enterprises with Regard to Human Rights",

American Journal of International Law, 2003;

[43] David Weissbrodt, "Business and Human Rights", *University of Cincinnati Law Review*, 2005, vol. 74;

[44] Deborah Spar, David Yoffie, "Multinational Enterprises and the Prospects for Justice", *Journal of International Affairs*, 1999, vol. 52, no. 2;

[45] Dinah Shelton, "Protecting Human Rights in a Globalized World", 2002, 25 B. C. Int'l & Comp. L. Rev. 273, 281—82;

[46] Dinah Shelton, "Protecting Human Rights in a Globalized World", *Boston College International & Comparative Law Review*, 2002, vol. 25;

[47] E. Kolodner, "Transnational corporations: Impediments or Catalysts of Social Development? World Summit for Social Development", UNRISD, 1994, Occasional Paper No. 5;

[48] Elissa Alben, "GATT and the Fair Wage: A Historical Perspective on the Labor-Trade Link", *Columbia Law Review*, 2001, vol. 101, no. 6;

[49] Erickson, J. A. "Corporate Culture", *Professional Safety*, 2008;

[50] Esther E. Garcia, "Promoting International Human Rights: A States Interest to Finding Jurisdiction for Transnational Corporations on the Basis of Resolving Common Procedural Issues in ATCA and TVPA Litigation", *Southwestern Journal of International Law*, 2011;

[51] Fernando E. Cardoso, "Globalization and International Relations: Public Address to the South African Institute of International Affairs", November 26th;

[52] Georg Kell, John Ruggie, "Global Markets and Social Legitimacy: The Case for the 'Global Compact'", *Transnational Corporations*, 1999, vol. 8;

[53] Georg Kell, "The Global Compact: Origins, Operations, Progress, Challenges", *Journal of Corporate Citizenship*, 2003, vol. 11;

[54] Georg Kell, "The Global Compact: Selected Experiences and Reflections", *Journal of Business Ethics*, 2005, vol. 59;

[55] Georg Ress, "The Effect of Decisions and Judgments of the European Court of Human Rights in the Domestic Legal Order", *Texas International Law Journal*, 2005;

[56] Gernot Brodnig, "The World Bank and Human Rights: Mission Impossible?", Carr Center for Human Rights Policy Working Paper T-01-05, (http://www.innovations.harvard.edu);

[57] Gunther Teubner, "Self-Constitutionalizing TNCs? On the Linkage of 'Pri-

vate' and 'Public' Corporate Codes of Conduct", *Indiana Journal of Global Legal Studies*, 2011;

[58] Gustav Pollaczek, "The United Nations and Specialized Agencies", *American Journal of International Law*, 1946, vol. 40, no. 3;

[59] Hans-Otto Sano, "Development and Human Rights: The Necessary, but Partial Integration of Human Rights and Development", *Human Rights Quarterly*, 2000, Vol. 22, No. 3;

[60] Harnish, J. A. "Due diligence", *The Christian Century*, (2011, Nov 01). 128 (22);

[61] Hogan, S., Gilbert, D., Pearson, P., H, K. S., & Goffee, R., "Corporate Culture", *The Journal of Business Strategy*, 1998, 19(6);

[62] Jane S. Jensen, "The Impact of the European Convention for the Protection of Human Rights on National Law", *University of Cincinnati Law Review*, 1983;

[63] Jeanne M. Woods, "The Evolution of Corporate Accountability for Human Rights Abuses: A Human Rights Framework For Corporate Accountability", *ILSA Journal of International & Comparative Law*, 2011;

[64] Jean-Philippe Thérien, Vincent Pouliot, "The Global Compact: Shifting the Politics of International Development", *Global Governance*, 2006, vol. 12;

[65] Jeffrey Davis, "Human Rights in US Courts: Alien Tort Claims Act Litigation after Sosa v. Alvarez-Machain", *Human Rights Review*, vol. 8, no. 4, 2007;

[66] Jill Murray, "Corporate Social Responsibility: An Overview of Principles and Practices", 2004, *International Labour Office Working Paper No. 34*;

[67] John B. Whitton, "The United Nations Conference on Freedom of Information and the Movement Against International Propaganda", American Journal of International Law, 1949, vol. 43, no. 1;

[68] John Gerard Ruggie, "Current Development: Business and Human Rights: the Evolving International Agenda", *American Journal of International Law*, 2007;

[69] John H. Knox, "Horizontal Human Rights Law", *American Journal of International Law*, 2008, Vol. 102, No. 1;

[70] John Ruggie, "'Guiding Principles' for the Business & Human Rights Treaty Negotiations: An Open Letter to the Intergovernmental Working Group, October, 9th, 2018, (https://bhrrc.org);

[71] John Ruggie, "A UN Business and Human Rights Treaty? An Issues Brief by

John G. Ruggie",Janurary 28th, 2014(http://www.hks.harvard.edu);

[72] John Ruggie, "Business and Human Rights: the Evolving International Agenda, American Journal of International Law", vol. 101, no. 4, 2007;

[73] John Ruggie, "Global_governance.net: The Global Compact as Learning Network", *Global Governance*, 2001, vol. 7;

[74] John Ruggie, "Human Rights Policies of Chinese Companies: Results from a Survey", John F. Kennedy School of Government, Harvard University, 2007,(https://business-humanrights.org);

[75] John Ruggie, "Protect, Respect And Remedy: A United Nations Policy Framework For Business And Human Rights", *Proceedings of the Annual Meeting (American Society of International Law)*, 2009, vol. 103;

[76] John Ruggie, "The Social Construction of the UN Guiding Principles on Business and Human Rights", Corporate Responsibility Initiative Working Paper No. 67, John F. Kennedy School of Government, Harvard University(https://www.hks.harvard.edu);

[77] John Ruggie, "Trade, Sustainability and Global Governance", *Columbia Journal of Environmental Law*, 2002, vol. 27;

[78] John Sherman, Amy Lehr., "Human Rights Due Diligence: Is It Too Risky?", Corporate Social Responsibility Initiative Working Paper No. 55, 2010, John F. Kennedy School of Government, Harvard University,(https://sites.hks.harvard.edu);

[79] John F. Sherman, "Chip Pitts, Human Rights Corporate Accountability Guide: from law to norms to values", Corporate Social Responsibility Initiative Working Paper No. 49, John F. Kennedy School of Government, Harvard University(https://sites.hks.harvard.edu);

[80] John Williamson, "A Short History of the Washington Consensus, Institute for International Economics",(https://piie.com);

[81] John Williamson, "The Washington Consensus as Policy Prescription for Development, Institute for International Economics",(https://piie.com);

[82] Jonathan I. Charney, "Transnational Corporations and Developing Public International Law", *Duke Law Journal*, 1983;

[83] Jose R. Martinez Cobo,"Study of the Problem of Discrimination Against Indigenous Populations, vol. 5: Conclusions, Proposals and Recommendations", United Na-

tions, Sub-Commission on Prevention of Discrimination and Protection of Minorities, 1987;

[84] Joseph E. Stiglitz, "More Instruments and Broader Goals: Moving towards the Post-Washington Consensus", UNU-WIDER Annual Lecture, 1998, (https://www.globalpolicy.org);

[85] Julie Campagna, "United Nations Norms on the Responsibilities of Transnational Corporations and Other Business Enterprises with Regard to Human Rights: The International Community Asserts Binding Law on the Global Rule Makers", *The John Marshall Law Review*, 2004;

[86] Justine Nolan, "The United Nations Global Compact with Business: Hindering or Helping the Protection of Human Rights?", *The University of Queensland Law Journal*, 2005, vol. 24;

[87] Karl Schoenberger, "Levi's Children: Coming to Terms with Human Rights in the Global Marketplace", *Grove Press*, New York, 2000;

[88] Karsten Nowrot, "Legal Consequences of Globalization: The Status of Non-Governmental Organizations Under International Law", *Indian Journal of Global Legal Studies*, 1999, 6 Ind. J. Global Legal Stud. 579;

[89] L. David Brown, Sanjeev Khagram, et. al., "Globalization, NGOs and Multi-Sectoral Relations", The Hauser Center for Nonprofit Organizations and The Kennedy School of Government Harvard University, 2000, Working Paper No. 1, (https://papers.ssrn.com);

[90] Lance Compa, Tashia Hinchliffe-Darricarrere, "Enforcing International Labor Rights through Corporate Codes of Conduct", *Columbia Journal of Transnational Law*, 1995, vol. 33;

[91] Larry CatáCata Backer, Multinational Corporations, "Transnational Law: the United Nations' Norms on the Responsibilities of Transnational Corporations as a Harbinger of Corporate Social Responsibility in International Law", *Columbia Human Rights Law Review*, 2006;

[92] Latham & Watkins LLP, "The Importance of Voluntarism", 2009, (http://training.itcilo.it/);

[93] Laurence Cockroft, "Business and Corruption: The Human Rights Dimension", 2006, (https://www.business-humanrights.org);

[94] Louis Henkin, 'The Universal Declaration at 50 and the Challenge of Global

Markets", *Brooklyn Journal of International Law*, 1999, Vol. XXV, No. 1;

[95] Lucien J. Dhooge, "Due Diligence as a Defense to Corporate Liability Pursuant to the Alien Tort Strature", *Emory International Law Review*, 2008, 22 Emory Int'l L. Rev. 455;

[96] Mary Robinson, Business and Human Rights: A Progress Report(https://www.ohchr.org);

[97] Mary Robinson, "Building Relationships That Make a Difference, Statement Made at Business for Social Responsibility Conference on Profitable Partnerships", November 3, 1999, (http://www.unglobalcompact.org);

[98] Michael A. Santoro, "Beyond Codes of Conduct and Monitoring: An Organizational Integrity Approach to Global Labor Practices", *Human Rights Quarterly*, vol. 25, no. 2, 2003;

[99] Michael Bordo, "The Bretton Woods International Monetary System: An Historical Overview National Bureau of Economic Research", Working Paper 4033, 1993 (http://www.nber.org);

[100] Michele Sutton, "Between a Rock and a Judicial Hard Place: Corporate Social Responsibility Reporting and Potential Legal Liability Under Kasky v. Nike", *UMKC Law Review*, vol. 72, 2004;

[101] Miloon Kothari, Peter Prove, "The WTO's Third Ministerial Conference: Negative Impressions Mask Positive Developments in Seattle", *Human Rights Tribune*, 1999,vol. 6, no. 4;

[102] Milton Friedman, "The Social Responsibility of Business is to Increase its Profits", *The New York Times Magazine*, 1970,(https://www.nytimes.com);

[103] Navanethem Pillay, "The Corporate Responsibility to Respect: A Human Rights Milestone", *International Labour and Social Policy Review*, 2009;

[104] Nazia Mintz-Habib, "Multinational Corporations' Role in Improving Labour Standards in Developing Countries", *Journal of International Business and Economy*, 2009, vol. 10, no. 2;

[105] Oliver F. Williams, "The UN Global Compact: The Challenge and the Promise", *Business Ethics Quarterly*, 2004,vol. 14;

[106] Padideh Ala'i,"Global Trade Issues in the New Millennium: a Human Rights Critique of the WTO: Some Prelimnary Observations", *George Washington International Law Review*, 2001;

[107] Peter Utting, "Regulating Business Via Multistakeholder Initiatives: A Preliminary Assessment""(http://www.unrisd.org);

[108] Penelope Simons, "Corporate Voluntarism and Human Rights: The Adequacy and Effectiveness of Voluntary Self-Regulation Regimes", *Industrial Relations*, 2004, vol. 59, no. 1;

[109] Perlin, M., "Corporate Culture", *Journal of Property Management*, 2007, 72(4);

[110] Philip Alston, "Ships Passing in the Night: The Current State of the Human Rights and Development Debate seen through the Lens of the Millennium Development Goals", *Human Rights Quarterly*, 2005, Vol. 27, No. 3;

[111] Philip Alston, "Third Generation of Solidarity Rights: Progressive Development or Obfuscation of International Human Rights Law", *Netherlands International Law Review*, 29;

[112] Rebecca M. Bratspies, "'Organs of Society': A Plea for Human Rights Accountability for Transnational Enterprises and Other Business Entities", *Michigan State University College of Law Journal of International Law*, 2005;

[113] Rebecca M. Wallace, Olga Martin-Ortega, "The UN Norms: A First Step to Universal Regulation of Transnational Corporations' Responsibilities for Human Rights?", *Dublin University Law Journal*, vol. 26;

[114] Rhys Jenkins, "Corporate Codes of Conduct: Self-Regulation in a Global Economy", United Nations Research Institute for Social Development (UNRISD) Programme On Technology, *Business And Society*, 2001, Paper Number 2, (http://www.unrisd.org);

[115] Richard M. Locke, "The Promise and Perils of Globalization: The Case of Nike", 2002, *MIT Working Paper IPC-02-007*, (https://ipc.mit.edu);

[116] Robert Howse and Makau Mutua, "Protecting Human Rights in a Global Economy: Challenges for the World Trade Organization", Hugo Stokke, Anne Tostensen, eds., *Human Rights in Development Yearbook* 1999—2000;

[117] Robert Howse, "From Politics to Technocracy-and Back Again: The Fate of the Multilateral Trading Regime", *American Journal of International Law*, 2002, 96;

[118] Robert McCorquodale, Richard Fairbrother, "Globalization and Human Rights", *Human Rights Quarterly*, 1999, vol. 21, no. 3;

[119] Russel Lawrence Barsh, "The Right to Development as a Human Rights: Re-

sults of the Global Consultation", *Human Rights Quarterly*, 1991, Vol. 13, No. 2;

[120] Ruth Gordon, "The Dawn of A New, New International Economic Order?", *Law and Contemporary Problems*, 2009;

[121] S. Prakash Sethi, "Global Compact is Another Exercise in Futility, Financial Express", September 7, 2003, (https://www.financialexpress.com);

[122] Sarah Anderson, John Cavanagh, "Corporate Empires", *Multinational Monitor*, 1996, No. 12, Vol. 17, (http://multinationalmonitor.org);

[123] Sean D. Murphy, "Taking Multinational Corporate Codes of Conduct to the Next Level", *Columbia Journal of Transnational Law*, 2005, vol. 43;

[124] Seymour J. Rubin, "Transnational Corporation and International Codes of Conduct: A Study of the Relationship between International Legal Cooperation and Economic Development", The *American University Journal of International Law & Policy*, 1995;

[125] Sir John Browne, "Green light for partnership", *The Shield Magazine: The international magazine of the BP Group*, 1998, Issue One;

[126] Steele, B. K.. "Due diligence", *Baseline*, 2009, (93);

[127] Stephen J. Kobrin, "The MAI and the Clash of Globalizations", *Foreign Policy*, 1998;

[128] Surya Deva, "Global Compact: A Critique of the UN's 'Public-Private' Partnership for Promoting Corporate Citizenship", *Syracuse Journal of International Law and Communication*, 2006, vol. 34;

[129] Surya Deva, "UN's Human Rights Norms for Transnational Corporations and Other Business Enterprises: An Imperfect Step in the Right Direction?", *ILSA Journal of International and Comparative Law*, 2004, vol. 10;

[130] Tarek F. Maassarani, WTO-GATT, "Economic Growth and the Human Rights Trade-Off", *Environs: Environmental Law & Policy Journal*, 2005;

[131] The United Nations Non-Governmental Liaison Service (UN-NGLS), "Voluntary Approaches to Corporate Responsibility: Readings and a Resource Guide", 2009 (http://www.unrisd.org);

[132] Theodore Panayotou, "Counting the Cost: Resource Degradation in the Developing World", *The Fletcher Forum of World Affairs*, 1990;

[133] Thomas A. Hemphill, "The United Nations Global Compact", *International Journal of Business Governance and Ethics*, 2005, vol. 1;

[134] Thomas Frank,"Who Killed Articile 2(4)? Or: Changing Norms Governing the Use of Force by State", *American Journal of International Law*,1970,vol. 64;

[135] Transnational Resource and Action Center (TRAC),"Tangled Up in Blue: Corporate Partnerships at the United Nations",2000,(https://corpwatch.org);

[136] Upendra Baxi,"Market Fundamentalisms: Business Ethics at the Altar of Human Rights",*Human Rights Law Review*,2005,5:1;

[137] Volker Lehmann,"Special Representatives of the United Nations Secretary-General",2007,(http://library.fes.de);

[138] Xiaobing Xu, George Wilson,"On Conflict of Human Rights",*Pierce Law Review*,2006,No. 1,Vol. 5;

[139] Xiaolun Sun,"Foreign Direct Investment and Economic Development: What Do the States Need To Do?", Foreign Investment Advisory Service (IFC),2002,(https://pdfs.semanticscholar.org)。

非政府组织及其他机构文件

[1] 中国纺织工业联合会,《CSC9000T 中国纺织服装行业社会责任管理体系》,见于中国纺织工业联合会社会责任建设推广委员会网站:(http://www.csc9000.org.cn);

[2] 中国工业经济联合会,《工业企业及工业协会社会责任指南(第一版)》,(http://www.cfie.org.cn);

[3] 中国电子工业标准化技术协会,《中国电子信息行业社会责任指南》,(http://www.ictcsr.org);

[4] 中华人民共和国电子行业标准,《电子信息行业社会责任指南》(SJ/T-16000-2016),中国电子技术标准化研究院编制,中华人民共和国工业和信息化部发布,2016 年12 月第一版;

[5] 中小企业全国理事会,《中国中小企业社会责任指南》,(http://smec.org.cn);

[6] 中国通讯企业协会,《中国信息通信行业企业社会责任管理体系(2016 年版)》,(http://www.csr-cace.org.cn);

[7]《2008 中钢集团可持续发展报告》,(http://www.sinosteel.com);

[8] 中国对外承包工程商会,《中国对外承包工程行业社会责任指引》,(http://images.mofcom.gov.cn);

[9] 中国五矿化工进出口商会,《中国对外矿业投资社会责任指引》,(http://cccmc.org.cn);

[10]《中国远洋海运集团可持续发展报告 2015—2016》,(http://www.cosco.

〔11〕北京大学国际法研究所、全球企业人权倡议（GBI）等，《中国及全球范围内企业尊重人权的责任：中国国有企业及各国跨国企业领袖案例学习项目报告》，（https://gbihr.org）；

〔12〕企业领导人权促进会（BILHR），"Submission to the Office of the UN High Commissioner for Human Rights relating to the 'Responsibilities of transnational corporations and related business enterprises with regard to human rights'"，2004，（https://www2.ohchr.org）；

〔13〕企业领导人权促进会（BILHR），"An Overview of the BLIHR 'Road-Testing' of the Norms, Report 2: Work in Progress"，2004，（http://www.blihr.org）；

〔14〕企业领导人权促进会（BILHR），"Report 3: Towards a Common Framework on Business and Human Rights: Identifying Components"，（https://www.globalgovernancewatch.org）；

〔15〕麦肯锡公司，"Shaping the New Rules of Competition: UN Global Compact Participant Mirror"，2007，（https://www.unglobalcompact.org）；

〔16〕国际商会（ICC），"The Global Compact: A Business Perspective"，Official Press Release，June 24，2004，（http://www.diva-portal.org）；

〔17〕欧洲对外贸易协会（FTA），"BSCI Annual Report 2010"，（https://www.amfori.org）；

〔18〕公平劳工协会（FLA），"Foxconn Investigation Report"，March 2012，（http://www.fairlabor.org）；

〔19〕全球报告倡议组织（GRI），"Indicator Protocols Set: Human Rights（HR），Sustainability Reporting Guidelines（G3.1）"，（https://www.globalreporting.org）；

〔20〕国际人权政策理事会（ICHRP），"Beyond Voluntarism: Human rights and the developing international legal obligations of companies"，2002，（https://papers.ssrn.com）；

〔21〕国际雇主组织（IOE），"Guiding Principles on Business and Human Rights: Employers' Guide"，2012，（https://www.ioe-emp.org）；

〔22〕国际特赦组织，"Human Rights Principles for Companies"，ACT 70/001/1998，1998，（https://www.amnesty.org）；

〔23〕国际特赦组织，国际人权联盟（FIDH），人权观察，国际法学家委员会（ICJ），"the International Network for Economic, Social and Cultural Rights and Rights and Accountability in Development"，Joint Civil Society Statement to the 17th Session of the

Human Rights Council Interactive Dialogue with the Special Representative of the Secretary-General on Human Rights and Transnational Corporations and other Business Enterprises, May 30, 2011,(https://www.hrw.org);

[24] 国际特赦组织, "The UN Human Rights Norms for Business: towards legal accountability", 2004,(https://www.amnesty.org)

[25] 国际特赦组织, 德国地球之友, "Joint press release in support of the UN norms on the responsibilities of transnational corporations and other business enterprises", 2004 年 3 月 26 日,(http://www.germanwatch.org);

[26] 人权观察(Human Rights Watch)和纽约大学法学院人权和全球正义研究中心, "On the Margins of Profit: Rights at Risk in the Global Economy",(https://www.hrw.org);

[27] 人权观察, "UN Human Rights Council: Weak Stance on Business Standards", June 16, 2011,(https://www.hrw.org);

[28] 人权倡导者(HRA), Earthjustice International Program & Right Respect, Comments on the "Guiding Principles for the Implementation of the United Nations 'Protect, Respect and Remedy' Framework",(http://www.humanrightsadvocates.org);

[29] 人权观察, "The Enron Corporation: Company Complicity in Human Rights Violations", 2002,(https://www.hrw.org);

[30] 人权观察, Race to the Bottom, "Corporate Complicity in Chinese Internet Censorship", 2006,(https://www.hrw.org);

[31] 人权观察, "Advancing the Global Business and Human Rights Agenda", May 13, 2011,(https://docs.escr-net.org);

[32] 人权观察"China: One Belt, One Road, Lots of Obligations",2017 年 5 月 12 日,(https://www.hrw.org);

[33] 企业人权促进会(BLIHR), "Report 3: Towards a Common Framework on Business and Human Rights: Identifying Components";

[34] 泛宗教企业责任中心(ICCR), "Submission by ICCR's Human Rights Working Group to the UN High Commission on Human Rights", September 24, 2004,(www2.ohchr.org);

[35] 英国工业联合会(CBI), "Submission on the UN Norms to the Office of the UN High Commissioner for Human Rights", August 4th, 2004,(http://www.reports-and-materials.org);

[36] 美国商会(USCC), "Comments of the United States Chamber of Commerce on

the Draft Guiding Principles on Business and Human Rights",2011 年 1 月 31 日,(http://www.business-humanrights.org);

[37]国际雇主组织(IOE),国际商会(ICC),经合组织工商咨询委员会(OECD-BIAC)等,"UN Treaty Process on Business and Human Rights: Response of the international business community to the 'elements' for a draft legally binding instrument on transnational corporations and other business enterprises with respect to human rights",2017 年 10 月 20 日,(https://cdn.iccwbo.org);

[38]Joint views of the 国际雇主组织(IOE) and 国际商会(ICC) on the draft "Norms on the responsibilities of transnational corporations and other business enterprises with regard to human rights",(https://www.business-humanrights.org);

[39]"Joint initial views of the International Organisation of Employers (IOE), the International Chamber of Commerce (ICC) and the Business and Industry Advisory Committee to the OECD (BIAC) to the Eighth Session of the Human Rights Council on the Third report of the Special Representative of the UN Secretary-General on Business and Human Rights", May 2008(https://www.business-humanrights.org);

[40]"Joint Comments on the Draft Guiding Principles on Business and Human Rights", January 26, 2011;

[41]"Joint Statement on Business & Human Rights to the United Nations Human Rights Council", May 30, 2011(https://iccwbo.org);

[42]"Joint Recommendations to the United Nations Working Group on Business & Human Rights", December 8, 2011(https://iccwbo.org);

[43]"Statement by Socially Responsible Investors to the Eighth Session of the Human Rights Council on the Third Report of the Special Representative Of the UN Secretary-General on Business and Human Rights",(http://www.reports-and-materials.org);

[44]"Statement of Support for the UN Human Rights Norms for Business",March 8, 2004,(https://www.amnesty.org)。

工具书

[1]牛津大学出版社编:《牛津现代英汉双解大词典》(第 12 版),外语教学与研究出版社 2013 年版;

[2]《辞海》(第 6 版),上海辞书出版社 2009 版。

网站

[1] http://cccmc.org.cn

[2] http://cn.cosco.com
[3] http://corporate.disney.go.com
[4] http://dstevenwhite.com
[5] http://ec.europa.eu
[6] http://fileswww.danfoss.com
[7] http://finance.people.com.cn
[8] http://fortune.com
[9] http://fta.mofcom.gov.cn
[10] http://human-rights-and-business-learning-tool.unglobalcompact.org
[11] http://ilo-mirror.library.cornell.edu
[12] http://news.mongabay.com
[13] http://politics.people.com.cn
[14] http://unctc.unctad.org
[15] http://webtv.un.org
[16] http://www.adidas-group.com
[17] http://www.arcelormittal.com
[18] http://www.amnesty.ca
[19] http://www.amnesty.org
[20] http://www.batchina.com
[21] http://www.biac.org
[22] http://www.blihr.org
[23] http://www.bp.com
[24] http://www.bsci-intl.org
[25] http://www.bsci365.com
[26] http://www.business-humanrights.org
[27] http://www.cauxroundtable.org
[28] http://www.cec-cce.ca
[29] http://www.chevron.com
[30] http://www.comlaw.gov.au
[31] http://www.corporationsandhealth.org
[32] http://www.csc9000.org.cn
[33] http://www.echr.coe.int
[34] http://www.eicc.info

[35] http://www.equator-principles.com

[36] http://www.escr-net.org

[37] http://www.ethicaltrade.org

[38] http://www.exxonmobil.com

[39] http://www.fairlabor.org

[40] http://www.fco.gov.uk

[41] http://www.germanwatch.org

[42] http://www.globalcompactfoundation.org

[43] http://www.google.com

[44] http://www.gov.cn

[45] http://www.guardian.co.uk

[46] http://www.hks.harvard.edu

[47] http://www.hrw.org；

[48] http://www.humanrightsadvocates.org

[49] http://www.humanrightsbusiness.org

[50] http://www.humanrightsconsultation.gov.au

[51] http://www.iccr.org

[52] http://www.iccwbo.org

[53] http://www.iie.com

[54] http://www.ilo.org

[55] http://www.imf.org

[56] http://www.infoworld.com

[57] http://www.ioe-emp.org

[58] http://www.iqsachina.com

[59] http://www.ajrsrc.com

[60] http://www.iso.org

[61] http://www.jpmorganchase.com

[62] http://www.levistrauss.com

[63] http://www.marriott.com

[64] http://www.nestle.com

[65] http://www.nokia.com

[66] http://www.oecd.org

[67] http://www.oecdobserver.org

[68] http://www.ohchr.org

[69] http://www.opencongress.org

[70] http://www.organicconsumers.org

[71] http://www.parliament.the-stationery-office.co.uk

[72] http://www.pepsico.com

[73] http://www.regjeringen.no

[74] http://www.reports-and-materials.org

[75] http://www.responsiblebusiness.org

[76] http://www.saasaccreditation.org

[77] http://www.sa-intl.org

[78] http://www.sec.gov

[79] http://www.thecoca-colacompany.com

[80] http://www.toy-icti.org

[81] http://www.un.org

[82] http://www.unctad.org

[83] http://www.unglobalcompact.org

[84] http://www.unrisd.org

[85] http://www.voluntaryprinciples.org

[86] http://www.worldbank.org

[87] http://www.wto.org

[88] http://www.xinhuanet.com

[89] http://www-03.ibm.com

[90] http://www2.ohchr.org

[91] http://www8.hp.com

[92] http://www-wds.worldbank.org

[93] https://corporate.arcelormittal.com

[94] https://digitallibrary.un.org

[95] https://goodelectronics.org

[96] https://news.un.org

[97] https://publications.parliament.uk

[98] https://www.amfori.org

[99] https://www.amnesty.org

[100] https://www.business-humanrights.org

[101] https://www.coca-cola.com.cn

[102] https://www.congress.gov

[103] https://www.fidh.org

[104] https://www.fmprc.gov.cn

[105] https://www.globalreporting.org

[106] https://www.globaljustice.org.uk

[107] https://www.humanrights.dk

[108] https://www.opinion.people.com.cn

[109] https://www.thewaltdisneycompany.com

[110] https://www.unsceb.org

[111] https://zh.amnesty.org

其他

[1] *Wiwa v. Royal Dutch Petroleum Co.*，226 F.3d 88，106（2d Cir. 2000），cert. denied，121 S.Ct. 1402（2001）；

[2] 理事会国际贸易自由化的社会维度工作组（Working Party on the Social Dimension of Liberalization of International Trade），GB.273/WP/SDL/1（Rev.1），GB.274/WP/SDL/1；

[3] ISO 26000:2010（社会责任指南）；

[4]《论语·里仁篇》；

[5]《论语·述而》。